市场进程中的
生计逻辑

LIVELIHOOD LOGIC IN THE MARKET PROCESS

经济社会学的阐释

AN INTERPRETATION OF ECONOMIC SOCIOLOGY

王雄刚 著

社会科学文献出版社
SOCIAL SCIENCES ACADEMIC PRESS (CHINA)

目 录

第一章 绪 论

经济社会学的思想传统是深厚的，而且吸收了各种各样的来源，包括经典作家如韦伯、马克思、涂尔干和齐美尔。尽管如此，还是有一些共识性的若干基本原理，完整构成了所谓的结构经济社会学。具体如下：

1. 经济行动是社会行动形式；
2. 经济行动是社会情景中的行动，即嵌入社会的行动；
3. 经济制度是社会的建构。

——马克·格兰洛维特（Mark Granovetter，2014：8）

1986 年，费孝通先生在甘肃临夏考察时提出了"东有温州，西有河州"的构想。然而 30 多年过去了，温州的发展虽然出现了一些过度"金融累积"的负面效应，但是其整体性的发展成就有目共睹。然而西部临夏的发展却令人担忧。沿着"发展模式"的逻辑演进，经过初步的文献梳理和调查，黄河中上游流域民族地区经历着相似的发展轨迹。基于这样的研判，笔者近五年穿梭于甘肃省天水市张家川回族自治县、临夏回族自治州广河县、青海省海东市化隆回族自治县三县开展了"多点民族志"的田野工作。

改革开放之初，张家川县龙山镇人抓住"市场放活"的机遇，大力发展本地传统的皮毛贸易和加工业，一时间当地经济飞速发展，到 1980 年代中期，龙山镇成为西部第一、国内第二的皮毛交易市场。然而这种辉煌持续了不到 20 年，2000 年以后，当地皮毛行业凋零、市场衰败。类似情况在同一省份的临夏三甲集镇也发生了。

为了实现转型发展，当地政府提出要大力发展餐饮服务业，提出了"百千万"工程，一时间"张家川要发展，满世界开饭馆"的宣传标语可谓家喻户晓。近年来，张家川人确实已开设了上万家餐馆，但与此同时也迎来了频频的"关门回巢"现象。究其缘由，青海化隆县的"拉面经济"已然敲响了警钟，虽然早在 1990 年代化隆人已将"牛肉拉面"开向了全国，但到了当下，小规模的"家庭作坊式"经营，经不住激烈的市场竞争。

近期在皮毛产业衰落和餐饮服务业发展面临重重困境的形势下，张家川、广河和化隆三县纷纷打出了兴办牛羊养殖业的"王牌"，出现了大家一哄而上抢办养殖场的"盛况"。究其实质，许多养殖户是迫于生计、紧盯国家相关扶持项目的选择。因此可以预想，这些地区当前兴办牛羊养殖其未来可能会重复皮毛贩运加工和牛肉拉面馆"兴衰"的昨天。

龙山镇和三甲集镇的皮毛产业前期均获得了飞速发展，但好景不长，随即转向衰落；化隆县和张家川县的餐饮服务业发展到今天也均处在一边开设一边歇业的状态；再反观当前三县牛羊养殖业"盛况"背后潜藏的"市场风险"。其主要原因可归结为当地产业发展中简单低水平的重复问题，满足于找"中间人差价"、从事劳动密集型个体小本买卖等。考究深层次的缘由，可谓"兴衰同源"，是发展思路和发展模式"路径依赖"的问题。

为了较好地呈现上述黄河中上游流域民族地区发展困境中的"普遍性"，本研究选取张家川县王村对其做"深描"处理，希冀在更深层次上阐释这一发展困境的社会文化缘由。

第一节　选题缘由与研究意义

在马克思看来，物质资料的生产是人类社会的第一需求，其中衣、食、住、行等需求是其最基础部分。① 传统社会，由于生产力低下，社会整体处于"商品短缺"状态，获取基础性的物资十分困难，人们的生活普遍处于"糊口"状态，即为生计所迫。进入 2000 年以后，人们的温饱问题业已解决，国内大多数人的"找工作"不仅仅是为了生计，更有着对美好生活的向往。在这一时代背景下，研究农民的生计过程和择业行为，或可为理解当代农民的行动逻辑提供佐证，也可为当下乡村振兴中村民主体动能的激发提供相关咨询参考。

一 问题的提出

2016 年国庆期间，笔者坐着大巴车由清水县来到张家川县域内时，马路边醒目的大字标语吸引了我——"张家川要发展，满世界开饭馆"。

图 1-1 进入田野点

这种"文化震撼"促使笔者及时询问了邻座的苏大姐，作为张家川县民族商会的主要发起人，她给出了较为专业的答复：

> 我们张家川人善于做生意，前几年胆子大、敢闯的人都挣到钱了。刚开始大家做皮毛贩运加工，之后是养"多胎羊"，现在又是一哄而上做餐饮服务。但是说实话，现在的生意不好做，你看那些开馆

---

① 常向群. 马克思主义社会学论稿［M］. 长春：东北师范大学出版社，2018：49.

子、开宾馆的回到家都叫老板，但外面的辛苦只有自己知道。再者，你看政府的这个作为，光是号召大家在外面多开饭馆，只注重数量、不管质量的好坏。其实咱们张家川人在外面开的馆子层次都比较低，扛不住市场竞争。这几年的状况是一边在大量开设饭馆，一边却在频频倒闭。

苏大姐的这一席话，引起了笔者对张家川发展问题的关注。随着后期田野工作的深入，笔者选取临近龙山镇的王村对其做民族志的"深描"，初步得出了所谓"龙山模式"发展契机和困境的主要缘由在于"家庭作坊式"的副业经营，可谓"兴衰同源"，说到底只是满足于解决生计的"糊口"经济。基于这样的理论预设，本研究选取"生计过程中农民的行动逻辑"，并将之置放于当代中国最大的实践场域，即市场的进程中，来探讨民族地区农民的生计困境及转型发展问题。

中国传统上是一个"乡土社会"，如果土地收成能够维持人们基本的生计，就很少有人再从事其他的"副业"。只有当"人多地少"的矛盾严重到难以维持基本生计时，才通常会发展出一些副业形态，以便补充家计。黄宗智运用"内卷化"的理论，对类似"糊口经济"进行了深入的阐述。时至今日，中国整体上应当说已然进入现代社会。中国社会从"传统"迈向"现代"的过程有其自身的独特性，学界将之概括为"转型发展"，中国的转型发展，实质上是"市场取向的改革"，[1] 即从"再分配"体制向"市场"体制转变的进程中，各种社会动能被激活和激发。有鉴于此，对于当代中国社会的深刻理解，无疑难以绕开"市场"的议题。然而当前，国内学界对市场的研究，大多停留在理论的引介和分析框架的整合层面，呈现出的一些案例研究似乎仅在印证西方理论。基于此，本研究立足现有的"市场社会学"理论，对张家川县王村做系统的实证研究，意在梳理出一个转

---

① 沈原. 市场、阶级与社会——转型社会学的关键议题［M］. 北京：社会科学文献出版社，2007：1.

型社会中农民生计逻辑的鲜活案例。

事实上，之所以选择一个村庄，对其做"深描"处理，并非出于对以上问题的通盘考虑，而是笔者在王村有几位亲朋，他们对笔者讲述了王村近年来的发展状况，特别是适婚村民找媳妇难，以及"高价彩礼"带来的种种困惑。起初只是觉得有趣，便去了一趟王村。然而到达王村以后，笔者有许多新发现。这个村庄地理环境闭塞，山大沟深，较为贫穷；然而并不"传统"，谈话间笔者感觉村民们很有生意头脑。通过对几位案主的深度访谈，笔者得知：由于不利的自然环境，这里的农业耕作条件严酷，过去村民的生活很是艰辛；为了弥补地理环境的不足，王村人发展了经营副业的能力；传统副业在改革开放初期为王村人带来了较高的收入，然而在现代市场经济竞争下，"家庭作坊式"经营的弊端逐渐显现出来，呈现明显的"内卷化"迹象；近期为数众多的外出打拼者"回乡创业"，看似有着深厚的家乡情怀，实则是"盯紧"脱贫攻坚、乡村振兴的各种款项；当下村民最大困境是找媳妇难及拿不出"高价彩礼"，虽然地方政府对"高价彩礼"进行了"限价"整治，但收效甚微。殊不知问题的症结不是"钱"，而是适婚女性人口的大量外流，等等。

时下，人们常说的一句话是，"市场经济条件下，只要有钱，啥事都能办成"。然而当前王村的发展瓶颈似乎不只是拿钱就能解决的，势必通过破解其发展的"路径依赖"，较为深入地从传统的"交易"观念转向"市场"发展理念，主动融入国内、国际大市场，转变经营方式，找到其发展的新路子。

当然本研究之所以选择以村民的生计、择业问题作为研究的切入点，主要因为以下两点。一是在传统社会，当地土地收成难以糊口，搞副业成为王村家家户户的必然选择，且随着生产生活的发展演进，当地人的从业形态一直处于变动之中；二是改革开放所开启的社会转型，市场导向是其显著特征。因此在市场中寻找农民生计的行动逻辑，可以发现王村当前社会、经济和文化生活的全貌。

在研究的具体展开中，通过对王村人传统副业的介绍，以及迈入市场经济后所从事的皮毛贩运加工、"多胎羊"养殖和餐饮服务三种业态的更替梳理，力图在一个特定的自然环境、人口社会、经济文化场域中，追寻王村人迫于生计而不断调整从业形态的根源。在此基础上，本书将深入探讨以下议题：在王村人司空见惯的皮毛匠、放羊、搞建筑等行当是否如外在的"他者"所"浅描"的为"搞副业"？王村人自己是怎么想的？他们的行动依据怎样的逻辑？当然要全面理解一种经济现象，不仅有必要关注其所从属的政治和法律层面，更要关注其之所以生发的社会文化基础。① 鉴于此，皮毛贩运加工、多胎羊养殖、餐饮服务业等对王村人而言具备何种意义？各业态之所以更替且重复出现的深层次缘由又是什么？

二 研究意义

（一）现实意义

农民作为农村发展的主体，其主体动能的激发是实现农村、农业发展的关键所在。近5年笔者系统参加了国家精准扶贫第三方评估（甘肃组）工作，在具体的评估过程中，笔者发现张家川县所在的陇东南一带的农民存在事实上的生计困境甚至"失业"问题。大致在2000年以前，村里人对种地很是上心，如若没有其他杂事，人们会整天泡在地里"务农"，或者在农忙之后很快地投入"搞副业"当中。然而这种状况在2000年以后悄然发生了变化，庄稼人再也不像以前那样在自家的地界处埋下石头或砖块以"宣示主权"不可侵犯，这是因为随着土地耕种效益的相对下滑，大伙认为种地不再那么重要，青壮年劳动力纷纷选择外出务工，耕地逐渐大面积撂荒。当然近年来的具体状况是，人们也不会急匆匆地跑出去"搞副业"。事实上，随着生产方式的改进和大量替代产品的涌现，传统的副业经营似乎走到了尽头。

在一次和贫困户、帮扶干部座谈时，有几位贫困户代表到会场的时间迟

---

① Richard Swedberg. Principles of Economic Sociology［M］. Princeton：Princeton University Press，2003：218.

了，负责召集会议的村干部很是生气地说："你看看，现在的农民，国家的政策这么好，他们一点积极性都没有。真是'干部拼命努力干，群众靠着墙根看'。"在"后精准扶贫"时代，如何巩固提升脱贫成效？在笔者看来，首要的是保障大多数村民能就业，能通过自己的劳作实现自身的生活保障。在问及陇东南一位村主任，现在留守在村子里的村民一年的有效工作时间是多少时，他的回答值得认真思考，"如果是纯粹耕种粮食作物，一年下来加在一起的劳作时间不到一个月"。随着近年来农业机械化的推广，农作物价格相对低廉，致使村民对农业收成不怎么看重。

现在的问题是，随着农村经济社会的巨大变动，村民不再揪心于吃饭穿衣等基本生计问题，但他们需要一个实实在在的从业形态和发展平台。将问题转换至发展领域时，对农民生计的研究将帮助我们更好地理解贫困群体生活的实质和复杂性，以及他们在谋生过程中的种种限制，正所谓"贫困不只是穷人的错"。基于此，笔者的设问是，陇东南一带偏远山区村民的生计困境是一个复杂的社会结构性问题，在当前国内社会主要矛盾转化为"发展不平衡不充分"的视域里，探讨村民择业困境的现实意义不言而喻。

（二）理论意义

当前我们党治国理政的一个重大原则是统筹发展与安全，增强忧患意识，做到居安思危。基于此，从现实需求及理论意义来看，生计安全是国家安全和破解"三农"问题的重要组成部分。基于市场取向的转型发展视域，对农民生计进行深入探讨，将较为全面地理解生计过程中农民的行动逻辑，继而为探讨农民的生计困境及转型发展提供一种新的研究思路。鉴于此，基于生计安全研究农民的生计困境是乡村可持续发展的客观要求，用发展的眼光对农民生计进行全方位探讨，将有利于促进当下乡村振兴战略实施，推动农村社会的协调发展，资源投入的有效利用，并在此基础上完善现有乡村可持续发展理论。

就促进乡村社会发展的角度而言，本研究在理论层面可提升乡村振兴战略视域下主体动能发挥。近年来，随着脱贫攻坚取得全面胜利，我国农村社会的面貌得到了根本改变，然而一些深度贫困区在巩固脱贫成效和实现可持续发展方面仍存在一系列结构性困境，这涉及复杂的"三农"领域议题。事实上，"三农"问题是关系国计民生的根本性问题，农业丰则基础强、农民富则国家盛、农村稳则社会安。党和政府历来非常重视"三农"问题，特别是在改革开放以来，国家持续把增加农民收入作为工作的重点，切实减轻农民负担，从而推动农村地区经济社会的快速发展。当然在当下城乡互补、均衡发展的时代要求下，乡村振兴战略的稳步推进其前瞻性意义不言而喻。

乡村振兴是基于破解"三农"问题的现实而系统阐发的，在具体的贯彻落实中需要进一步具有"现代治理"视野，即跳出"三农"问题看乡村，原因在于"乡村振兴"是国家现代化的重要构成。乡村振兴主旨在于实现乡村的现代化，即产业现代化、生活现代化、文化现代化、治理现代化等。就治理现代化而言，当前的乡村面临治理人才匮乏和治理手段单一等困境。从人才振兴的角度来看，乡村振兴面临"城乡劳动力一体化"的挑战。当前，在我国经济社会发展进入新常态的大背景下，农村社会发展环境有着重大变化，既面临诸多机遇，也潜藏多种风险。总体上来说，农村社会仍存在一些不容忽视的问题，村落数量的不断减少、人口向城市的大量迁移，特别是农村青壮年劳力的流失，造成农村老龄化、空心化，留守特征明显。鉴于此，乡村振兴首先要实现"产业兴旺"，促进第一、第二和第三产业融合发展，支持和鼓励农民就业创业，切实拓宽增收渠道，从而真正实现农民生活富裕。

第二节　研究方法与资料收集

本研究背景的展开主要采用历史人类学的研究方法，具体关注了陇东南民族地区社会经济状况在历史过程中的绵延性。一方面，通过历时性的维度观照田野点王村的社会经济状况的变迁；另一方面，在对当前王村社会经济的现实性分析中贯穿着共时性的向度。具体而言，采用"解剖小麻雀"的

方法对王村做深入的田野工作，并对相关村落做多点民族志的对比。一方面
将王村的状况嵌入大的社会环境中，体现出时代变迁的宏大历史感；另一方
面，通过不同地域村落之间的对比，体现社会科学研究的通则性。在对王村
进行实证分析中，运用人类学参与观察法、访谈法和民间文献文物搜集法
等，尽可能获取大量一手资料，在此基础上力求展现出王村田野现场感与相
关文献资料的彼此印证，以及田野个案与陇东南民族地区整体的相互观照。
逐步将田野工作的具体层面上升为理论阐释的逻辑层面，从而勾勒出王村生
计变迁的轨迹，再通过社会转型理论的现实观照，揭示王村经济社会变迁的
方向、动力等，继而探究王村由传统小农经济转向现代商品市场经济的路
径、方法，进而探讨城乡劳动力市场一体化进程中，村民实现择业目标的结
构性要素。

在本研究的理论梳理中，还力求运用发展人类学、经济人类学、民族社
会学，以及现代化、"三农"问题等相关理论。

一　田野工作与研究过程

基于能够对上述问题做出较为合理的解释，笔者事先考虑了研究方法的
选取。事实上，在一定程度上，研究方法的正确选择，决定着具体研究的合
理性和研究结果的科学性。本书属于一项民族社会学研究，在具体的研究开
展中尽量摒弃演绎推论的思维逻辑，遵从社会科学研究的一般方法。有鉴于
此，笔者在前期对自己的专业方向做了一次较为清晰的梳理，民族社会学是
社会学和民族学的交叉学科，是指运用民族学和社会学的理论与方法研究多
民族社会中各个民族之间及其内部的各种社会现象和社会问题的一门交叉学
科，目标在于为维护民族社会稳定和增强民族社会凝聚力提供决策咨询。[①]
基于这样的学术规范性考虑，加之前期对陇东南民族地区经济社会发展相关
文献的概览式阅读，笔者对当地的风俗习惯有较为感性的了解和理解。古人
云：近水楼台先得月。基于此，这一地带便成为笔者论文的主要田野关

---

① 高永久.民族社会学概论［M］.天津：南开大学出版社，2010：7.

注点。

作为定性的实地研究，强调的是研究者能够在自然状态下观察社会生活，到行动发生的地点去实地调研，以便获取对社会现象更丰富的理解。同时研究者能够以一种深思熟虑的、周密计划的、主动的方式进行观察。① 具体到民族调查或社会调查，是对一个民族或社区做调查，通过勘测、询问、交谈和观察等手段取得所需要的研究资料。② 本研究的田野调查大体确定在陇东南一带之后，还需要进一步浓缩，找到一个可操作的"社区"。在接受博士一年级第二学期理论专题课的训练中，笔者系统地阅读了日本"地域社会学"的相关资料。地域社会学立足于 1960 年代以来日本社会"都市过密化"和"乡村过疏化"的现实，从地域社会结构、集团构成以及人类行动等维度出发，建立起新的"结构分析"范式，③ 从而全方位研究急速变迁的日本社会。事实上，当前国内市场取向的转型发展也呈现与日本类似的城市过密、农村空心化的趋势。基于这样的理论导引，笔者预想在陇东南选择一块多民族"交融"的区域，从"地域社会生成论""地域社会变迁论""地域社会发展论"等纵向角度梳理分析民族地区社会治理的制度逻辑。在此基础上，从改革开放后的横向角度展开，与周边其他地区的社会发展作比较研究，希冀总结民族地区发展的社会结构性因素。带着这样的理论"预设"，笔者最终选择张家川县的王村对其做深入的田野调查。

从 2016 年 10 月开始到现在，笔者到张家川县做专门田野工作总计 15 次，累计 120 天。随着对张家川县王村的参与式观察，笔者对其进行了民族志"深描"处理。王村在改革开放之后，抓住了市场放活的机遇，复活了祖辈传承的皮毛贩运加工生意，与邻近的民众一同创造了龙山镇皮毛市场的奇迹，使得龙山镇一时间成为全国第二、西部第一的皮毛交易场所，吸引着

① 〔美〕艾尔·巴比. 社会研究方法（第十一版）〔M〕. 邱泽奇译. 北京：华夏出版社，2018：284.

② 汪宁生. 文化人类学调查——正确认识社会的方法〔M〕. 北京：学苑出版社，2015：1.

③ 田毅鹏. 地域社会学：何以可能？何以可为？——以战后日本城乡"过密—过疏"问题研究为中心〔J〕. 社会学研究，2012（05）：184-203.

全国各地的皮毛商人到龙山镇寻求利润。1990 年代中期，在皮毛生意最兴盛时，中央、省级领导频繁视察龙山镇皮毛市场。然而到了 2000 年以后，龙山镇皮毛市场逐渐走向衰落，同省临夏回族自治州广河县三甲集镇皮毛产业兴起，大有替代龙山镇之势。顺着皮毛产业市场转移的逻辑，笔者又到访了三甲集镇。

2017 年 12 月，笔者乘车到达广河县三甲集镇，这里是广河县的主要产业中心，曾经撑起了广河县各项收入"半边天"。走访了三甲集镇皮毛交易市场、活畜交易市场及几家皮毛加工厂之后，笔者不得不正视的是该镇的皮毛产业也已步入"夕阳岁月"。当前的问题是，曾经经营"皮毛产业"的"地方精英"到哪儿去了？带着这样的疑问笔者去了广河县城，通过县志办老同学杨军的介绍，笔者联系到了"全哥"，正像杨军所说的，全哥不仅是广河县通，更称得上临夏州通。

通过对皮毛经营者"行动"轨迹的追踪，张家川、广河两县曾经的精英人物多数已转向经营餐饮服务业，主要经营牛肉拉面和烧烤、开设中小型宾馆等。

为了遵循个案法的研究规范以及行文的方便，笔者继续将目光转向张家川县，并于 2018 年 2 月重返王村，对村里人经营餐饮服务业的状况展开深入调查。由于行业性质的变化，张家川人经营的餐饮服务业主要在域外，形成群体性的经营地主要在湖北、山东和北京等地。依据这样的"行动逻辑"，笔者在走访几家大的经营户主家庭之后，选择了三家牛肉拉面馆作追踪调查，其中赵文家经营地在北京、马国家经营地在烟台、马军家经营地在兰州。通过初步的调研，甘肃和青海两省的牛肉拉面市场竞争引起了笔者的极大关注。特别是"马二在 Y 市被打身亡"（后文详细记述，这里不展开）事件所引发的深入思考，使笔者不得不反思民族地区特色经济发展的困境。

2018 年 4 月，趁着清明节放假，笔者再次到达张家川县寻找"创业精英"的足迹。这些 1980 年代的"弄潮儿"现在已步入暮年，在激烈的市场竞争中坚持下来的"能人"，其生意大多交由子辈、孙辈打理。这次比较幸运的是，笔者经人介绍专程拜访了张家川县发改、招商部门的工作人员，他们为笔者提供了近期张家川县餐饮服务业的经营状况，以及 2015 年地方政府对餐饮服务业的发展愿景。发展愿景中有一个是"百千万"工程，即到 2018 年 12 月，由张家川县人开设的餐馆要达到一万家。事实上，这个"工程"已于 2016 年 12 月提前完成。通过之后几天的入户走访调查，笔者发现"数量并不代表质量"，真实的状况是，"一边在纷纷开设餐馆，另一边却在迅速倒闭"。遵循社会学"行动者归来"的研究逻辑，笔者继续追问这些倒闭后的餐馆经营者又去哪里了？最终在各村兴办的"合作社"里找到了他们。

当前国内牛肉拉面经营正在从"乱象"经营向规范化经营转变，2015 年"马二在 Y 市被打身亡"可以看作规范化经营转折点上的代表性事件。为了对此事件有更深入的了解，2019 年 9 月，笔者专程去了青海省化隆县的群科镇，对当地牛肉拉面经营的家户进行了走访，发现当地早年外出开设拉面馆的许多户主返回到了老家，其主要缘由在于餐饮卫生许可从严、房租大幅提高等方面，导致在外经营难上加难。以此为对比参照，笔者再次将目光返回到张家川县。

2020 年 1 月，笔者有幸参加了甘肃省精准扶贫第三方评估工作，在请示"总督导组"之后，笔者被准许参与张家川县的评估督察工作。这次在张家川县前后一个星期的评估督察工作之余，笔者主要关注了"产业扶贫"领域的问题。在当前"一村一社"项目制下，各村镇（乡）兴办的合作社，其"领头人"大多数是在外经营餐饮服务业的"能人"，他们或出资或直接接手开办合作社，主要经营牛羊养殖业。其间笔者通过走访 20 多家牛羊养殖专业合作社，发现一些"能人"参与经营合作社，目的并不单纯，往往紧盯各类项目款。这导致"牛羊养殖专业合作社"所谓发展的内生动力不足，或者在项目款不能及时到位时停滞不前，或者是在项目款注资完之后，直接停产或转让经营。

纵观王村改革开放以来"三大产业"的交替兴衰，并对形成市场竞争的广河和化隆两县作对比观察，不难发现其中问题。第一，这"三大产业"均是在重复"昨天的故事"，无论是皮毛贩运加工，抑或餐饮服务，还是牛羊养殖，其实都是当地世代传承的"副业"，在当代的"兴盛"也仅仅是家户经营的一种扩张，其实并未在生产工艺和经营理念上实现创新。第二，表面上看当地人40多年来交替经营了"三大产业"，但经营的"主体"并没有变，总是那些"地方精英"在"变戏法"地转变着经营的行业形态。第三，当地发展的困境，其关键是"深嵌"于"家庭作坊式"的传统经营，看似这是经济因素，本质上却是社会文化因素所致，通过经济社会学"嵌入性"理论的梳理，结合产业社会的基本逻辑分析，当地要走出当前的困境，实现跨越式发展，特色经济产业化之路势必成为必然选择。

为保护当事人的隐私和利益，在具体资料的使用过程中，笔者对涉及的地名、人名、工商会名称均进行了相关的技术处理，采用化名，在此一并说明。

二 个案研究与类型意义

个案研究（Case Study）是一种典型的定性研究，是一种以限制的空间与时间为范畴，聚焦于特定完整形貌的事件单元进行研究设计的研究方法。[1] 具体来讲是对一个人、一个事件、一个社会集团，或一个社区进行深入全面的研究。其特点在于通过对事物深入的观察，获得非常丰富、生动、具体的资料，能较好地了解事物或事件发生、发展的过程，继而为后续的总体性研究提供理论假设。[2] 个案研究的优点在于焦点特别集中，对现象的了解非常深入、详细，能够以较为具体的方式呈现佐证，从而有助于理论的抽象思考，在此基础上通过深度观察以及探究某一特定分析单元，作为跨层次推论的依据，继而进行深入的类型学分析。个案研究通常关注社会现象中的一个或者几个案例，比如一个村落、一个家庭或者一个群体。当然个案研究也可以不是特定的群体，而是一段时间，[3] 比如1949年以前、1978年以后等。而对于个案研究者来说，或许只是寻求对个别案例的独特理解，也

---

① 瞿海源等. 质性研究法 ［M］. 北京：社会科学文献出版社，2013：228.

② 风笑天. 社会学研究方法（第三版）［M］. 北京：中国人民大学出版社，2009：257.

③ 〔美〕艾尔·巴比. 社会研究方法（第十一版）［M］. 邱泽奇译. 北京：华夏出版社，2009：297.

有像草根理论那样在展开中寻求通则式理解的期望。个案研究的主要目的在于"描述"，在描述的过程中还需要对特定案例进行深入研究，以便提供解释性的洞见。个案研究的具体实施，除了一般的观察、访谈，通常还采用个人生活史的方法。

本研究以王村作为个案研究对象，其主要缘由有两个方面。一方面，在急速变迁的乡村社会中，个案村落的发展轨迹能较为容易地从经验层面得以把握，从而深入理论层次讨论。具体到本研究的生计方式及择业形态，以村落个案为单位分析，可以在农民生产生活的具体事件中进行总结提炼，进而梳理出村民的行动逻辑。另一方面，对个案村落可以深入地追踪调查，以便对其做出解剖麻雀般的分析，继而作类型学意义的对比分析，在此基础上，关注经济社会变迁中的一些代表性事件，以此来梳理农民生计、择业行动背后的社会文化基础。

（一）个案探究的类型学意义

作为一种方法体系，个案研究已经走过近200年的历程。然而其演进的过程中一直存在对"代表性""一般性"的质疑，基于此形成了三种观点：无涉论、分类论和超越论。就代表性无涉论而言，个案研究难以逃脱社会科学一般性的"通则论"诉求；分类论虽然能兼顾对一般性推论的触及，但也面临逻辑风险和小概率反证的困境；超越论意在优化提升个案研究，强调通过部分来认识整体的合理性，希冀在一般意义上看待代表性问题。①

本研究所强调的个案研究的合理性主要是基于个案研究的类型学意义推广，即个案外的推广拓展。具体来讲就是将个案视为"整体"中的部分，通过"部分"之间及其与整体的互动关联来呈现整体的全方位图景。正如费孝通先生对利奇（Edmund R. Leach）和弗里德曼（Maurice Freedman）关于村落研究"代表性"质疑和诘难的回应，如果能用比较的方法将中国农村的各种类型一个一个地描述出来，就不需要把千千万万个农村一一地加

---

① 曾东霞，董海军. 个案研究的代表性类型评析［J］. 公共行政评论，2018（05）：158-170.

以观察而梳理，通过类型比较法可以逐步扩大实地观察范围，按照已有类型寻找条件不同的具体社区，在比较分析的基础上认识中国农村的各种类型。具体可概括为由一点到多点，由多点到更大的面，由局部接近整体。[①]

（二）扎根理论

扎根理论（Grounded Theory）旨在在经验资料的基础上建立理论。通常情况下，研究者在实施研究之前并没有理论假设，而是直接从实际观察入手，在第一手资料中对经验进行归纳概括，之后提升至系统理论的高度。扎根理论是一种"自下而上"建立解释理论的方法，主要是在系统收集资料的基础上，梳理出反映事物现象本质的核心概念，继而通过概念之间的关联建构相关的理论解释。扎根理论实施的关键在于占有充足的经验证据，但其实质性特征并非经验性，而是从经验事实中抽象出新的范畴和逻辑框架。扎根理论的建构过程可简述为：未经研究假设而直接从实际观察入手；从观察资料中归纳出经验概括；由经验概括上升为理论。[②]

从理论解释的角度来讲，扎根理论是一种"事后解释"，是在收集到事实材料之后做出的主观解释，这使得虽然解释与观察到的事实是一致的，但并非"唯一"，因此需要不断地在研究过程中加以严格检验，从而提升研究的可信度和解释力。基于此，笔者在进入田野以后，更多地去关注乡民的日常生活世界，描述他们的行为方式和所思所想以及他们的困惑和烦恼，忠实收集和记录这些第一手资料。之后借鉴乡村社会相关研究成果，充分观照发展社会学、经济社会学和文化社会学的综合分析视角，提炼出市场实践中的"制度—行动"分析框架来解释西北民族地区农民的生计行为和择业动机。

（三）生活史

为了将历时性研究扎得更深，从纵向上梳理出行动者行动背后的社会文化基础，本研究对多个特定人物进行生活史访谈。生活史（Life History），也称传记性访问，是一种特殊类型的实地访问。与口述史（Oral History）不同，

① 费孝通. 费孝通自选集［M］. 北京：首都师范大学出版社，2008：110-111.
② 袁方主编. 社会研究方法教程（重排本）［M］. 北京：北京大学出版社，2013：77.

生活史研究强调"生活事件"（Life Story）的记忆性信息本身。[①] 在具体的访谈中，报告人通常年事已高，访谈提纲中的问题较为开放，主要在于捕捉报告人如何理解他们的过去。报告人有可能重新构造整个故事，或者会在过往的历史中添加当下的解释，还有可能"重写"自己的故事，当然这些并不影响研究的"信度"，因为生活史研究重在捕捉报告人如何看待过往的事件。

随着田野工作的深入，笔者还使用了生活故事坐标方格，坐标方格主要是指针对年事已高的受访者每隔 5 年所发生的诸如就学、生计、求职、迁移等家庭事件所设计的方格表。

在研究手段上，个案研究通常采取参与观察和深度访谈的方法进行。参与观察会尽量呈现客观发生的事实，而深度访谈的优点在于方法上灵活、实用和深入。二者既有质的区别，也相得益彰。参与观察有助于研究者全景式了解特定社区的状况，深度访谈可保障对个体研究对象行动逻辑的深层次了解。鉴于此，本书的研究手段采取参与观察和深度访谈互动结合的方式进行。

（四）民族志"深描"

民族志的英文表达是"ethnography"，意指"描绘人群"。作为一种学术研究方法，民族志在起初是指人类学家收集特定社会及文化的资料，并在相关理论框架下解释这些文化现象。后来随着学科之间的交叉，其他社会科学领域的学者也重视民族志的运用，主要是通过观察、访谈等田野工作手段，深入细致地描述某一人群及其文化，强调特定人群活动过程中的互动，并赋予这种互动以意义。因此可以说，其所产生的民族志报告，既体现的是一个研究结果，更是一个多维的互动过程。

民族志发展到今天，呈现的既是一种研究方法，也是一种理论取向。当然民族志的研究取向更多地体现为一个文化进入的过程。在格尔茨看来，民族志有"浅描"和"深描"之分，传统的民族志呈现明显的"浅描"倾

---

① 〔美〕劳伦斯·纽曼. 社会研究方法（第五版）［M］. 郝大海译. 北京：中国人民大学出版社，2007：499.

向，研究者通常会选择一个社区，到那里去蹲点。具体做法是研究者在田野点生活一段时间后，会对当地的人文景观和社会结构有相对充分的理解，在此基础上将其描述出来即可。"深描"更多地强调一种"主位分析"方法，是一种阐释性的理解。格尔茨认为"深描"的民族志有四个特色：（1）阐释性的；（2）其所阐释的对象是社会话语流；（3）这种阐释在努力从过往的场合中抢救话语的"言说"，并将之固定在阅读的形式中；（4）倾向于微观的描述。①

基于民族志"深描"理论，笔者进入田野点专注于从主位、内在的视角理解和描述当地社会及其文化景观，②试图讲述一个可信、严谨而真实的故事。鉴于此，笔者在进入田野点之后做的第一件事是消除"文化震撼"，并不急着去收集研究设计中的材料，而是在田间地头、种植养殖合作社和社区中心的闲暇娱乐点去参与乡民的劳作，体验他们的欢乐和忧愁，继而在不经意中记述他们的日常生活。

三 资料收集及分析方式

考虑到本文实证研究的性质，即一项基于社区调查的微观分析，同时所讨论的问题涉及当下的脱贫攻坚、乡村振兴等前瞻性热点议题，又考虑到民族社会学的专业方向，笔者将此项研究界定为解释性研究。本研究展开中遵循质性研究的一般规定，具体资料收集中运用了多种方法。

（一）社区调查

由于村落目前依然是陇东南农村地区最主要的居住形态，并且绝大多数人家的经济社会生活是围绕着村落单位展开的，因此在研究中笔者对相关村落进行了深入的社区调查。以此方法笔者获得了个案研究的大量背景性资料。比如，通过对王村的社区调查，笔者了解到了村子里的经济状况、社会结构、日常生活情况以及传统的生计方式等。采用社区调查方法的优势在于，

① Clifford Geertz. *The Interpretation of Cultures* [M]. New York：Basic Books, Inc., 1973：20.
② 〔美〕大卫·M. 费特曼. 民族志：步步深入 [M]. 重庆：重庆大学出版社，2013：2.

研究者可整体性地了解村庄里群众生计方式的概况以及陇东南农村的经济、社会和文化背景。

（二）参与观察

参与观察（Participant Observation）强调的是研究者深入事件发生的场景中，直接切入研究对象的日常生活，对其中的社会现象进行深入观察。

在田野调查期间，为了广泛地参与村里人的日常生活，笔者尽可能选择住在村民家中，不但和他们一起吃住、闲暇娱乐，而且会随他们一起劳作，亲身体验他们生活的方方面面。有时，笔者也会跟随村民去临近的村落"串门"，其目的在于，一方面以更宽的视野来观照王村，另一方面通过村落之间的对比，勾勒出当地村民生计方式变迁和择业态度变化的一般逻辑。

（三）深度访谈

深度访谈属于定性研究的一种重要方法，强调研究者根据受访者日常生活的安排，在与对方一起参加活动时，根据当时的情景与受访者交谈，并争取安排特定的时间，对受访者的生活史及所涉及的问题进行深入访谈。与问卷调查不同，深度访谈不受设定题目的限制，访谈主题也无严格的先后排列，访谈形式比较自由。在具体实施中，为了提高访谈的效度和信度，通常会围绕特定的访谈主题设计一份访谈提纲。本研究的访谈提纲是笔者2016年10月初开展田野调查时，通过参与观察和接触几位受访者设计出来的，针对不同的访谈对象设计出了不同的访谈提纲，后经过了几次修订和完善。在深度访谈中，笔者尽可能确保访谈对象处于相对轻松的环境中，采用扯闲话、聊天的方式进行，并适时切入访谈主题，尽量避免访谈者感觉"突兀"以及由此造成的不适。除了对受访者本人进行深度访谈，笔者还对其家人和亲邻进行佐证访谈。访谈过程中，为了确保内容详细真实，防止遗漏关键信息，在征得访谈对象同意的基础上，笔者对重要的访谈内容进行了录音。

（四）二手资料分析

除通过上述几种方法获取的一手资料外，在田野工作的具体过程中，笔者还注重搜集二手资料。二手资料分析是指对前人收集的资料进行整理，较快得到相关数据（证据）的研究方法。相比一手资料，二手资料的获得比较容易，通常包括年鉴、报告、文件、期刊、数据库和报表等。本研究所搜集到的二手资料主要有地方政府保存的文档、地方志和文史资料，以及村子里民间收藏的一些历史文献、家谱和碑刻等。总之，笔者寄希望于通过二手资料的使用，呈现一个更为"全面"的当地人日常生活场景。

第三节 研究框架：市场实践中的"制度—行动"

"结构"与"行动"是社会科学研究的一对基本范畴，这对范畴理应具有对立统一的关系，然而社会学研究通常存在一种偏"结构"的倾向，强调"结构"对"行动"的制约性。这种逻辑惯习在一定程度上影响了乡村社会的研究，即通常将乡村社会预设为某种结构，或者是关系的结构，或者是制度的结构，抑或是建构的结构。这造成了对乡村社会结构的夸大，却忽视了乡民的主观存在及可能的行动策略，最终陷入静态分析当中。事实上，当代中国人在经济社会巨变的进程中，一边在积极努力地加入由体制设定的发家致富的市场实践中；一边在突破体制的束缚，创设着新的行动逻辑。将此议题引入探讨中国人生计方式的演变及其内在的能力资本时，比较明显的状态是，一旦条件具备，尤其当制度性障碍大幅度降低后，强大的经济力量会因此而迸发。基于此，本研究立足当代中国人的市场实践，拟提出"制度—行动"的分析框架，试图实现结构分析与行动分析的有效融合。

为了体现"制度—行动"研究框架的效度，笔者设计了"三维一体"的分析模型。所谓"三维"是指乡民在改革开放的市场经济实践中，依据自身的经济资本、文化资本和社会资本而付诸的行动。从经济资本的角度而言，西部偏远地区土地贫瘠，传统时期人们单靠务农不足以养家糊口，需要做一些副业补充家计。恰恰就是这些副业形态使得他们率先走出了土地，成为市场经济探索的排头兵。然而在今天国内经济发展总体走向"产业集群"之后，他们"家庭作坊式"的经营方式受到了挑战，笔者将这一维度概括为从"副业"到"产业"的转变。从文化资本的角度来讲，传统乡村社会的生产形态很大程度上属于"道义经济"。一方面，只要农业收成能够维持人们的基本生存所需，大家就比较知足；另一方面，乡土社会是一个"熟人社会"，亲邻之间的互帮意识较强，"差序格局"特征明显。然而到了现代市场社会，"个体化"特征明显，人们选择某种行为，更多地会考虑"利益"的获得。笔者将这一维度概括为从"礼俗"到"市场"的转变。从社会资本的角度来讲，传统时期物资较为短缺，且社会"等级"层次明确，对无地、少地或者土地贫瘠的农民来说，其一生都在"面朝黄土背朝天"地追逐基本生计，即糊口经济。然而到了现代社会，表现出了明显的"物品充裕"，到了这个时候，人们的经济行动不仅仅是考虑家户的基本生计，更有着对自身人生的谋划。笔者将这一维度概括为从"生计"向"择业"的转变。

一 从"副业"到"产业"

提起传统中国农村经济生活的特征，人们可能会立刻想到"自给自足"，并联想起一幅"男耕女织"的田园牧歌图景。然而在资源匮乏的许多偏远农村，通常是"自给"但不"自足"。为了应对"不自足"的困境，人们通常会拓展出多种形态的副业，以便补贴家用。因此，在偏远地区的农村，农业生产虽是主业，但与之相伴的工商"副业"一直是与之相得益彰。

曾几何时，那些走街串巷的买卖人、手艺人在人们的日常生活中那样的常见，然而到了今天，他们却成了记忆中"熟悉的陌生人"。那些曾经走街串巷的生意人其经营属于副业形态。"副业"是与主业相对应、在农忙之余所从事的一些辅助性的生计，目的在于补充家庭经济的不足，其主要形态有以下几个。(1) 养殖业，如养鸡、猪、牛、羊、蚕、蜂等；(2) 编织业，如织布、织席、扎鞋、编箩筐等；(3) 加工业，如磨面、磨豆腐、碾米、榨油、酿醋、酿酒等；(4) 贩运业，如贩运粮食、柴火陶罐等；(5) 渔猎业，如打猎、捕鱼等。不得不指出的是，由于中国幅员辽阔，各地的副业传承形态有其深厚的社会文化基础。

中国传统上是一个"乡土社会"，强调安土重迁，在社会秩序方面讲求

"安稳"。司马迁在《史记》中对"农、工、商、虞"四种业态作了较为系统的阐述，只有四种业态协调发展，才是"富民"的根本，农为本、工商虞为末，本末协调，经济兴盛。[①] 在古代漫长的历史演进中，中国传统社会农业耕种的"根本性"地位一直在逐渐加强，工商业作为"配角"的地位似乎一直没有得到多大改变。随着明清以来人口规模的激增，特定地域内人多地少矛盾凸显，这一矛盾的解决得益于两方面。一方面是域内过剩人口的向外溢出，负起锄头去另辟新地；[②] 另一方面则是做一些副业，从而补充农业主业生产的不足。

1978 年改革开放的开启使得市场经营逐渐放活，随之传统的副业得以复兴。改革开放初的副业经营总体上属于对传统的复归，有副业传承的家户率先走出土地，从事做衣、建房、打家具、修鞋、制醋、贩卖小商品等行当。当然其中也出现了新的业态，一些有想法的青壮年走向城镇，进入第三产业，从事社会服务，涌现出理发师、厨师、建筑工、服务员、保安、保姆、清洁工、菜果商贩、小商品地摊等行当。看到胆大精明的农村人进城挣到了钱，一些城镇无业人员也加入其中，共同推动新的市场活力迸发。

为了便于登记和管理这些体制外的小规模从业者，政府将之界定为"个体户"。"个体户"最初是一个十足的经济学概念，具体是指因不能或不愿在全民和集体单位就业而自谋出路的个体经营者。然而随着后期的发展，个体户的含义超出了经济学的范畴，演化成一个社会学概念，即随着商品经济大潮的涌动，国内出现了一个个体户阶层。

个体户经营在 1990 年代以后走向了分化，随着社会主义市场经济体制诉诸实施，受市场竞争、规模经营、产品升级等因素的影响，大量低水平简单重复型个体经营逐渐显示出效益方面的乏力，慢慢地退出了市场的舞台。有一些独门技艺、特色经营方式通过与现代科技、营销策略的结合，形成了

---

① 于振波．司马迁经济思想简论［J］．江西财经大学学报，1999（04）：67-71.

② 费孝通．乡土中国［M］．北京：人民出版社，2015：4.

"老字号"运营方式，竞争力得以巩固，形成强大的市场优势，这些存活下来的个体经营逐渐转变成为当前的非正规经济。

"个体户"是改革开放政策的直接产物，其业态渊源与传统"副业"紧密相连，由于这一业态的"宽泛性"以及从业人员的"变动性"，人们对个体户的认知是神秘而陌生的。追溯"个体户"的后期发展，从最初的"个体户"或"个体经营者"到后来的"个体大户""私营企业主"，以至当前的"百万富翁""千万富翁"，① 其发展轨迹有着鲜明的市场经济变迁的特征。事实上，能成为"富翁"的个体户毕竟是少数，他们是从这一群体中脱颖而出的佼佼者，大多数坚持下来的个体户充其量也只是"个体大户"。本研究关注的是在时代变迁的进程中去捕捉"持守者"的信念和品质。基于此，"个体大户"如何在 2000 年以后转向"非正规经济"成为本研究的核心议题。

非正规经济（Informal economy）的概念是由国际劳工组织于 1973 年提出来的，起初关注的是发展中国家那些在"正式部门"之外低收入、低报酬、无组织、无结构的很小生产规模的个人或服务单位。② 近年来胡鞍钢、黄宗智等学者对中国非正规经济和非正规经济就业进行了深入的研究，胡鞍钢等人认为，非正规经济是随着我国经济结构调整和转型而获得了急速发展。③ 在黄宗智看来，非正规经济的就业人员是指缺乏就业保障、福利和法律保护的劳工。④ 随着市场化的深入推进，"离土不离乡"在本地就业的劳工逐渐转变为在城镇就业的"离土又离乡"的农民工，接受着城镇居民不愿做、最重、最脏和低报酬的工作。具体而言，他们中有的就业于正规部门的临时性岗位，有的就业于正规部门之外的个体户或私营企业，甚或是在没有工商部门登记的"黑工厂"上班。

① 程渍．草莽英雄——个体户阶层透视［M］．北京：中国社会科学出版社，1992：9.
② 任荣伟．多重视角下的非正规经济组织：前沿理论与趋势［J］．中山大学学报（社会科学版），2013（06）：182-191.
③ 胡鞍钢，赵黎．我国转型期城镇非正规就业与非正规经济（1990—2004）［J］．清华大学学报（哲学社会科学版），2006（03）：111-119.
④ 黄宗智．中国被忽视的非正规经济：现实与理论［J］．开放时代，2009（02）：51-73.

与西方国家非正规经济主要受市场机制影响不同的是，中国非正规经济不仅有其深厚的历史传统，在当代的"蜕变"更在于市场和制度两个维度的形塑。从历史传承角度来讲，民间社会有着浓厚的副业传统。而传统副业在当代的复兴，一方面在于市场机制下，商品经济的冲击；另一方面则是国家体制的松绑。这在一定程度上解除了对副业形态的束缚，促成了"个体户"向"私营企业主"的转变，并通过相关扶持政策，推动着特色产业和"老字号"经营方式的转型升级。

基于上述分析，笔者初步凝练了从"副业"转向"产业"现实过程中的三个维度：（1）历时性维度，探讨从"副业"到"个体户"转向"非正规经济"的时代缘由；（2）共时性维度，基于改革开放以来转型发展的实际，探讨"制度—行动"如何共同形塑非正规经济；（3）场域性维度，为了深入地发掘副业形态"蜕变"中的困境及发展机遇，对有典型特征的"个体户"经营形态做个案研究，通过"惯习—资本—场域"的具体分析，为特色经济产业化发展的深入推进提供鲜活案例。

二 从"礼俗"到"市场"

中国传统社会小农经济的脆弱性决定了农民无法凭借个体家户力量抵御天灾人祸，高利贷尽管可以帮助小农渡过暂时的困难，但又充斥着使其陷入破产境地的风险。为了减轻高利贷的盘剥，抗御天灾人祸，民间社会根据地方性知识通常会形成特定形式的"民间互助之俗与合会"，其基本理念是缓急相济，有无互通；有往必来，有施必报。[①] 这样的民间互助惯习防止了因自耕农破产而削弱传统小农经济基础的风险，维持了传统统治秩序的稳定性，因此历史上得到了历代朝廷和地方精英的倡导。

传统农业社会中农民的基本行为准则是"适可而止""相安无事""差序格局"等，有着一整套"礼治"的规范。处于农耕社会中，人们的非农经营是少量的，而且仅在某种特殊情境或某一文化小传统中存在。传统社会

---

① 陈宝良. 中国的社与会（增订本）[M]. 北京：中国人民大学出版社，2011：138-140.

的农村人口基本上被固定在土地上，除灾荒年外，人员流动规模和范围都比较小。正常年份能流动的人员主要是读书做官、从军、手工服务业行当经营者等。

中国的礼制传统讲究"士农工商"的社会秩序，"学而优则仕"是人们普遍追求的理想境界，但实际上在农村能走上仕途的人比较少，能接受到文化教育的都是士绅阶层，普通农家通常与此无缘。因此传统乡村社会虽然提倡"耕读传家"，就像本研究的田野点王村大多数人家的大门横梁上到现在还悬挂着"耕读弟"的匾额一样，但这仅仅是一种"悬挂"，现实当中大家为了解决基本生计，还是不得不全天候地劳作在土地之上。

"土地耕作""家乡情怀"既是传统农民基本的生计保障，更是其割舍不了的心理情结。受这种生存伦理与乡土情怀的影响，农民在不危及其生存的前提下，是不会轻易离开乡土的，"三亩地，一头牛，老婆孩子热炕头"，这是千百年来中国农民的梦想追求，通常情况下，农民会一辈子"粘"在土地上，活着时的吃用都来自土地，死了后讲求"入土为安"，当然这里的"土"指的是家乡故土，包含着浓浓的家庭宗族意涵，这就造成了黄宗智概括下的"过密化"的糊口农业生产方式。

传统的社会结构限制着人口的流动，这使得人们对于工商从业者有着天然的"鄙视"。出于这样的观念性约束，能进入城镇从事手工业和服务业行当，恰恰与特定的地域性文化小传统密切相关。因此传统社会的某一类工匠总有其特殊的地缘、亲缘关系，比如本研究中的张家川人总体上善于做皮毛贩运加工生意。事实上，"文化层次上的分野和因不同文化小传统而导致的非农化途径和目标的差异，正可表现出文化在非农化决策中的作用。"[①]

近代以来，随着西方资本主义的入侵，由此引发的官僚资本主义和民族资本主义的产生发展，摧垮了小农经济的基础，致使许多小农家户难以维持生计，而资本主义生产方式在城镇的兴起吸引着大量农村劳动力的转移。当

---

① 黄平．寻求生存——当代中国农村外出人口的社会学研究［M］．昆明：云南人民出版社，1997：100.

然新中国成立前，这种农村劳动力向城市的转移是自发的，1949 年以后，随着相关户籍制度管控的严格，农民的流动在很大程度上受到限制，剩余劳动力只能滞留在农村。

1978 年随着改革开放的稳步推进，中国国内人口流动管制逐渐松动，特别是 1980 年代末 1990 年代初，日趋汹涌的"民工潮"使得广大农民走出了原有社会结构塑造的生存困境，他们选择跨越行业和地域等的藩篱，寻求着多种新的从业形态，当然这一选择的内在驱动力仍是出于生计的考虑，但是随着后来形势的向好发展，糊口问题似乎已不是主要考虑的维度，"发家致富"的追求具有一定的现实意义，正是基于改变生存方式的冲动，农民非农活动的伦理由传统"生存理性"向现代"经济理性"转变。

受市场经济以及现代生产工艺的冲击，农民的非农化活动逐渐成为一种常态，这不仅大幅度地改变着城乡的格局，而且对农村的发展造成了深远影响。尤其是大量青壮年劳力走出了乡村，在全国范围内谋生就业，开辟着新的生活空间，成为一个普遍的社会现象。然而需要指出的是，中国农村改革的最初阶段，通过联产承包责任制将两亿农户从集体农业脱离了出来，农民的生产积极性获得极大提升。然而自 1984 年市场化进程开启之后，相比工业产品收益的不断上扬，农产品的市场却起伏不定，这在一定程度上造成了农民的"绝对贫困化"，与此同时，市场也导致农村内部明显的贫富分化，造成了严重的"相对贫困化"。①

三 从"生计"到"择业"

当代中国社会变革的一个明显趋向是个体化发展，阎云翔将之概括为两个面向，即个体在市场转型实践中的崛起和社会关系结构性变迁导致的个体化进程。② 中国传统社会的伦理价值强调的是个人利益服从集体利益，正如许烺光在《祖荫下：中国乡村的亲属、人格和社会流动》（1948 年）一书

① 潘维. 农民与市场：中国基层政权与行政企业［M］. 北京：商务印书馆，2003：18.
② 阎云翔. 中国社会的个体化［M］. 陆洋等译. 上海：上海译文出版社，2016：1.

中所描述的，每一个个体都生在祖荫下、长于祖荫下，并通过延续祖荫的努力而被赋予永恒的意义。这种家族的集体荣光得到逐步扩展以后，形成了大大小小的各种形态的集体利益。然而改革开放以来的市场化进程无疑引发了私人生活的变革，个体化的发展趋向致使追逐个人利益有着"合法性"的社会基础。

上述从"礼俗"到"市场"的维度反映了农民在其生计过程中所表现出的群体性特征，但是在农民的群体性特征中，农民个体会因为其家庭背景、人生阅历、性格和文化水平等的不同，而体现出不同的个体行动特征。以往的相关研究更多地关注的是农民作为一个群体的共性特征，而往往忽视了个体农民的特殊性。事实上，个体农民的特殊性通常更能说明农民因其生计背景的不同，而体现出的行动特征及其背后的逻辑支撑。[①] 在学理层面，这涉及"生计决策"的问题，与生计决策相关的概念还有生计策略、生计途径等，这些概念的内涵均指向个体利用自身的各类社会资本实现自己生计目标的过程。

站在生计决策的视角，所谓个体的生计选择指的是农民所采取的用来寻求自身设定生计目标的活动。当然在传统社会，农民生计决策的范围很有限，以务农为主，兼营少量个体副业。然而随着改革开放以来市场化的深入推进，农业生产集约化倾向明显，致使农村剩余劳动力规模稳步递增，基于这样的现实，农民的生计方式更趋多元化，还有一个重要因素是对人员流动迁移管控的放开，从而保障了多样化生计策略的实现。

进入 2000 年以后，中国农民的温饱问题业已解决，从全国整体性的角度来讲，广大农村已由"绝对贫困"转向了"相对贫困"。这一态势的转变，使得农民由"安全第一"的"糊口经济"转向"追求利润"的"理性经济"，与此同时，人们的日常生活不再仅仅围绕于基本的生计，而在于选择适合自己的从业形态。

基于超越生计安全、寻求人生理想从业形态的选择，农民的劳作也由之

---

① 侯婧．生计过程中的农民行动逻辑 [M]．北京：社会科学文献出版社，2019：138．

前的生计模式向现代择业转变。在现代择业的视域里，现代化的进程致使社会分工愈加细化，职业化发展愈加明显，社会和个体都注重职业素质和职业精神的培育与提升。在这样大的时代背景中，各行各业都需求专门化的人才，即便是耕种土地也需要"职业农民"。

　　农民的现代择业涉及职业流动的议题，职业流动指的是劳动者在职业分层体系中层级间、类属间的变动，以及与此变动相伴的劳动者工作地点、工作内容、工作性质和职业地位等方面的变更。[①] 农民在从传统生计转向现代择业的过程中，表现出了一些值得关注的特征：（1）从众型择业，即地域内有人在某个行当获得了较好收益，其他人会跟着效仿；（2）惯习性择业，即特定地域内的文化传统形塑了域内人群的劳作惯习，这在一定程度上稳固了特定人群的就业行为；（3）劳苦规避型择业，对于大多数农民而言，在现代市场经济条件下，只要能持守吃苦耐劳的品质，其基本生活是可以保障的。当然现代语境中的"苦"更多地是指一种本分，不是天天想着"吃飞食"，在此前提下尽可能选择使自身和家人轻松生活的从业方式。

---

① 刘艾玉．劳动社会学教程（第二版）［M］．北京：北京大学出版社，2006：125.

第二章　关于市场、转型发展
与农民生计的理论

> 如何择业是一个单调乏味的问题，然而恰恰就是这个问题成为社会学和经济学共同关注的重要议题。在经济学"劳动力流动"和社会学"社会流动"的视域里，基于人们如何在工作和职业之间流动，学者已然进行了大量的研究。但令人惊讶的是，以往的研究并没有较好地关注个体如何意识到他们所面对的机会问题。
>
> ——马克·格兰洛维特（Mark Granovetter，1974：1）

在传统社会，农民与外界的接触非常有限，其生活的范围大体局限于村落当中，家户的生产、生活可以不依赖于社会交换。但随着市场元素的不断进入，"现代性"因素加快渗透乡土社会中，特别是农产品和农业生产资料被全方位纳入市场之后，原有的自给自足的生产、生活方式被迫发生转型，个体化的小农愈来愈追逐"利润"的获得。在市场化的进程中，小农在承受原有自然风险的基础上又要承担新的来自市场因素的风险。这一方面促使他们的生计行为发生着急速的变迁，另一方面使其在新的从业形态中经受着种种"价值"考量。

第一节 关于市场的理论

现代社会的典型特征为"市场",到底何谓市场?学界的争议较大。通过学术史梳理,不难发现市场的观念并非一成不变,而是在"流变"。在较早触及市场的经济学那里追逐的是单一自由的市场,人类学通过"嵌入性"视角拓展出多元市场,新经济社会学诉诸市场的社会结构。然而将这些理论用来阐释当下的中国市场时,均存在与事实的不符。缘由在于,一方面当代中国有着明显的"市场政体"特性,即体制转型的推动;另一方面中国的市场实践高于既有理论,即"行动者"在"摸着石头过河"。基于此,意欲洞察中国的市场本质以及当代中国人的市场逻辑,需要重新审视以往的理论范式,摒弃唯"结构"的思维禁锢,深入转型发展的实践中探析市场运行的机制。

一 市场观念的流变

市场的英文表达是"market",源自拉丁词"mercatus",原指"贸易"或"贸易的场所"。随着经济学研究的兴起,市场被赋予新的内涵,特别是新自由主义经济学将"市场理性"视作单一的经济形式,并最终取得"现代世界体系"的话语主导权。然而随着所谓西方发达"市场经济体"的式微,检视资本主义"市场理性"成为一种必然。

(一)市场的概念

市场的概念与"经济"(economic)密不可分。经济学研究中,对"经济"的界定主要有两种倾向,即实体经济与形式经济。实体经济指的是从事生产、分配、交换和消费的具体行为;形式经济是指实现稀缺资源最佳配置的逻辑行为。基于此,市场的概念亦存在两种取向,即作为物品交换的场所和作为价格形成系统的市场。①

---

① 〔日〕山口重克.市场经济:历史·思想·现在 [M].张季风等译.北京:社会科学文献出版社,2007:18.

从历时性的角度考究，作为场所概念的市场要比作为价格形成体系概念的市场出现得早。作为场所的市场有两种类型：内部市场和外部市场。内部市场以古雅典集市（agora）为典型，这些集市既是市民集会的场所，又向民众提供生活用品。这种市场之所以较为稳定，事实上有着复杂的社会结构和繁多的运行规则。在理查德·斯威德伯格（Richard Swedberg）的描述中，古希腊城邦的中心地区均有一个公共领域，典型的建筑为商铺、公共建筑以及有不同用处的拱廊，以此进行贸易、政治演说和参拜神灵等活动。虽然当时雅典市民的生活主要依赖于农业，但商人和银行家的作用显著，主要是通过市场筹措资金并建言外交政策的制定等。[①]

追溯交易的早期历史，其实外部市场早于内部市场，因为生活在同一生态领域的社群只有通过和外社群进行交易，才能得到稀缺的物品。但大规模的外部市场是在内部市场成熟的基础上促生的，随着生产力的提升，专业分工发展，更远区域的贸易被纳入其中，贸易范围不断增大，商人财富激增，大量商人出现，进一步促进了专门市场的发展。

历史进入 15 世纪以后，随着形形色色交换形式的涌现，市场成为一种"解放"和"开放"的力量，冲击着"封闭型"的经济生活，[②] 形成了传统古老市场与近现代市场共存的盛况。学界将市场扩大的缘由归结为追逐"利益"，市场可以让交易双方彼此得到比以前更多的利润，因此其最大特点在于行动者是自愿进行交易。在利益的驱使下，"市场机制"呈现为"竞争"，即行动者能在市场中获得多大利润，取决于其在市场竞争中的优势地位。[③] 时至今日，可以说是"市场遍布的社会"了。然而从社会的角度理解市场，这依然是一个学术研究短板。

---

① 〔瑞典〕理查德·斯威德伯格. 经济社会学原理 [M]. 周长城等译. 北京：中国人民大学出版社，2005：100-101.

② 〔法〕费尔南·布罗代尔. 十五至十八世纪的物质文明、经济和资本主义（第二卷）[M]. 顾良等译. 北京：商务印书馆，2017：6.

③ 〔瑞典〕理查德·斯威德伯格. 经济社会学原理 [M]. 周长城等译. 北京：中国人民大学出版社，2005：98.

（二）市场观念的流变

现代社会的显著表现为市场经济。正是基于此，市场成为经济学研究的核心议题。"经济"一词的英文表达是"economy"，源自拉丁词汇"oeconomia"和希腊语"oikonomia"，与中国古汉语中"经世济民"的含义相近，是指如何使家户变得兴旺，之后延伸为使一共同体顺利发展，即"家政学"或"国政学"。在西方经济学的视域里，早期的市场依附于城邦共同体。进入中世纪以后，宗教的权威大大增强，对宗教来说，只要市场经济处于对"共同体"的从属地位，就可以容忍甚至利用。[①]

中世纪的后期，重商主义在欧洲开启，伴随着各地城市的兴起，市场经济开始复兴。在重商主义大力发展的同时，"泡沫"经济随之而来。基于此，重农主义强调生产加工的重要性，就交易而言，倡导买卖自由是一种自然动机，不需要用政治权力加以限制，这直接导引了古典政治经济学将市场界定为"自由放任"的思想。在亚当·斯密看来，市场是"一只看不见的手"，正常情况下，它会以内在的机制维持其有序运行，在此基础上，他提出了"经济人"的假设，至此开启了"市场理性"的先河。

1970 年代以后，新古典主义经济学兴起，其影响力被概括为"边际革命"，在边际学派看来，古典学派对市场的认知是基于"生产"的角度，而忽略了"交换"的本质，事实上，只有通过市场的交换才可获得消费物品的最大效用。边际学派提出了"完全市场"的概念，"把市场理解成经济资源配置的中心机制"，[②] 奠定了现代市场概念的基本内涵。

奥地利学派强调市场的价格机制，认为市场是一个过程。"二战"前后，凯恩斯主义兴起。凯恩斯从"国家积极干预"的角度出发，对以往的主流市场观进行了批判，质疑市场通过其自身的运作就可以保证较高的社会

---

① 〔日〕山口重克. 市场经济：历史·思想·现在［M］. 张季风等译. 北京：社会科学文献出版社，2007：18.

② 〔瑞典〕理查德·斯威德伯格. 经济社会学原理［M］. 周长城等译. 北京：中国人民大学出版社，2005：81.

产出水平和社会福利水平的观点。[①]

1970 年代以后，新自由主义兴起。新自由主义沿着价格机制的逻辑路径理解市场，强调完全的理性市场。在"一般均衡理论""博弈理论"等基础上，关注抽象的市场模型，并探讨了"隐形市场"。近年来，制度经济学对市场的研究受到较大关注。在制度主义看来，市场本质上是一种制度，其效用在于降低交易费用。

进入 2000 年以后，学界对所谓"华盛顿共识"提出了普遍的质疑。西方发达国家为发展中国家描绘的发展蓝图，即"自由市场经济"实质上并未产生，反而使广大发展中国家深陷"难发展"的泥潭。直到这时，人们才清楚地意识到了解构西方"市场"神话的时候了。[②] 其中人类学的检视似乎更有力，在对 1970 年代"资本主义"在世界范围内的新扩张进行梳理之后，人类学家提出的问题是：那些文明发展的真正原因是"市场模式"？或者说人类只有这样一种文明的演进路径吗？

（三）市场的实质主义拓展

从学理的角度考究，对市场理性的解构开启于人类学的检视。1944 年，卡尔·波兰尼（Karl Polanyi）出版了《巨变：当代政治与经济的起源》一书，指出自发调节的市场从来没有存在过，市场理性并非与生俱来，市场与规制相伴而生，现代意义上的市场经济是政府推动的产物。在对前现代社会进行考察之后，波兰尼梳理了三种不同的经济形式，即互惠、再分配和家计。[③] 在前现代社会中，市场经济通常嵌入社会整体之中，且处于边缘化的位置。只是到了 19 世纪以后，随着劳动力、土地和货币等要素的商品化，市场才得以充分扩张。

波兰尼的立论在于"嵌入性"理论的提出，继而开创了实质分析的传

---

① 〔瑞典〕理查德·斯威德伯格. 经济社会学原理 ［M］. 周长城等译. 北京：中国人民大学出版社，2005：84.

② 周歆红. 解构"市场"的神话——人类学检视资本主义的一个视角 ［J］. 浙江社会科学，2009（07）：60-65.

③ Karl Polanyi. The Great Transformation：The Political and Economic Origins of Our Time ［M］. Boston：Beacon Press，2001：59.

统，明确区分了经济的"形式"与"实质"的含义。形式主义追求普遍性，强调模型抽象，通过建构"经济理性人"，诉诸理性选择逻辑，可以说"想象多于真实"。而实质主义追求特殊性，强调归纳经验，坚持认为"人类经济行为具有多样性，是嵌入在特定的社会关系之中的，经济关系本身是'象征理性'和制度的产物。"① 在对自由主义和经济理性人观念批判的基础上，波兰尼对社会公平和社会正义寄予期待，认为个体的经济行为总是发生于社会之中，人类的行为均出自社会的塑造，因此脱离社会分析个体行为无疑是一种幻想。

1960 年代，随着古典政治经济学的复兴，"经济学帝国主义"倡导的功利主义、理性主义等观念掌握了学术研究的话语权。在对初民社会进行分析时，按照经济理性的思维逻辑，初民经济成为现代资本主义的"过去式"，事实上是扭曲了民族社会的本质。这引发了经济人类学领域"形式论"与"实质论"的激烈争锋，萨林斯继承波兰尼实质主义的传统，强调经济行为的社会文化基础。

萨林斯站在"共时性"的角度，对初民社会和资本主义社会的经济社会关系进行对比，提出了文化理性制约经济实践的论断，现代经济生活中所谓的"利己"性，其实是西方宗教伦理观在现代社会生活中的显现。② 所谓的理性选择、理性个体是形式主义的抽象观念，现实当中存在的个体无疑是受家庭伦理、文化制度、生计原则和惯习等制约的社会人。

经济人类学实质主义对东亚、东南亚和东欧的农业社会研究带来较大影响，形成了实体小农学派。恰亚诺夫、汤普森和斯科特等人对"理性小农""营利小农"提出质疑，诉诸"生计小农""道义小农"的逻辑分析。在恰亚诺夫看来，"理性小农"的分析框架与农业经济的历史实存不符，小农生产的目的主要是满足家庭需要，不是追求最大利润，③ 农户经济不同于资本

---

① 马良灿. 从形式主义到实质主义——经济社会关系视域中的范式论战与反思 [M]. 北京：社会科学文献出版社，2013：21.

② Marshall Sahlins. Stone Age Economics [M]. Chicago：Aldine－Atherton, Inc., 1972：4-5.

③ 〔美〕黄宗智. 华北的小农经济与社会变迁 [M]. 北京：法律出版社，2014：4-5.

主义经济的逻辑，以生计需求为基本准则；汤普森提出"道德经济学"的命题论证穷人的生存伦理，强调地方性知识对于小农谋生的重要性；[①] 斯科特坚持"农民的道义经济学"的基本观点，解释了东南亚农民集体行动的多重逻辑，即以"生存伦理"为目的、以"生存安全"为中心的价值取向。[②]

受恰亚诺夫、斯科特等人启发，黄宗智探讨了中国华北和长江三角洲地区自明清以来小农经济"内卷化"发展的状况，随着人口的激增，土地得不到相应的递增，小农经济一直处于糊口水平，继而导致劳动"过密化"现象，呈现出一种"有增长无发展"的状态。在此基础上，黄宗智提出综合分析的视角，将小农视作追求利益者、维持生计生产者和受剥削耕作者的三位一体。[③]

就人类学对市场的拓展这一论题而言，布迪厄的"场域"理论无疑有着大的影响力。在《经济人类学原理》一文中，布迪厄认为人们的经济行为其实处于建构性的经济场域之中，行动者采取的行动取决于各种"力量"，可以称之为"战略性市场财产"，[④] 具体可分为财务资本、文化资本、技术资本、法律资本和组织资本、商业资本、社会资本和符号资本等。

经济人类学基于"嵌入性"理论，强调实质主义的实存性与特殊性，打破了主流经济学形式主义的市场理性传统，为新经济社会学市场的社会结构研究提供了理论契机。

二 市场的社会结构理论及其局限

1980 年代中期，新经济社会学研究兴起。新经济社会学基于"嵌入性"

① 〔英〕汤普森. 共有的习惯 [M]. 沈汉等译. 上海：上海人民出版社，2002：198-199.
② 〔美〕斯科特. 农民的道义经济学：东南亚的反叛与生存 [M]. 程立显等译. 南京：译林出版社，2001：41.
③ 〔美〕黄宗智. 华北的小农经济与社会变迁 [M]. 北京：法律出版社，2014：6.
④ 〔法〕皮埃尔·布迪厄等. 经济人类学原理 [A]. 〔美〕尼尔·斯梅尔瑟，〔瑞典〕理查德·斯威德伯格. 经济社会学手册（第二版）[C]. 罗教讲等译. 北京：华夏出版社，2014：89.

理论，秉持实质主义的研究取向，对"经济学帝国主义"的市场理性给予了深层次的批判，力求从社会结构的角度来重新理解市场，这有力地推动了韦伯关于"经济行动"的传统，但在一定程度上又陷入方法论的结构主义泥潭，呈现出明显的唯网络分析和碎片化实证研究的倾向。

（一）"嵌入性"理论视域下的市场

新经济社会学兴起的学理背景在于当时新自由主义的话语霸权，即将经济视作社会的中心。另一个冲击是贝克尔、威廉姆斯等一批经济学家越过传统的学科边界，开始关注原社会学议题。基于这样的学科危机，社会学界掀起了一场学科保卫战，首当其冲的社会学亦即跨越原经济学边界，研究经济议题，其标志是1985年马克·格兰诺维特《经济行为与社会结构：嵌入问题》的发表。

格兰诺维特秉持实质主义的传统，基本认可前现代社会经济行为深深嵌入社会关系之中的观点。但他和理查德·斯威德伯格认为随着现代化的推进，经济生活不再淹没于社会关系之中，而是使社会关系最终成为市场的附庸。[①] 因此格兰诺维特的立论基础是"经济行动是嵌入在社会关系中的行动"，在具体论述中，他强调"关系嵌入"和"结构嵌入"的重要性。所谓关系嵌入是指社会关系网络不同程度上渗透经济生活，现实的困境是，社会学和经济学对经济行为嵌入程度的理解分歧较大，古典和新古典经济学将社会理解为原子化的个体，否认社会结构和社会关系对生产、分配或消费的影响，呈现"低度社会化"的倾向；社会学则强调由共识延伸出来的规范和价值的约束性，对理性选择的考虑不周，呈现"过度社会化"的倾向。在此基础上，格兰诺维特探讨了威廉姆斯在《市场与等级制度》一文中的论题，即"在什么条件下，各种经济职能在等级制企业的边界内实施，而不是在市场过程中来执行。"[②] 最后取得了与新制度经济学大体相近的观点，

---

① 〔美〕马克·格兰诺维特，〔瑞典〕理查德·斯威德伯格. 经济生活中的社会学 [M]. 瞿铁鹏等译. 上海：上海人民出版社，2014：56.

② 〔美〕马克·格兰诺维特，〔瑞典〕理查德·斯威德伯格. 经济生活中的社会学 [M]. 瞿铁鹏等译. 上海：上海人民出版社，2014：66.

即在某处境中观察到的那种组织形式，其处理经济交易最有效，直接的投资通常可以跨越市场界面而发生。

格兰诺维特的市场分析注重网络和结构社会学的视角，但网络研究并没有形成关于市场的完整理论，而是构建了一套探讨社会关系的一般性方法。在结构社会学方面，格兰诺维特最初将自己视为结构社会学家，他认为"社会结构是理解现行制度如何达到目前状态的钥匙。"① 这使得格兰诺维特的新经济社会学陷入"结构主义"之中，但不可否认，他将马克斯·韦伯关于经济行动的议题置于新的语境。

（二）作为一种社会结构的市场

格兰诺维特虽然提出了"市场的社会结构"的研究范式，但他的论述主要在关系网络层面。理查德·斯威德伯格在格兰诺维特关系网络的基础上，对市场是一种社会结构进行了系统论述。② 斯威德伯格关于市场研究的逻辑起点是"利益"，③ 在他看来"嵌入性"理论存在不足，研究开展中通常割裂了市场的真实状况，难以理清市场的本质。基于此，他倡导发展出一种兼顾利益、社会关系等综合性的视角来研究现实的市场。

斯威德伯格的市场研究强调"利益"的视角，但与经济学家主要通过建构模型来关注价格形成的市场不同，他认为社会学家应将市场看作一种制度，④ 这种制度有其内在的结构。在斯威德伯格看来，市场是一种特定的社会结构类型，社会结构的视域意味着市场是各方面间通过交易而维持的不断发生的固定互动模式，从而避免了将市场仅视作一种价格机制的谬误。⑤

市场的社会结构理论的系统阐发旨在进一步检视新古典学派的市场理

① 〔美〕马克·格兰诺维特，〔瑞典〕理查德·斯威德伯格. 经济生活中的社会学 〔M〕. 瞿铁鹏等译. 上海：上海人民出版社，2014：7.
② 〔瑞典〕理查德·斯威德伯格，吴苾婷. 作为一种社会结构的市场 〔J〕. 社会，2003（02）：42-49.
③ 段岩娜，陈小鹏. 重回"利益"分析的市场社会学研究——读韦伯的《经济与社会》〔J〕. 云南社会科学，2020（06）：175-182.
④ 〔瑞典〕理查德·斯威德伯格. 经济社会学原理 〔M〕. 周长城等译. 北京：中国人民大学出版社，2005：96.
⑤ 朱国宏. 经济社会学（第二版）〔M〕. 上海：复旦大学出版社，2003：232.

论。在新经济社会学看来，主流经济学的市场理性将人的本性抽象为"自利"，其实现途径被简易为"交换"，本质上是一种交换理论，因此最终将市场界定为交换市场，忽视了"市场从何而来"的问题，社会学的结构理论成为问题解决的一种途径。基于此，怀特提出了"生产市场"的分析框架，即 W（y）模型，其中 W 代表收益，y 代表产量。在怀特看来，市场是相互密切监督者的生产实在的同行圈，是由参与者之间交互信号或沟通再生产出来的社会结构。[①] 基于上述分析，怀特认为现代产业经济的典型特征是生产市场，而生产市场源自社会网络。

在网络结构影响市场运行方面，罗纳德·伯特（Ronald Burt）的"结构洞"理论有着强的解释力。在伯特看来，市场的基本特性为竞争，竞争的参与者通常带着财务资本、人力资本和社会资本进入市场，其中社会资本对财务资本和人力资本有着较大程度的决定性作用，而社会资本主要指的是社会关系网络结构。社会资本如何衡量？伯特提出了"结构洞"的指标，所谓结构洞是指"两个关系人之间的非重复关系"，[②] 拥有"结构洞"的数量通常决定参与者的市场地位和收益程度。"结构洞"理论将市场的社会结构分析置于中心位置，参与者在市场中的行动被深深地嵌入关系网络结构之中。贝克的市场分析主要关注微观市场网络与宏观市场网络的互动，更倾向于将市场看作一种社会性的构造。

基于上述知识社会学的考究，市场的社会结构理论并未达成一致的共识，但方法论上的结构主义倾向是明显的，就其主要的网络学派和制度学派而言，在宏观上，"制度主义"是结构的延伸；在微观层面，"社会网络"更是结构的核心。恰恰就因为这种静态分析的逻辑，将既有理论假设视作稳固不变的"通则"，这已然招致发展中的市场实践的质疑。

（三）检视市场的社会结构理论

在解决"市场从何而来？"这一新古典经济学避而不答的问题时，新经

①　〔瑞典〕理查德·斯维德伯格，吴茳婷. 作为一种社会结构的市场［J］. 社会，2003（02）：42–49.

②　〔美〕罗纳德·S. 伯特. 结构洞：竞争的社会结构［M］. 任敏等译. 上海：格致出版社，2017：18.

济社会学阐发了系统的市场结构理论。但不可否认的是，市场的社会结构理论最终未能摆脱"过度社会化"的困境，即过于偏执地强调社会结构作用，从而导致市场的社会结构理论在考察市场行动者主体行为选择方面显示出自身的薄弱。汪和建在探讨当代中国人的市场实践时指出，市场的社会结构理论过度强调社会结构的因素，忽视了行动者的主观性及其可能的行动策略，从而使得社会结构分析成为一种静态分析工具的危险。①

新经济社会学关于市场研究的主要维度是社会网络和制度安排。社会网络是新经济社会学反思市场的中心所在，在持社会网络观点的学者那里，格兰诺维特坚持认为网络是市场最基本的互动机制；怀特认为市场是一种自我生产的角色结构，伯特强调市场的不完全竞争涉及的结构自主性问题；波多尼视市场为等级地位秩序，即行动者交换后产生的等级地位分化及次序中的结构要素，等等。网络学派的研究基本上涵盖了市场显现的主要层面，其明显不足是过于强调微观视角，侧重于关注市场中的社会关系，却忽视了市场运行的政治、文化等宏观背景。正是基于此，制度学派强调关注市场结构中的非正式互动，泽利泽和迪马齐奥认为市场是一种"复合模型"，是文化、结构和经济因素共同作用下的产物，因此市场也嵌入文化中；弗雷格斯坦认为市场结构的本质是权利系统，是"在位者—挑战者"之间的等级系统；布迪厄提出了著名的"市场场域论"，认为市场是处于支配地位者和挑战者依据各种资本而生发的经济场域，等等。② 制度学派试图引入文化、权利和资源依赖等要素克服网络分析的抽象化，但其自身最大的困境是制度本身如何理解？再者制度与行动之间的关系如何界定？这些短板使得制度学派在分析现实的市场实践时呈现明显的不足。

基于上述分析，无论是网络学派还是制度学派，其对市场的理解均属于结构主义取向，所谓社会网络即关系结构，而制度安排也即制度结构。这种结构主义的理论分析将市场视作常规的静态，关注的是社会结构如何形塑市

---

① 汪和建 . 通向市场的社会实践理论：一种再转向［J］. 社会，2009（05）：64-87.
② 刘米娜，丘海雄 . 市场是什么？——新经济社会学视野下的市场研究：派别理论比较研究及启示［J］. 河南社会科学，2013（02）：66-70.

场，却忽视了市场行动者的主体性。

事实上，较早对市场主体深陷于"结构"进行反思的学者恰恰同样是社会关系网络分析奠基人格兰诺维特。在格兰诺维特后期的相关研究中，他梳理出三条新经济社会学的基本原理：经济行动是社会行动的形式；经济行动是社会情景中的行动，即嵌入社会的行动；经济制度是社会的建构。[①] 鉴于此，市场的社会建构理论便拓展出两个主要论点：一方面社会结构在市场运行中起到关键性作用；另一方面市场本质上是一种社会性建构。[②] 毋庸置疑，格兰诺维特关于"嵌入性"的系统阐述，奠定了市场的社会结构论的基础，然而他后期关于市场社会性建构的陈述事实上开启了对市场的社会结构论的"解构"。

对市场的社会结构论进行有力检视还有一个深刻的学理背景，即近年来文化社会学的复兴。文化社会学反思的基础是"现代化过程是否就是社会结构化过程"，通过梳理，关于"社会结构"的理论大体上有三种视角，即结构功能主义、结构主义和后结构主义。结构功能主义强调整体性的有机构造机制，将结构视作社会关系的网络模型；结构主义则强调解释性的阐述，揭示语言、符码深处的意义，本质上仍然是社会整体相对的至高无上的地位；后结构主义是一种"反中心主义"的表达，最终开启了"解构"结构的进程。

在文化社会学看来，结构的概念经历了三种形态，即实体性结构、关系性结构和规范性结构。这呈现结构研究的基本走向，"从现实性结构转向了逻辑性的抽象结构，再从过度规范，走向了结构的消亡"。[③] 这一进程表明结构理论的解释力已下降到难以解释现实的地步。正是基于对这一困境的洞见，汪和建对比分析了三种市场理论，即市场的自然主义理论、市场的社会

① 〔美〕马克·格兰诺维特，〔瑞典〕理查德·斯威德伯格. 经济生活中的社会学 ［M］. 瞿铁鹏等译. 上海：上海人民出版社，2014：8.

② 刘生琰，李元元. 单一与多元——"市场"理念及其人类学拓展 ［J］. 兰州大学学报（社会科学版），2012（05）：40-45.

③ 周怡. 解读社会——文化与结构的路径 ［M］. 北京：社会科学文献出版社，2004：28.

结构理论和市场的新制度主义理论。在他看来，三种理论与中国市场生发的现实均存在较大张力，[①] 这事实上揭示了经济社会学市场研究本土化的现实需求。

市场的社会结构理论在反对"市场理性"个体主义方法论的同时，又陷入"结构主义"方法论当中。为此，新制度主义强调市场的社会结构中政治、文化等因素的重要性，这实质上依然坚持了结构的取向，所谓市场制度也仅仅是社会制度的一种，本质上是社会结构的形塑，从而忽视了市场行动的主体动能。基于此，建构主义在一定程度上为市场"行动"的回归提供了新的契机，然而建构主义主要关注行动对市场制度的塑造，却忽略了实践当中新创设的市场制度对行动的形塑。鉴于此，基于现实的"市场的社会实践理论"势必成为一种新的学术追求。

三 "制度—行动"视角：当代中国的市场实践

改革开放的进程一方面推动着波澜壮阔的市场实践，另一方面不断引介的学术理论阐释着这场火热的行动逻辑。相比之下，新经济社会学的市场研究有着较强的解释力，但随着全面深化改革的推进，中国市场愈发显现出自身的独特性，而新经济社会学结构主义取向的市场研究难以呈现当前纷繁复杂的市场实践。鉴于此，基于实践的"制度—行动"视角或将为问题的解决提供较为切合实际的分析框架。

（一）市场转型论的有效性及解释乏力

在转型论看来，中国奇迹的生发得益于成功的转型发展，即"市场取向的改革"，从"再分配体制"转向"市场体制"，[②] 继而引发了社会、文化、政治等诸多领域的变革。因此可以说，转型发展其诱致性因素为市场，

---

① 汪和建. 自我行动的逻辑——当代中国人的市场实践 [M]. 北京：北京大学出版社，2013：7.

② 〔美〕倪志伟. 市场转型理论：国家社会主义由再分配到市场 [A]. 边燕杰主编. 市场转型与社会分层——美国社会学者分析中国 [C]. 北京：生活·读书·新知三联书店，2002：211.

而市场的运行机制又往往与政治、文化等环境相互交织。基于这样的逻辑演进，市场转型论实质上体现了新制度主义的研究取向，不仅视市场嵌入社会结构之中，而且加以扩展，关注市场的社会制度嵌入性。但并未就"制度"与"行动"的互动作深入探讨，这导致了在经验分析当中，通常强调转型经济中"内生于再分配体制的市场"即"政治市场"的研究，却忽视了"外生于再分配体制的市场"即"社会市场"的研究。[①]

就市场转型的影响而言，倪志伟认为具有一种"平等化效应"，[②] 然而许多的经验研究得出了相反的结论。基于此，市场转型理论受到了广泛的批评。事实上，市场转型过程中势必会形成一个转型社会，转型社会中利益关系、阶层结构将得到相应调整。反观当前我国发展不平衡不充分的现实，市场的存在自然具备"两面性"，一方面消除了"再分配"遗存的不平等，激发了社会活力；另一方面市场的"竞争"机制生产着新的社会不平等。[③] 通过这样的"证伪"，揭示了市场转型论者所预设的——在市场转型过程中，随着再分配因素的减弱，社会不平等状况会不断改善——的观点并不符合实际。

市场转型论对中国改革开放初期的发展有着强的解释力，然而随着市场经济因素的大力推进，该理论受到普遍的质疑。在分析梳理罗纳塔斯的"权利变型论"、边燕杰和罗根的"权利维续论"、白威廉和麦谊生的"政治市场论"、魏昂德的"政府厂商论"以及林南的"地方市场社会主义论"等的基础上，笔者关注到当前中国在经济社会发展层面市场与政府的独特关系。显然中国发展奇迹的取得并不符合西方国家所谓的自由竞争的市场经济模式，而是一种"有效的市场"与"有为的政府"互动促进的发展进路。[④]

---

① 汪和建．通向市场的社会实践理论：一种再转向 [J]．社会，2009（05）：64-87.
② 孙立平．实践社会学与市场转型过程分析 [J]．中国社会科学，2002（05）：83-96.
③ 刘玉照．市场转型理论的再思考 [A]．李友梅等．转型社会的研究立场和方法 [C]．北京：社会科学文献出版社，2009：274.
④ 林毅夫．新结构经济学（典藏版）[M]．北京：北京大学出版社，2019：10.

在某种更为宏观的视野下洞悉当代的"转型社会",以及转型社会学给出的理论解释,中国社会呈现出与东欧、中欧和俄罗斯不同的发展特性,即"体制奇迹"。在"经济奇迹"与"体制奇迹"共生互进的过程中,中国的"转型问题"有其特殊性。然而以往的社会学理论在努力回避这样的事实,紧跟所谓的学术前沿,在后现代话语的主导下走向了"碎片化"的表达,将当下中国人最大的市场实践视为一种西方的"前现代性",从而遏制了中国经济社会学市场研究的"想象力",在努力加入新经济社会学队伍的追逐中,沦落成为一种"社会巫术"。

(二)行动视角的彰显

社会学市场研究的"行动"视角开启于马克斯·韦伯,在他看来,"形式上市场自由,实质上市场调节"。[①] 韦伯的市场理念旨在超越形式主义与实质主义的争锋,站在社会行动的角度理解市场。在韦伯那里,"行动"不同于"行为",指的是人有意识的创造过程。[②] 承袭韦伯的传统,布迪厄通过"建构主义"的方式促成"结构与行动"达到新的理论综合。基于上述知识社会学的考察,沈原认为社会学在两种情境下更强调"行动",即出现社会运动时或处于社会转型期。[③] 这两种情境下,由于原有的秩序被打破,原有的规范也已失效,因此社会学更关注"行动"的意义和效用。

在现代"行动社会学"奠基人阿兰·图海纳看来,"后工业社会"的到来使得人类步入"程控社会",[④] 行动者的主体性被遮蔽了,实质上是一种"结构社会"的延伸和僵化。然而这种缺乏主体性的现实并未动摇"结构主义"的学术话语,图海纳强调,"目前这种 21 世纪的文化与拖着 19 世纪躯

---

① 〔德〕马克斯·韦伯. 经济与社会(上卷)[M]. 林荣远译. 北京:商务印书馆,2006:105.

② 〔美〕乔治·瑞泽尔. 当代社会学理论及其古典根源 [M]. 杨淑娇译. 北京:北京大学出版社,2005:36.

③ 沈原. 市场、阶级与社会:转型社会学的关键议题 [M]. 北京:社会科学文献出版社,2007:357.

④ 〔法〕阿兰·图海纳. 行动者的归来 [M]. 舒诗伟等译. 北京:商务印书馆,2008:139.

壳的社会的结合，不会维持多久。"[①] 基于此，他倡导"行动者的归来"，将"社会行动"界定为"社会自身的某种历史质"的体现，[②] 即社会依据其文化模式，通过社会冲突和社会运动来构建自身实践的逻辑。

将市场视作一种社会结构是经济社会学研究市场的基本取向，然而新经济社会学过度强调结构，势必遮蔽"行动"的主体性和自主性。基于这样的理论解释乏力的困境，汪和建给出了"自我行动的逻辑"的分析框架。汪和建分析的立足点在于改革开放以来中国的发展奇迹，即学界归纳的"中国经验""中国模式""北京共识"等。在他看来，这样的伟大成就的取得并不符合西方国家所谓自由竞争的市场经济模式，而是有着中国人独特的实践逻辑，其特性为自主经营、网络生产和派系竞争。

汪和建在梳理出中国人市场实践的特性之后，分析了难以走出"低价竞销"怪圈以及被锁入低端产业命运的后果。[③] 在此基础上，他提出了"自我行动的逻辑"的理论框架用于解释当代中国人的市场实践，所谓"自我行动"是指"一种具有特殊属性的既受'自我主义'驱使又受'关系理性'约束的社会行动"。[④] 在汪和建的分析框架中，中国人的市场实践是一种"关系行动"，这往往导致小集团或派系行动盛行，而集体行动缺失，最终无法实现曼瑟尔·奥尔森（Mancur Olson）所强调的"集体行动的逻辑"。[⑤] 这一困境促使汪和建的市场社会学研究走向了"一种再转向"，即市场的社会实践理论。然而汪和建的分析似乎停留于布迪厄市场"场域"的情境性中，并未对"个体行动"的后果做出前瞻性的阐释。

---

① 〔法〕阿兰·图海纳. 行动者的归来 [M]. 舒诗伟等译. 北京：商务印书馆，2008：5.

② 〔法〕阿兰·图海纳. 行动者的归来 [M]. 舒诗伟等译. 北京：商务印书馆，2008：18.

③ 汪和建. 自我行动的逻辑——当代中国人的市场实践 [M]. 北京：北京大学出版社，2013：21.

④ 汪和建. 自我行动的逻辑——当代中国人的市场实践 [M]. 北京：北京大学出版社，2013：57.

⑤ 〔美〕曼瑟尔·奥尔森. 集体行动的逻辑 [M]. 陈郁等译. 上海：上海人民出版社，2014：2.

（三）"制度—行动"分析框架

"结构"与"行动"是社会学研究的一对基本范畴，这对范畴应当是对立统一的关系，然而社会学研究通常存在一种以"结构"为主的倾向，强调"结构"对"行动"的制约性。这种逻辑惯性在一定程度上影响了新经济社会学的市场研究，即通常将市场界定为关系的结构，或者制度的结构，抑或建构的结构。这造成了对市场的社会结构的夸大，而忽视了市场行动者的主观存在及可能的策略选择，最终陷入静态分析之中。基于此，本研究立足当代中国市场生发的实践，拟提出"制度—行动"的分析框架，试图实现市场结构分析与行动分析的有效融合。

与西方自由主义的市场逻辑不同，当代中国市场的发展有其自身的社会文化基础，一方面是改革开放后体制方面的"松绑"，国家由之前的完全计划体制逐渐向有中国特色的社会主义市场经济体制转型，这形塑着市场主体的生发及壮大；另一方面，基于体制的转轨，市场主体纷纷主动探索提升行动能力的路径。与此同时，地方政府在财政制度的变革中也适时加入市场收益的博弈中，不断提升着自身的政治智慧。当下的状况是，国内市场经济虽然蔚为壮观，然而与实现市场经济社会高质量发展的目标仍存在较大张力，在推进国家治理体系和治理能力现代化的视域中，市场的有效治理是其中的重要一维。基于此，欲探索中国的"市场治理术"，需要再次深入当前国内全面深化改革的伟大实践中，在深入发掘体制推动、市场主体行动策略等因素的基础上，实现"制度—行动"的聚合效应，进而促成中国市场经济社会的高质量发展。

1. 市场的制度逻辑

市场的制度逻辑遵循"制度"的通则性阐述，即制度是行为或社会组织的一种规则，是行动者在其行动中所遵守的规程与准则，制度有正式制度和非正式制度之分。市场的正式制度包括国家经济体制、基本经济制度、经济运行机制等；市场的非正式制度包括经济生活中的惯习、规范、诚信、信任等。当然本文所谓的市场制度更侧重于正式制度的效用。

尼尔·弗雷格斯坦（Neil Fligstein）认为市场是一种制度建构，在他的"政治—文化"分析框架中，首先关注到的是特定市场制度产生的政治过程，以及行动者在这些政治过程中所扮演的角色。[①] 一个国家的基本经济制度、产业政策和文化传统等因素塑造着不同的市场发展轨迹，可以说特定的市场协调机制背后有着不同的政治理念和社会文化观念。作为一种促进经济社会发展的制度安排，中国特色社会主义市场经济体制主要关涉的是政府协调经济行为而产生的市场行动者之间的互动关系。

鉴于上述分析，回到当代中国市场的生发场域，其开启力量无疑在于政治体制的推动，主要是来自两股力量的共同驱动，一方面是顶层设计的导引，另一方面是地方的探索实践。改革开放之前的很长一段时间内，国内处于完全的计划经济体制之中，市场行为被视为"非法"，当然特殊年代的各种缘由不必分述，但是"管制社会"下的实际状况是"短缺经济"。为了解决短缺经济的困境，改革开放之后国家从体制上率先松绑，逐渐解禁了个体、私营的经营，以至1990年代（1992年）之后开始大力鼓励非公经济发展，这为国内市场经济发展消除了制度障碍。

2. 市场的行动策略

市场行动者分为市场主体和非市场主体两大类，市场主体包括企业、商人中介、合作社和农户等；非市场主体包括政府、行业协会、大学、科研机构和技术专家等。[②] 改革开放以后，在发展市场经济的制度安排下，国家宏观政治环境发生了变化，经济体制的转变重塑着利益主体，于是各市场主体勃然兴起。作为行动者的市场主体和地方政府依据惯习逻辑进行着角色的自我定位，自主选择社会行动，并在实践中不断地提升着自身的政治智慧和行动能力。[③]

---

① Neil Fligstein. The Architecture of Markets: An Economic Sociology of Twenty-First-Century Capitalist Societies [M]. Princeton: Princeton University Press, 2002: 63.

② 符平. 市场体制与产业优势——农业产业化地区差异形成的社会学研究 [J]. 社会学研究, 2018 (01): 169-193.

③ 叶凯, 肖唐镖. 厂民关系的历史变迁: 一种影响农村稳定因素的分析——侧重于制度分析与行动者分析相结合的解释 [J]. 中国农村观察, 2005 (03): 51-62.

在当代中国市场的演进中，地方政府的行动策略无疑有着重要的影响力。地方政府参与市场行动的动力主要在于财政制度的变革，在周飞舟的研究中，新中国的财政体制经历了一个复杂的变迁过程，大致在 1980 年代中期之前是"统收统支"制度，之后逐渐过渡到财政包干制度，1990 年代中期之后逐渐走向相对集权的分税制。① 财政包干制使得地方政府的财政收入与工商企业税收紧密结合起来，刺激了地方政府放活市场、发展乡镇企业的积极性。而分税制改革使得地方政府更为关注城市化，促进非公经济发展。

在国家经济体制和地方政府行动策略的合力下，市场行为逐渐变成了社会行动的基本价值观，人们深信通过积极的付诸市场行动不仅可以解决经济困境，而且可以实现人生价值。这进一步推动了大量市场主体的生发，各市场主体结合自身的惯习、产业传统、社会关系投身到市场经济发展的实践中。

3. 实践基础上"制度—行动"的聚合发力

建立市场的社会实践分析主要来自两个方面的缘由：一方面是现有的社会学市场理论总体上基于西方国家市场的发展经验，难以解释当代中国市场发展的现实；另一方面是近年来，随着世界发展中心从欧美向中国的转移，中国的发展涌现着新的市场现象，拓展着经济社会学市场研究的视野。这促使经济社会学的市场研究重新调整研究对象，"市场实践"势必成为新的重要研究议题。

社会学关于实践范畴的研究开启于马克思，而对实践展开作社会学系统论述的则是布迪厄，之后吉登斯的结构化理论试图在实践基础上超越"结构—行动"的二元对立性，在吉登斯看来，社会科学研究的基本领域既不是行动者的个体经验，也不是以任何形式存在的社会总体，而是时空维度上有序安排的各种社会实践。② 对市场作实践社会学的分析，就是首先将市场理解为一种过程，处于动态行进当中。实践的观点摒弃了市场研究中的两种

---

① 周飞舟. 分税制十年：制度及其影响［J］. 中国社会科学，2006（06）：100-115.
② Anthony Giddens. The Constitution of Society：Outline of the Theory of Structuration ［M］. London：Polity Press，1986：2.

狭义倾向：一种是主流经济学市场理性的个人主义，关注市场的"自我调节"；另一种是新经济社会学市场的社会结构论的结构主义，主要关涉的是市场参与者的策略行动。

建立一种市场实践理论，需要考虑市场场域论的启迪。市场场域论的贡献在于充分激活了对市场行动作情景性分析的研究，然而似乎又弱化了行动者的自主性，其"惯习"、"资本"和"场域"等概念与现实的经济生活元素难以切实对应，存在"含糊不清"的倾向。基于此，本文关于当前中国市场治理提出"制度—行动"聚合发力的路径，希冀实现市场有效、政府有为的治理新格局。

基于上述"制度—行动"分析框架展开论述，回溯中国奇迹生发的社会逻辑，学界通常关注的是改革开放以来中国社会从"短缺经济"走向了"丰裕社会"，进而概括为"经济奇迹"，却对与"经济奇迹"密切相关的"体制奇迹"关注不够。事实上，中国奇迹的生发恰恰是政治体制转轨与市场转型发展并存共生、互为促进的结果，呈现出明显的制度先行特征。基于此，"制度—行动"框架的分析操作化如下：（1）制度推动，即体制放活，激发市场元素发展；（2）行动策略，即各行动主体积极探索市场发展路径，共同促成了当代中国市场的繁荣发展，但在一定层次上又呈现出"路径依赖"的困境；（3）实践基础上的制度与行动双向互动，即解决市场失灵、政府失策的困境，实现市场有效且政府有为的新型市场治理格局。

四 中国特色社会主义社会学视域下的市场研究

2020年8月24日，在经济社会领域专家座谈会的重要讲话中，习近平总书记强调应加快发展中国特色社会主义社会学。回顾中国社会学，特别是1979年恢复重建以来的发展历程，其的确取得了丰硕的成果，然而也存在诸多不足与短板，突出地表现为对中国特色社会主义实践创新的理论总结和提炼不够。习近平总书记指出，改革开放以来中国取得了"两大奇迹"，即世所罕见的经济增长奇迹和社会长期稳定的奇迹。对于这一巨变中的实践，中国社会学缺乏相应的理论自觉。基于这样的现实，社会学界理应深入火热生动的实践中进行调研，充分反映新时代社会的实际状况，创造中国社会学知识体系，强化理论自觉，坚持从实践中来、到实践中去，把论文写在祖国的大地上，不断提升社会学服务中国特色社会主义实践的能力。[①]

（一）经济社会学市场研究的"实践"转向

通过对"市场"观念进行经济学、人类学和社会结构理论的梳理分析，总体上是向市场本质明晰的方向迈进，但与现实中市场的真实状况仍存在着较大张力，缘由在于新经济社会学过于强调社会关系网络和碎片化实证研究的倾向。当然还有来自现实层面的冲击，即近年来随着世界发展中心的流变，中国、印度等地大量市场涌现，涌现的市场凸显的新问题对原有的市场理论来讲，表现出明显的理论解释乏力。基于此，关于市场研究的既有理论范式需要进一步反思和拓展，就国内全面深化改革的实践探索来说，社会学市场研究的分析路径需要积极促成深入的"实践"转向。

进一步而言，当我们目睹了国内各种各样市场的生成过程之后，事实上原有的理论解释是失效的。中国改革开放以来的发展奇迹，在一定层面上可以说是在生产市场。因此在转型发展期，市场成为一个重要的实践对象。[②] 这自然导引出一个关键性的议题，即中国社会学的市场研究理应面向现实，回应现实。如此一来，社会学的市场研究自然会拓展出一个实践转向。

布迪厄对实践概念做出了较为系统的阐述，旨在超越并统摄"结构与行动"的二元对立，其关注点在于人们的日常生活世界。他将行动者的社会世界理解为一个"场域"，既由过去的人类实践构成，又为现在及将来的人类实践提供一个竞争场所。[③] 人们在市场竞争中的地位主要取决于其占有的"经济资本"，当然还受到"文化资本"的限制。所处的社会空间位置塑

① 洪大用. 加快发展中国特色社会主义社会学 [J]. 社会治理，2020（10）：14-18.

② 沈原. 市场、阶级与社会：转型社会学的关键议题 [M]. 北京：社会科学文献出版社，2007：17.

③ 〔澳〕马尔科姆·沃斯特. 现代社会学理论 [M]. 杨善华等译. 北京：华夏出版社，2000：211.

造着行动者的"惯习"，使其按照既定性情倾向的特定行为方式行事。布迪厄的实践社会学为"实践"范畴的复归做出了积极努力，然而将其付诸实践时失败了，缘由在于布迪厄对实践的分析过于钟情定量和结构分析，对于总体性本身在实践中的生成机制则涉及不够。① 具体来讲，场域、资本、惯习这些概念在分开使用时，其解释效力较大，然而将其统摄起来之后，却走向了抽象。基于此，孙立平提出了"过程—事件分析"的研究策略，意在进一步接近实践形态，通过过程、机制、技术和逻辑四个环节分析真实的社会现象。然而不得不指出的是，孙立平的理论框架在分析"个案"时，确实有强的解释力，但是在当代中国发展的"体制奇迹"面前，显然是缺失了"国家"的视角。

站在通则性的角度探讨社会学研究，其有三项基本功能，即描述、解释和预测。通过上述分析，布迪厄实践社会学的贡献在于复归"实践"视角，实质上是凸显了实践的解释功能。孙立平的"过程—事件分析"贡献在于较好地"深描"转型发展过程中的经验，凸显的是实践的描述功能。那么实践的预测功能在哪里？基于此，本书所强调的"实践转向"，目标主要在于充分彰显实践的"预测"功能。当然社会学研究中强调的预测，即立足当前，充分参与到对社会发展重大议题的"规划"中去。

从实践的角度探究，以往的市场研究倾向于静态的结构视角，而经济社会学市场研究的实践转向，强调的是市场生成的过程及其机制。"中国奇迹"的展现过程生成了世界上最大的市场，这个大市场的形成机制既不同于西方发达国家，也不同于东欧、俄罗斯，而是"国家与社会"的共同塑造。因此，经济社会学市场研究的实践转向其现实基础在于更好地解释"市场有效且政府有为"，并为将来更深层次的"市场有效且政府有为"提供依据。

诚如马克思所言，"哲学家们只是用不同的方式解释世界，而问题在于

---

① 孙立平. 实践社会学与市场转型过程分析［J］. 中国社会科学，2002（05）：83-96.

改变世界。"① 毋庸置疑，当代中国人的市场实践的确在改变和"革新"着中国社会。对于这样一场轰轰烈烈的市场转型实践，显然与人类学的"前现代"视角不同，当然自由理性市场理论、市场的社会结构理论也均给不出相应的科学解释。鉴于此，实践转向基础上的"制度—行动"分析框架便有了现实与理论的双重意涵。展开论述，第一个层面的体制"松绑"效用，大体接近于"市场转型论"强调的改革开放前期从"再分配"体制转向"市场"体制而带来的"体制"红利的释放；第二个层面的市场行动者策略，主要是对 1990 年代以来市场主体创业过程的经验提炼，基本符合汪和建强调的"自我行动的逻辑"，以自主经营、网络生产和派系竞争为经营策略，其后果是难以走出"低价竞销"和被锁入低端产业的困境。基于此，中国市场发展的出路到底在哪里？第三个层面是制度与市场行动者"聚合"发力，即在中国特色社会主义社会学语境中探索"新结构经济学"强调的"市场有效且政府有为"的市场实践进路，最终实现市场的有效治理。

（二）构建市场治理新格局

当下，我们生活在一个"市场"的时代，如若不充分理解市场，便难以切实地认识当下社会。因此对市场作社会学的深入研究显得尤为必要。通过对国内转型发展过程的回溯，中国人的市场逻辑有其自身的社会文化基础。鉴于现有研究成果偏重于"结构—制度"的分析，"行动"的视角表现出一定程度的缺失。因此本文在梳理分析市场的经济学研究、人类学拓展以及市场的社会结构论的基础上，从"行动"的视角重新审视当代中国人的市场实践。

社会学基于现代性而产生，必然基于现代性的流变而发展。现代性的典型特征为市场经济，然而市场经济仅有西方资本主义自由市场经济一种形态吗？答案当然是否定的，随着近年来世界发展中心的流变，中国正在走向新的市场中心，然而中国市场经济的发展有着自身的逻辑，呈现出明显的实践早于并高于"理论"的迹象。因此回答中国人的市场实践，行动者"自我

---

① 马克思恩格斯选集（第一卷）［M］．北京：人民出版社，2012：140.

行动的逻辑"有其强烈的市场社会学的本土化意涵，然而并没有较好地展现"制度"改变的效应，"行动"视角的彰显仍然不够，因此需要分析范式的再转向，即转向"实践"。

国内系统的关于市场的社会学研究始于 1980 年代以后，在前期主要是引介国外著述，通过"市场转型论"来阐释中国的体制转变；2000 年以后引入了大量的新经济社会学著述，将市场理解为一种社会结构；近年来市场社会学本土化的探讨逐渐多了起来，代表性论述主要有汪和建的"自我行动的逻辑"（2013 年）、符平的"政治—结构"框架（2013 年）、陈林生关于"市场的建构结构"（2015 年）等。毋庸置疑，这些著述深化了当代市场社会学的理论探讨，然而其经验研究明显不足。在近期的研究中，符平也坦言，制度环境、时代特征与行动者的互动状况才是市场优势的源头。[①] 事实上，在新时代的语境中，市场优势的彰显将转换为市场的有效治理。

今天的中国已悄然进入治理时代，治理是相对于"统治"和"管理"而提出来的。现代治理的基本领域为政府、市场和社会。从市场治理的角度考究，市场主体的培育是重中之重。然而在如何界定市场主体方面，学界争执较大。在主流经济学看来，市场主体的基本单元是企业，强调通过建立现代企业制度来融入世界体系。其实是一种西方的"话语"霸权，所谓的"现代世界体系"实质上是一种资本主义世界经济。[②] 而在社会结构论看来，市场的社会结构主要呈现为制度结构、关系结构和建构结构，[③] 这样的体系化"结构"事实上遮蔽了市场行动的主体性。

市场的"制度—行动"分析框架的提出，恰恰在于解决中国国家治理的困境，即"一统体制与有效治理"的矛盾。[④] 改革开放以来的中国，与经

---

① 符平. 市场优势与制度环境［M］. 北京：中国社会科学出版社，2018：11.

② 〔美〕伊曼纽尔·沃勒斯坦. 现代世界体系（第四卷）［M］. 郭方等译. 北京：社会科学文献出版社，2013：342.

③ 陈林生. 市场的社会结构——市场社会学的当代理论与中国经验［M］. 北京：中国社会科学出版社，2015：29.

④ 周雪光. 中国国家治理的制度逻辑：一个组织学研究［M］. 北京：生活·读书·新知三联书店，2017：29.

济快速增长相比较，社会滞后问题逐渐凸显，① 发展的不平衡不充分制约着国内整体性纵深发展。基于此，就市场的"不平衡"而言，政府应进一步积极有为，解决市场体制现存的盲点和弊端；市场行动者应增强创新能力，走产业化发展之路，从"个体行动的逻辑"导向"集体行动的逻辑"。最终实现"制度"与市场行动者之间的合力，形成"聚合"效应，推动经济社会高质量发展。

通过"逻辑与历史相统一"的进路考察，当代中国人的市场实践先于理论，真可谓"理论是灰色的，实践之树长青"。鉴于此，中国特色社会主义社会学的市场研究需要系统的"实践"视角，在当代市场生发的整体脉络中，综合分析"制度"的效用、社会行动的效力以及二者聚合发力的动能。

第二节　转型发展与生计模式

当代中国经济社会取得了举世瞩目的发展成就，究其缘由，学界将之概括为转型发展，即面向市场体制的改革。具体来说就是由再分配体制转向市场体制，激发社会潜藏的动能，促使经济快速发展，继而引发社会其他领域的变革。② 在这一进程中，形成了与西方国家现代化不同的发展路径，也即社会转型理论。事实上，中国的社会转型率先从农村开启，致使农民的生计方式悄然发生着变化。

一　转型发展

现代化是特定社会整体的结构性变迁过程，是发展中国家、地区必将经历的转型过程，各个国家、地区都将在这一进程中认识自身、发展自身，在发展中走向世界、面向未来。然而当下西方世界普遍的发展乏力打破了

---

① 张静. 社会治理——组织、观念与方法 [M]. 北京：商务印书馆，2019：1.
② 〔美〕倪志伟. 市场转型理论：国家社会主义由再分配到市场的过渡 [A]. 边燕杰主编. 市场转型与社会分层——美国社会学者分析中国 [C]. 北京：生活·读书·新知三联书店，2002：211.

"西方中心主义"发展观的"神话",为世人敲响了"依附性"发展难以走出发展困境的警钟。事实上,不同国家、地区有着自身的特殊性,这决定了各具特色发展模式的"合法性"。

（一）西部地区社会转型

近年来,社会转型逐渐成为学界关注的核心议题,其缘由在于通过改革开放40多年的快速发展,"中国经验""中国模式"已成为转型发展的范例。当然转型发展中也出现了一些问题,值得关注。通过对相关文献的梳理,不难发现对于转型发展的"后果",特别是"发展代价""区域差异"等领域的研究仍然不足。就西部地区"迟发展"的议题而言,主要表现出发展的路径依赖,具体来讲:(1)"输血式"的发展依赖,即长期以来过度依赖政府在基础设施建设及相关项目方面的投资;(2)增长的"例行化",为了单一的增长而"制造项目"、不顾自身能力超前"铺摊子"、"寅吃卯粮"大肆举债,等等。① 这使得西部虽坐拥优势资源,却得不到相应的发展。

近年来,市场转型的"效益原则"对西部地区的冲击致使域内劳动力大量外流,从而造成地域性青壮年劳动力缺乏,继而导致地方经济发展遭遇人力资源支撑匮乏以及人力成本过高的窘境。当一些地区被甩入"欠发展"的行列之后,进而又形成一整套"维稳"的治理思维,即"稳定高于一切"等。这一切促使西部的发展呈现"'转型'的逆反"倾向,在一定程度上成为东部地区发展的资源"供应地",将本身具有的优势条件"转变"成为一种"发展的包袱"。面对西部的转型困境,有必要对传统的发展观进行深刻反思,跳出"中心—边缘"的两分法去直面西部问题,继而依托本土经验拓展出理解转型发展的新视角,从"边缘"的立场反观中国的现代化进程,从地域性的角度透视中国现代化过程中存在现实张力。在此基础上,深入探究国家与社会的内在关联性,从历史传统、制度结构等因素全方位阐释西部

---

① 周亚平. 东部主义与西部映射:西部社会学初探 [M]. 北京:中国社会科学出版社,2017:155.

地区社会的转型困境。

改革开放尤其是进入 2000 年以来，西部地区的发展之所以成为区域问题，从根本上说是经济社会的"迟发展"所致。西部地区的发展问题之所以错综复杂，与西部固有的自然环境、多族群关系等密不可分。西部地区地处内陆边疆，生态环境脆弱，交通闭塞；多民族杂居，族群之间由于历史传统、语言文字、风俗习惯和宗教信仰等的差异，在回应市场经济社会发展方面表现出不同。因此探讨西部地区的转型发展问题必须将其自然环境和族群关系等现实因素充分考虑进来。

事实上，社会转型的深层次无疑是文化的转型，文化转型意味着社会生活中的"主体"在生活方式、价值观念、行为模式和主体意识等领域发生着转变。① 学界关于民族地区社会转型的发展研究，主要是从几个维度展开探讨：新中国成立之后，一些民族地区社会形态的转变；改革开放以来，受市场经济冲击后，民族传统与现代化之间的关系等。党的十八大以来，习近平总书记多次强调，少数民族和民族地区必须与全国一道全面建成小康社会，这成为当前衡量民族地区社会发展的基础性指标。

（二）发展模式相关研究

在地区发展研究中，"发展模式"有着广泛的经验总结、推广以及借鉴教训等重要意义。学术界关于发展模式的研究最早开启于英、美等国关于"自由资本主义模式"的提炼和推行，这对后起的德、日等国有积极的示范效应，成为资本主义国家发展的典范。十月革命之后，高度集权的苏联式社会主义模式建立。② "二战"以后，广大新兴民族国家走上"发展"道路，在"美苏争霸"的夹缝中开始探索"第三世界"的发展路径，至 1970 年代，涌现出"拉美模式""东亚模式"等新的发展模式。

关于国内发展模式的总结提炼主要兴盛于 1980 年代至 2000 年之间，费孝通先生率先提出"苏南模式"，之后又有"温州模式""晋江模式"等地

---

① 王谦，文军．社会转型与当代转型社会学研究的理论脉络［J］．江海学刊，2019（03）：110-118.

② 王义祥．发展社会学［M］．上海：华东师范大学出版社，2004：261.

域特色鲜明的发展模式的涌现。这些发展模式无疑有着诸多成功经验可资借鉴，然而一些"欠发达"地区的发展模式在很大程度上是基于当地发展中失败的教训提出来的，重点强调其在现实中的"警示"意义。

关于民族地区发展模式较早最具代表性的探讨仍然来自费孝通先生。费先生于1986年在甘肃考察时，发现当时临夏兴起的"小商品贩卖"业和浙江温州存在诸多相似之处，于是提出了"东有温州，西有河州"的发展设想。一时间，所谓"河州模式"在西北民族地区可谓家喻户晓。然而30多年过去了，东边的"温州模式"可以说是取得了初步成功，与"萧山模式""义乌模式""宁波模式"一道汇聚成就了当下的"浙江模式"，实现了区域经济社会的跨越式发展。然而"河州模式"却沉寂了下来，并未实现当初"赶超"设想。究其根本，发展模式"路径依赖"问题，"模式固化"使得当地转型发展步入瓶颈，并难以自拔。

由发展模式的固化而产生的路径依赖在某种意义上意味着收益的递减，通常呈现为"有增长无发展"。路径依赖又叫作路径的依赖性，在诺思看来，路径依赖近似于物理学中的"惯性"，无论是好是坏，一旦进入某一路径，则可能会产生对这一路径的依赖。具体来讲，当做出某种选择之后，就存在路径转换的成本。鉴于此，人们往往会被锁定在一些"小概率事件"或"无关紧要的事件"引导的路径上，产生出"自我强化"的机制，这在某种程度上说明路径依赖意味着无效率。[1]

结合发展社会学和经济社会学关于发展的研究范式，并回溯费孝通先生关于发展模式的界定，即在一定地区、一定历史条件下具有特色的经济发展过程。[2] 因此本研究所谓的发展模式是指黄河中上游流域民族地区自改革开放以来特色经济发展的契机、困境及出路。

---

[1] 李娜. 传统产业升级技术与制度的路径依赖及其作用机理研究 [D]. 长春：吉林大学博士学位论文，2018：13.

[2] 费孝通. 费孝通自选集 [M]. 北京：首都师范大学出版社，2008：178-179.

二 生计模式

生计模式是指特定人群用以谋生的基本手段，一种生计模式的形成不仅受到环境和技术因素的制约，而且受到社会文化因素的影响。市场化的进程加速了农民由传统的农业生计模式、农副兼营生计模式向现代的外出务工生计模式、城市化非农生计模式等的转变。

（一）关于生计的研究

生计，从字面上理解，是指人们维持生活的计谋或办法。然而作为学术范畴的生计是一个内涵比较丰富的概念，涉及经济学、人类学和社会学等众多领域的议题。在19世纪末、20世纪初，社会人类学和社会政策学科将生计视作主要研究对象，1980年代以来，生计问题的讨论再度兴起，成为社会科学界关注的一个热点话题。

因为生计关涉的领域较为广泛，所以学界对生计的界定有着多种类型。在国外，"生计"的英文表达为"Livelihood""Survive Strategy"，即通过特定的资源利用，选择适当的生产方式，从而满足人们的生存和发展所需，侧重于强调生计策略或谋略。在国内，学界多从民生角度对生计进行阐释，《辞海》中对"民生"解释是"人民的生计"。①

人们的生计首先与特定的自然资源密切相关，根据自然条件的不同，人们满足衣食住行的方式也不同。其次，生计又与体力或技术的进步紧密关联，畜力的使用、农业技术的改进，尤其是工业动力在日常生活中的渗透，极大地改变着人们的生计行为，在很大程度上推动着人们在生计方面的趋同。

从特定地域或家户的角度考察生计，主要关注的是"生计方式"，即人们相对稳定、持续地维持生活的计谋或办法，也即通常所说的生计模式或者生活习惯。人类学探讨生计方式，注重从"适应策略"的角度加以分类，大致的经济文化类型有狩猎采集、粗耕、农耕、畜牧和工业化等。特定的群

---

① 辞海［M］. 上海：上海辞书出版社，2002：1174.

体在漫长的历史演进中,均会形成自身相对稳定的生计模式及其相应的文化特质。比如,牧区生活的人群逐水草而居,强的流动性使他们形成了一套完整的畜牧技术和游牧生活方式,其特征以畜牧养殖为生计模式;在农耕区生活的人群需要固定的土地用于耕作,较为稳定的村落、家户使他们形成了一套系统的耕作技术和乡土生活方式,其特征以农业种植为生计模式。当然在同一适应策略下,由于地域环境、知识技术、种植或饲养的种类不同,也会形成不同的经济文化类型。由于生计模式与自然环境、人口及劳动工具、所种植的作物等因素密切相关,因此其中某些因素变动,势必会促使生计方式发生相应的变化。①

(二)关于生计模式的研究

生计的本意是指人们谋生的方法,即人们为了维持生存或追求更好的生活而采取的手段和方式。相比较职业、工作和收入等相近的概念,生计的内涵和外延要更大,因此能较为完整地概括出人们日常生产生活的复杂性,并能从深层次上反映贫困人群为了维持基本生存而采取的策略。

生计策略的目标在于选择适合的生计类型,而某种生计类型在特定的时空场域中会形成较为稳定的生计模式。通常情况下,生计模式的形成与地域的生态环境相关。为了满足食物、水以及居所的需要,人们必须调整自己的行为以适合于特定的生态环境,也即调适,其目标在于实现社会需求与环境潜能之间的动态平衡。正是基于这样的不断调适,人类的生计模式经历了这样的变迁:寻食、园艺、畜牧、集约农业、非工业都市社会和工业社会。②就当前国内的乡村社会而言,有学者划分出了以下四种类型的主要生计模式,即农业生计模式、农副兼营生计模式、外出务工生计模式、城市化非农生计模式。③

① 周大鸣.文化人类学概论 [M].广州:中山大学出版社,2009:126.

② Willliam A. Haviland. Cultural Anthropology (Tenth edition) [M]. Singapore: A division of Thomson Asia Pte Ltd, 2002:178-179.

③ 李文辉.基于利益驱动的黄土丘陵区迁移农户生计模式选择研究 [D].西安:西北大学博士学位论文,2016:7.

在现实生活中，生计资本通常影响生计模式的选择。生计资本主要有自然资本、社会资本、人力资本、物质资本、金融资本和文化资本（受教育水平）等多种形态，生计资本的多样化是家户或个体生计策略多样化选择的前提。从地区发展的角度而言，以下因素影响生计模式的转变：地方产业结构的调整、开发非农产业、提升人力资本、完善社会保障等。

当前国内关于生计问题的探讨多是基于提升家户或个体的生计资产和生计能力相关政策的诉求，以便促进生计方式的多样化，但关于生计模式选择所引发的经济社会问题则关注不够。鉴于此，笔者认为多种生计模式存在的现实基础在于市场经济理念下的"效益"原则，因此研究生计模式的选择问题应当结合市场进程中"利益"均衡化的逻辑。

第三节　生计策略相关研究

几千年来，中国农民的生计状况一直是一个沉重的话题。中国在传统上是一个典型的"乡土社会"，只要土地收成能够勉强维持糊口，农民断不会从事其他行当。农民生计，首先是一个经济问题，涉及农业收成能否养家糊口；其次是一个政治问题，涉及农业收成还要为国家提供税赋，即农民与国家的关系问题；再次是一个社会问题，涉及农村与城市、农民与其他社会阶层的关系问题；最后还是一个文化问题，涉及农民惯习与农村社会的发展问题。

一　生计过程与农民行动

近年来，随着不同学科均对"三农"问题展现出热切的关注，农民生计问题逐渐成为学术研究的焦点。然而在具体的研究过程中，由于学科之间的研究旨趣不同，其所具有的学术关怀也不尽相同。社会学研究生计更多关注的是生计方式的变迁，即采用动态的视角研究农民生计。具体而言，一方面，关注社会结构、社会制度变动所带来的农民生计方式的变迁，围绕影响生计变迁的因素、生计方式变迁的态势以及生计变迁所引发的社会后果等展开研究；另一方面，结合发展研究来探讨农民生计，主要关注如何解决脱贫攻坚、乡村振兴进程中生计方式的多样化问题。①

农民的生计过程不仅仅是一种经济行为，实质上是在各种生活必需品受限制的情境下出于生存需要而做出的选择。因此所谓农民的行动逻辑是指农民被动地接受外部因素的影响，而实施生计策略的过程。中国乡村社会中的农民行动逻辑，通常表现为一种农民文化的无意识结果，这种文化传承与农民生活中的功能需求密切相关。② 因此，考察农民生计过程中的行动逻辑，不仅需要历时性的维度，关注传统社会转向现代社会进程中农民的生计决策，也需要共时性的维度，关注个体农民在具体生计过程中的行动逻辑以及个体行动逻辑如何在特定场域下形成集体行动。

（一）何谓农民？

农民是乡村社会成员的主体，然而如何界定"农民"？这在学界争议较大。当我们到农村地区走访时，问及城市的务工者、小商贩"您的职业是什么？"可能较多的答案是："我就是个农民，哪有什么职业。哪个活能挣钱，就干哪个活；啥地方好找活，就到啥地方去。"事实上在中国，只要没在体制内工作，大家通常都称之为"农民"，连一些创业成功的知名人士，都自称"农民企业家"。因此，对中国的"农民"没必要非要界定得那么严格，只要与乡村社会有地缘、亲缘关系的人，均可称为"农民"。当然本研究为了学术的严谨性，有必要交代一下"农民"概念的学理背景。

对于"农民"概念的界定，一般有三个维度：职业属性、阶级属性和身份属性。作为一种职业，农民指的是以土地为生，直接从事农业生产的劳动群体。他们的典型特征是"务农"，以土地为主要生产资料，长期专门从事农业生产劳动。作为一种阶级，农民主要是指新中国成立前乡村的大多数社会成员，他们没有土地或仅占有少量土地，一般与土地较多的地主阶级相对应。作为一种身份，农民是指属于农村户籍管理的人口，身份制农民是我

---

① 侯婧. 生计过程中的农民行动逻辑［M］. 北京：社会科学文献出版社，2019：14.
② 侯婧. 生计过程中的农民行动逻辑［M］. 北京：社会科学文献出版社，2019：7.

国长期实行的"城乡二元户籍"制度的产物，通过户口登记，将全国人口一分为二，即农业人口（农民）和非农业人口（城市人）。[①]

新中国成立、特别是1950年代的社会主义改造完成之后，国内消除了其他"剥削阶级"，广大农村的人群以"农民阶级"为主。改革开放以后，随着社会结构的整体转型，城乡交流日益广泛，户籍管控的效度愈来愈小。因此当前所谓的"农民"，早已不是一种阶级，也不能仅被框设为职业，更不能狭义化为户籍身份，而是一种广义上的社会身份，指的是乡村人在特定社会结构中的位置或社会关系中的地位。进一步而言，改革开放以来，中国在经济、政治、文化和教育等领域发生了一系列的变革，这使得农民的自主权和社会流动增强，其从业形态从单一走向多元，乡村人群结构发生着快速分化。

（二）农民的行动策略

结构与行动的关系问题是社会学研究的基本议题，主要涉及主体与结构、社会与个人的关系问题等。针对这一议题，西方社会理论界形成了两大对立倾向：一种是各种形式的结构主义和功能主义，它们的共同特点在于强调结构的基础性和决定性作用；另一种是各种解释学思想传统，强调个体行为的意义。为了解决这两种倾向的对峙，社会实践理论应运而生，其主要倡导者为布迪厄、萨林斯和吉登斯等，社会实践论旨在弥合结构必然性与个体能动性之间的鸿沟，从而缓解社会科学理论研究中社会文化与社会实践者的行动之间的紧张关系。在这当中，尤以布迪厄的影响至深至广。

皮埃尔·布迪厄（Pierre Bourdieu）的研究跨越了众多领域，对人类学、社会学、教育学、哲学、政治学和文学等都有独到的见解，提出一系列"穿透力"极强的理论范畴，建构着新颖的学术分析框架。布迪厄自称他的理论是"建构主义的结构主义"，具体研究中采用的是一种关系主义方法

① 张禧等. 乡村振兴战略背景下的农村社会发展研究［M］. 成都：西南交通大学出版社，2018：4-6.

论，以"社会实践论"统摄"客观结构论"与"主观建构论"。在具体的社会实践中，布迪厄认为某种行动总是处于特定的场域（field），社会不是具有总体性（total）的整体结构，而是由分散、自主的各种场域构成。通常情况下，行动者会依据自身的"惯习"（habitus）和"资本"（capital）实施行动，因此所谓社会实践理论可简化为"'惯习''资本'+'场域'=实践"。就"资本"而言，主要有三种形态：经济资本、社会资本和文化资本。

就中国的农村社会而言，一直以来，"小农理论"的解释有着较大影响力，具体表现为"道义小农"和"理性小农"的争锋。黄宗智在对华北和长江三角洲地区明清以来小农经济"内卷化"的发展状况作了考察之后，认为随着人口的激增，土地得不到相应的递增，小农经济一直处于糊口水平，继而导致劳动"过密化"现象，呈现一种"有增长无发展"的状态。基于此，黄宗智对农民的行为选择提出综合分析的视角，将小农视作追求利益者、维持生计生产者和受剥削耕作者的三位一体。[①]

基于上述分析，可以说农民的行动逻辑遵循经济场域博弈的一般通则，即在制度环境既定的情形下，依据自身的惯习和资本以便保障自己生计的安全。当然由于其自身所携带的文化传统，乡邻之间依然保留相对的"道义经济"。

二 劳动力市场理论

"劳动力市场"是劳动经济学的基本范畴，即劳动力资源配置和调节的经济关系体系，主要包括劳动契约、劳动就业、工资分配、社会保障、劳动立法和职业培训等。[②] 经济学系统研究劳动力市场是一个较为新近的议题，通常是从劳动力的供给、需求、工资与就业条件的决定三方面因素相互作用

---

① 黄宗智. 华北的小农经济与社会变迁 [M]. 北京：法律出版社，2014：6.
② 孙月平. 劳动经济问题研究 [M]. 北京：人民出版社，2003：99.

的角度来界定劳动力市场。① 张福明认为，劳动力市场由劳动力市场制度与劳动力市场机制两个层面构成。② 劳动力市场制度指的是保障劳动力市场机制形成并有效发挥作用的制度安排；而劳动力市场机制是指劳动力市场上各种市场元素，具体包括劳动力供给、竞争和工资之间的相互制约和互为因果关系的集合。劳动力市场制度是劳动力市场机制产生的前提和有效运行的载体与制度保证。经济学关于劳动力市场的阐释为理解当前劳动力在更大范围内流动提供了新的视域，然而由于缺乏社会文化的维度，难以解释微观的个体选择，也不能畅通个体行动与大的社会结构之间的关联。有鉴于此，经济社会学关于劳动力市场的研究就有着强的现实意义。

在经济社会学看来，劳动力市场是一种特殊的市场类型，劳动力市场是唯一将人类活动作为商品出售的市场，当然劳动力市场上所交易的"物"与一般无活动性的物品不同，劳动力的交换取决于劳动者自身的利益、独特的主观性以及与他人的关系。③ 将劳动力作为一种"特殊商品"，这在马克思那里有着系统的论述，马克思正是运用这种不同于一般的商品所创造的价值来揭示资本主义的秘密。

波兰尼对主流经济学的市场观做了深刻的批判，他的批判主要在两个方面：一方面经济学所谓的自在市场并不存在，在 19 世纪以前，人类的经济活动总是镶嵌在社会之中，市场经济是近代以来的产物，在市场经济以前人类社会还存在互惠、再分配和家计等多种经济形式；④ 另一方面所谓自发调节的完全市场理性可能只存在于理想状态，现实当中市场行为总是处于特定的社会情境中。鉴于此，对劳动力市场的分析引入社会文化的维度显得很有必要。

① 〔美〕萨尔·D. 霍夫曼. 劳动市场经济学 ［M］. 崔伟译. 上海：上海三联书店，1989：5-8.

② 张福明. 制度变迁视角下的城乡劳动力市场一体化研究 ［M］. 北京：中国社会科学出版社，2012：18.

③ Richard Swedberg. Principles of Economic Sociology ［M］. Princeton：Princeton University Press，2003：156.

④ 〔英〕卡尔·波兰尼. 大转型：我们时代的政治与经济起源 ［M］. 冯钢译. 北京：当代世界出版社，2020：57.

（一）劳动力市场格局

劳动力市场的格局主要强调的是劳动市场上的供求关系，具体来讲有三种形态，即供过于求、供不应求和供求平衡。在明清以来，中国一直存在着劳动力"内卷化"的现象，农村富足的劳动力难以有效转化，这种状况在改革开放前达到了一个新的高峰。改革开放以来，主要是通过城镇化的稳步推进，成功转移了农村富余劳动力，然而进城的农民工从事的一般是低端行业和产业，当前随着产业升级的提速、规模化连锁经营的扩大等等，这一切对农民工能否持续长久在城市就业创业提出了大的挑战。

中国在改革开放前执行了比较严格的"二元经济结构"制度，表面上看似乎实现了"低工资、广就业"，实质上却致使农村剩余劳动力长期得不到有效转移。改革开放以后，我国经济运行的机制发生了根本性转移，逐步由计划经济体制向社会主义市场经济体制转变，随之前期的"二元经济结构"也发生调整，主要表现在三个方面。（1）农业生产引进了现代生产技术，加快了传统农业的改造步伐；（2）城市化进程持续加速；（3）农业领域劳动力不断向非农产业转移，致使产业结构发生较大变化。[①]

为了解决上述"二元经济结构"下农村剩余劳动力转移的困境，改革开放初国家大力推行乡镇企业，目标在于通过建立农村的工业部门，解决剩余劳动力的问题，费孝通先生将之概括为"离土不离乡"，这在一定程度上缓解了劳动力向城市急速转移带来的压力，实现了特定时期农民的增收和致富。后来随着经济体制改革的进一步加深、经济结构的调整以及经济发展方式的转变，内地的大多数乡镇企业终究逃不出市场的挤压，走向了衰败以至倒闭，从而迫使农村劳动力走上了"离土又离乡"的务工之路。

（二）城乡劳动力市场一体化

城乡劳动力市场一体化主要涉及三个相互关联的核心范畴，即劳动力市场、统一劳动力市场和城乡劳动力市场一体化。劳动力市场由劳动力市场制度和劳动力市场机制组成，具体来说，劳动力市场制度保障了劳动力市场机

---

① 林勇、曾晓涛．劳动社会学［M］．北京：科学出版社，2016：201．

制的高效运行，在劳动力市场中起着决定性的作用，决定着劳动力市场的特性以及劳动力资源配置的效率。统一劳动力市场强调的是完全竞争劳动力市场的均衡状态，当然现实当中，劳动力市场通常是分割的，而城乡劳动力市场一体化指的是劳动力市场由分割趋向统一的过程。中国的城乡劳动力市场分割主要是长期的城乡"二元经济结构"造成的，因此属于制度性分割，这决定了中国的城乡劳动力市场一体化首先需要一个制度变迁的导引。①

建立全国统一的劳动力市场是实现农村劳动力在城乡之间自由流动并取得平等就业机会的重要保障。然而现实当中仍存在一些制度性因素的制约，这使得促进城乡劳动力市场一体化发展有着较强的现实意义。当然除了制度性因素的影响之外，非农产业部门、非正规部门等在用工方面的博弈也是影响城乡劳动力市场一体化的重要因素。

三　社会转型中的从业选择

市场取向的改革意味着经济整合的原则和权力结构的整体性变革，即产品与劳务的配置权由再分配系统转向市场。② 这一制度安排直接加速了当代中国的城市化进程，大量经营、技术人才和青壮年劳动力涌向城市，进入城镇的创业者和务工者在不同程度上从事着与传统生计方式不同的新业态。

（一）改革开放以来的中国乡村社会转型

1978 年，党的十一届三中全会的召开标志着中国进入改革开放的新时期，开启了中国社会由传统向现代的转型。在这样的大背景下，内地乡村的经济、政治、社会和文化等各层面发生着深刻转向，这构成了乡村农民生计变化的宏观场域。

1. 乡村经济转型

当代中国乡村的经济转型主要表现在三个方面：家庭联产承包责任制的落实、社会主义市场经济体制的确立以及工业化城镇化的逐步推进。

---

① 张福明. 制度变迁视角下的城乡劳动力市场一体化研究·中文摘要［M］. 北京：中国社会科学出版社，2012：1.
② 孙立平. 社会学导论（第五版）［M］. 北京：首都经济贸易大学出版社，2020：147.

1980 年代前期，农村逐步实行了家庭联产承包责任制，使得集体性质的农业经营模式解体，继之而来的是农户被赋予极大的自主经营权。家庭联产承包责任制的全面实施，使得农村家庭可以支配使用其分到的"集体土地"，能够选择生产什么，并促销其产品，在一定程度上体现了市场经济的基本原则，消除了集体农业生产"搭便车"的难题，激发了农民的生产积极性，这一转变直接促使农村人的经济收入开始大幅度提升。

从另一个层面来讲，尽管改革开放以来，随着家庭联产承包责任制的变革、大规模的开发式扶贫的实施，内地农村的贫困状况已大为改观，但其高质量发展面临的问题依然比较严峻，主要表现在未能形成自身产业优势。

2. 乡村政治转型

乡村政治转型涉及"农村社会控制"这一主要议题，与传统农业社会的发展特征相适应，中国农村长久以来实施的是一套以社会稳定为目标、以治国之术为核心、以人治为主要手段的社会控制体系。[①] 社会转型以来，农村的社会结构有了较大变化，其政治结构也呈现出一些新的特点，即随着国家控制能力的弱化，乡村的宗族势力、非体制精英等人士的地位不断提升，影响范围逐渐扩大，对农村社会秩序造成较大冲击。就乡村政治转型带来的负面效应来说，应当关注地方黑恶势力的干扰。

3. 乡村社会转型

经济转型必然促进社会某些领域的转变，但单一的经济转型与经济增长是不能促进社会整体转型的，其中包含着复杂的社会结构性要素。因此对于当代中国的乡村社会转型而言，需要观照两个方面：一方面要依据市场经济的发展和市场环境的条件变化，另一方面还要依靠政府在制度层面创设条件。[②] 众所周知，中国的乡村一直存在农业劳动力过剩问题，其主要缘由在于明清以来人多地少矛盾造成的"过密化"人地关系。改革开放前，尽管农村人口的增长已经达到了非常大的规模，但严格的户籍制度限制了农村人

---

① 钟涨宝. 农村社会学 [M]. 北京：高等教育出版社，2010：202.

② 田亚楠. 经济社会学理论分析与实践探索 [M]. 天津：天津出版传媒集团，2021：131.

口的流动。改革开放初期，包产到户的落实使得农村劳动力过剩问题进一步凸显。后来随着户籍制度管控的松动，农村青壮年劳动力逐渐向城市转移，在城市就业、经商和创业。他们向城市的流动起初被称为"盲流"，之后叫作"民工潮"，现在他们更多地被称为"农民工"。这些称谓反映出，即使乡村剩余劳动力实现了向城市的转移，然而由于现有产业结构、社会保障制度等层面的"区隔"，这些人群难以实现充分的城市化。①

当然一个最为棘手的问题是，如何较为持续性地保障农村留守人员的基本生活，这些留守人员的显著特征是"老、弱、病、残"。近年来笔者在田野调查时发现，偏僻农村的交通成本、医疗成本和教育成本其实都很高，当然这些成本是隐形的，随着医疗、教育等资源持续地向县城、中型城市转移，留守人员对其只能"望洋兴叹"。

4. 乡村文化转型

随着社会转型的加速，乡村社会的"礼俗"传统被逐渐肢解。中国传统社会讲求尊老爱幼、兄友弟恭、夫妻敬爱、乐群利群、和为贵、诚信守约，等等。然而转型时期的价值原则更多的是关注个体利益和地位的获得，这在某种程度上与乡村原有的"熟人社会"下"人情世故"、为了"面子"等文化心理形成较大张力，呈现出"陌生人社会"下个体孤寂、信任危机等困境。基于此，探讨当前乡村文化转型需要结合如何解决当代中国人的信任危机等核心议题，当然信任研究的复杂性恰恰就在于其所反映出的人性层面、社会层面及价值层面的深刻文化。②

（二）社会转型与从业选择

市场经济体制的确立使农民在就业方面有着多样选择，也即实现了择业。择业对乡村生活的人来说，是一种迫于生计而不断调整从业形态的行为。俗话说，男怕入错行，女怕嫁错郎。在传统社会，男子选择在某一行当从业，对其一生及家庭至关重要，当然在当前，女性也面临同样的难题。因

---

① 刘文静. 新农村建设与中国农村社会转型——在山东省邹平县的田野调查［A］. 农村社会学研究（第 1 辑）［C］. 北京：中国农业出版社，2013：45.

② 张海东. 理解中国社会［M］. 北京：社会科学文献出版社，2019：224.

此，选择一个什么样的从业行当？怎样择业？是现代社会个体走向社会首要回答的问题。

从业选择也叫择业，是劳动社会学研究的主要议题。从现象上看，择业似乎属于个体行为，其实不然，择业者的择业行为通常嵌入特定的经济社会文化环境中。因此探讨择业行为，需要将之放置于大的社会背景当中，深入思考择业与日常生活的关系。在现代社会，择业有着显著的个人与组织相结合的特性。因此个体在职业选择时，需要对所具备的主客观条件进行分析研判，在此基础上结合自身的职业倾向，从而确定从业形态。虽然择业按社会隶属关系分为个人择业和组织择业，但任何社会、任何体制下，个人择业总是更为重要。[①] 通常情况下，择业与人生阅历相关，基于此，择业可分为人生择业、长期择业、中期择业和短期择业。

众所周知，一个社会要存续、要发展，就必然要进行劳动，当然传统社会由于受生产技术的限制，人们只能在特定的地域内从事某种劳作。然而到了今天，随着科技的迅猛发展，劳动分工在不断发展，职业也是愈加分化，这使得一个社会总是需要各种各样的从业者去填补不同的职位空缺、扮演不同的职业角色。[②] 通常情况下，从业选择会涉及三个方面的因素：职业选择个人、个人选择职业、两者之间如何匹配。现代社会讲求劳动力配置的最优化，即劳动力与职业高度吻合，实现职遇其人、人尽其才、才尽其用。[③] 就本研究的主要对象农民而言，在过去"稳固"的传统社会里，是职业选择他们，他们无从选择；在当前的市场经济条件下，他们才可以有多种从业形态的选择，然而由于他们自身在经济资本、社会资本和文化资本等方面的欠缺，事实上其择业是有限的，大多数人以务工者的身份进入城市生活，也只能在技术含量较低的岗位上从事相关劳作。正是基于这样的现实窘境，在当前乡村振兴战略的新视域下，关于农民择业的探讨，应当说是到了寻求个人潜能与职业平台相匹配的时候了。

① 赵光辉. 择业学 ［M］. 北京：知识产权出版社，2015：23.
② 刘艾玉. 劳动社会学教程（第二版）［M］. 北京：北京大学出版社，2006：99.
③ 张文宏. 社会网络、职业流动与劳动力市场 ［M］. 北京：中国社会科学出版社，2017：133.

第三章 王村：田野工作点概述

> 经济生活主要是行动者与特定生活习性（惯习）在经济场域的结合，经济深受某一完整经济场域的影响。经济场域可以是一种产业，其结构包括相关市场主体之间的权利关系，这些关系通过各种资本（金融资本、技术资本和社会资本等）的联合加以维持。当一些市场主体占据支配地位时，另一些则处于被支配地位，他们之间充满了竞争。在特定场域之外，尤其是国家层面发生的关系，在产业内部的竞争中同样起着十分重要的作用。
>
> ——理查德·斯威德伯格（Richard Swedberg，2003：127）

笔者田野工作的主要地点在陇东南的王村，王村位于天水市张家川回族自治县西部，隶属于马关镇管辖。距离马关镇 2.5 公里，距县城约 30 公里，处于连绵的群山之中，属典型的西北山区村落。

张家川县地处甘肃省东南部、天水市东北部，属黄土高原梁峁沟壑区，国家深度贫困区——六盘山片区。地势由东北向西南倾斜，以山地为主，海拔在 1486～2659 米，年平均气温 7.5 摄氏度，年均降水量 600 毫米。自然环境封闭，山大沟深、人多地少、资源贫乏。传统时期，经济社会发展迟缓，副业经营活络，商贸活跃。张家川县历史悠久，"古丝绸之路"南大道横贯县境。全县总面积 1311.8 平方公里，人口密度为每平方公里 221 人。全县辖 10 个镇 5 个乡 255 个行政村，户籍人口 31.89 万（2020 年），常住人口 29.81 万，其中回族 20.69 万人，占 69%。境内民风淳朴，素有陇上特色民族县的美誉。域内森林面积 37.9 万亩，草场面积 17.6 万亩，畜牧业发展潜力巨大，皮毛产业闻名遐迩，龙山镇皮毛市场中外驰名。

马关镇位于张家川县西北部，全镇面积 51.5 平方公里，地形主要以两道梁（新义梁、东庄梁）、两条沟（窦家沟、八杜沟）为总轮廓，平均海拔约 1700 米，年平均气温 7.7 摄氏度，年平均降雨量 534.6 毫米，总耕地 40597 亩，人均耕地面积 1.47 亩。共辖 17 个行政村 92 个村民小组，总人口 5359 户 27524 人（2020 年），其中回族 9982 人，占 36%。马关镇素有"文化镇"之美誉，民间爱好书画、体育、雕刻、剪纸的艺人较多，已成功举办乡镇书画展览多次。马关镇也是劳务输出大镇，年输转农村劳动力 7800 人次（2020 年），年创收 2340 万元（2020 年）。

本书的田野点王村在马关镇西部，位于东庄梁向西延伸段的山坡上。全村耕地面积 2176 亩，均为山地，主要种植作物为小麦和玉米，另有洋芋、油菜籽等。因无灌溉条件，靠天吃饭，地里收成的好坏全看雨水的充沛状况，属典型的西北内陆干旱农业区。2020 年底，王村人口总计 1135 人，其中男性 645 人、女性 490 人。家庭户数 240 户，年人均收入 4500 元。

下文笔者将扼要追溯王村的历史背景，着重梳理其社会经济文化状况。其缘由正如布迪厄所言，"个体习性之间的差异源自社会轨迹的特殊性，与社会轨迹相对应的是按年代顺序排列的和不能相互化约的决定性因素系列"。[①] 鉴于此，只有对村子的地理状况和社会背景进行综合调查之后，方可研究人们的经济生活。对于王村传统的经济生活，亦如费孝通先生笔下的江村，从消费的角度来看，村民之间似乎没有根本区别，然而从生产上看，职业分化是存在的。[②]

---

① 〔法〕皮埃尔·布迪厄. 实践感 [M]. 蒋梓骅译. 南京：译林出版社，2012：86.
② 费孝通. 江村经济 [M]. 上海：华东师范大学出版社，2018：70.

第一节 王村的起源及变迁

王村是一个以王姓为主姓的村，除了几户迁自邻近地方的赵姓、朱姓和韦姓人家，其余均为王姓，是由同一祖先繁衍、分化出来的。王村大致形成于1920年的海原大地震之后，之前与东边的东村同为一"庄"，即万马关。后因海原大地震对当地山势的破坏以及地震后的连绵大雨，将万马关庄的中间冲刷出一条大的沟壑，村里人叫阳沟。后来阳沟逐渐增大，万马关也就被区隔为两个自然村落，即东庄与西庄。新中国成立以后，随着国家政权深入基层，在"村"级机构建立的过程中，两庄分别正式建制，东边的村落为东村，西边的村落为王村。

王村的赵姓人家原本住在王村所在山坡的山背后，由于山背后的赵姓在新中国成立前是地主大户，王村所在山坡底部的土地都归属于赵家人。为了便于管理耕种这些土地，赵家便选派一户人家在此"坐庄"，新中国成立后这户人家便选择留住王庄了，经过多年繁衍生息，分户为现在的4家。朱家本来是赵家的"长工"，听说老庄（自己家本来的村子，在庄浪县的朱店镇）在新中国成立后没地分给自己，也选择留在了王村，现在繁衍为5户。韦家人本来是王村的女婿，听说在先前的韦家沟村为人"脾气倔"，受到了村里人的排挤，最后搬到了王村，现有3户。

为了对王村的起源及变迁有一个较为"立体"的认识，笔者采用布迪厄的场域理论、日本地域社会学理论、国内祭祀圈理论等视角进行综合分析，通过村民家谱记载和口述史梳理的相互印证，希冀从"长时段"维度展现出王村厚重的历史文化传统。

一 场域位置

近代以降，主客二元对立的思维方式遮蔽了认识论的基础，这构成了马克思实践观的起点。在马克思看来，"实践不仅是人直接改造自然的物质生产活动，而且成为改变整个世界的全部活动；实践不是简单地指向客体的活动，而是一个总体概念。"① 布尔迪厄在此基础上阐释了"实践的逻辑"，实践的逻辑是自在的逻辑，即社会行动者未必遵循理性，但总是"合情合理"。鉴于此，布迪厄又提出了"惯习"和"场域"的概念，惯习实质上是一种社会化了的主观性，当然惯习生成于特定的场域。② 在布迪厄看来，场域首先是一种"元场域"，为了便于分析操作，他又强调"场域位置"的重要性。依着这样的逻辑演进，笔者开始书写王村的场域位置。

王村在过去叫作"万马关"，地处陇山西麓。陇山在中国历史上赫赫有名，被称为"华夏民族的根脉"。陇山，又名"大陇山""大龙山""陇首""陇坻""龙头""陇板"等等。关于陇山的古籍记述多之又多，《汉书·地理志》中注曰："陇坻谓陇坂，即今之陇山也。"③ 在先秦时期，这里是华夏文明的摇篮，是连接关中与塞外的主要通道。后来随着行政区划的变动，陇山分属于不同的建制地区。现在的陇山大体在陕甘宁三省（区）境内，主要是指甘肃的天水、平凉，陕西的宝鸡以及宁夏的固原。"陇"通"垄"，是指田埂，意思是有陇山好似巨大的田埂横亘在关中平原的西部。站在历史人类学的视域，"陇山文化圈"有其完整系统的结构，也有其丰富的内涵。今天笔者作为陇山的子孙非常有幸，能够重新瞻仰祖先传承下来的这份珍贵遗产。当然由于文章的篇幅有限，对于"陇山文化圈"的论述，笔者将在相关章节再展开论述。

在陇山西麓有一座海拔较高的山，名曰"大庙山"。大庙山将张家川县和庄浪县"区隔"开来，山以北为庄浪县管辖、山以南为张家川县管辖，大庙山的西延伸段直接进入秦安县。因此可以说，大庙山地处张家川、庄浪和秦安的交汇地带。在布罗代尔"长时段"的视域里，大庙山属于一个完整的"地域社会"范畴。

大庙山一带海拔较高，山大沟深，域内大面积的开发是明清以后的事。

---

① 刘少杰. 当代国外社会学理论［M］. 北京：中国人民大学出版社，2009：69.
② 〔法〕皮埃尔·布尔迪厄. 实践理论大纲［M］. 北京：中国人民大学出版社，2017：219.
③ 宝鸡市社会科学界联合会等. 陇山文化发展论集·序言［C］. 武汉：武汉大学出版社，2015：1.

其主要缘由可归结为四个方面：（1）明末战乱纷飞，为了躲避战乱，关中、成都平原等地的流民进入大庙山；（2）随着"康乾盛世"的到来，中东部地区人口激增，"人多地少"矛盾凸显，迫于生计，移民陆续进入，拓荒开地；（3）清同治年间安置了部分回民；（4）晚清民国时期，为了躲避战乱和解决生计，又陆续有移民进入。

为了"还原"大庙山的地域社会状况，笔者近年来数次进入域内各村庄做田野调查，最后发现该地带存在明显的"祭祀圈"遗迹，即关于泰山神的信仰。

二 "泰山神"祭祀圈

中国乡村社会经济到明清以后走上了"过密化"发展道路，大量劳动力投入有限的土地，呈现出"没有发展的增长"。[①] 与此同时，在社会文化层面呈现着浓厚的"内卷化"，区域内部族群间的"区隔"得到了进一步强化。

（一）"祭祀圈"理论

"祭祀圈"的概念最早是由日本学者冈田谦提出来的。1938 年，在对台湾士林街进行实地调查时，冈田谦发现，当地汉族人社会的祭祀圈与通婚圈有重合的现象，于是他倡导从祭祀圈入手研究村落社会。在冈田谦看来，祭祀圈是"共同奉祀一个主神的民众所居住之地域"。[②]

继冈田谦之后，台湾学者刘枝万、王世庆、施振民和许嘉明等对"祭祀圈"展开了系统研究。刘枝万和王世庆的探讨主要是结合乡村社会发展与民间信仰变迁的角度展开的。在 1972~1976 年的"浊水大溪"计划（浊大计划）研究中，施振民指出，"祭祀圈是以主神为经而以宗教活动为纬建

---

① 黄宗智.长江三角洲的小农家庭与乡村发展 ［M］.北京：法律出版社，2014：10.
② ［日］冈田谦.台湾北部村落に於ける祭祀圈 ［J］.民族学研究，1938，04（01）（转引自林美容.祭祀圈与地方社会 ［M］.台北：博扬文化事业有限公司，2008：133）.

立在地域组织上的模式"。① 许嘉明指出了地域组织有三个基础：移民历史、共同居住的地域范围、共同的祖籍与方言，② 试图将祭祀圈与地方社会组织进行结合，通过祭祀圈不同层次的研究来探讨村落的社会结构及乡村的变迁。许嘉明进而指出，村庙是地方群体的象征，强调将村庙作为研究的核心。

温振华指出，祭祀圈不仅有宗教的功能，而且有自治的社会功能。"祭祀圈是对一神明有义务性共同参与祭祀的居民之地域范围。"③ 祭祀圈随着地域的扩张，呈现由村落性祭祀向超越村落的地域性祭祀发展的趋势。

林美容在前人的基础上，将"祭祀圈"研究整合成系统的理论范式。在林美容看来，祭祀圈研究不是简单地研究宗教现象，而是将其作为社会组织进行探讨。他指出，"祭祀圈是指一个以主祭神为中心，共同举行祭祀的居民所属的地域单位"。④ 其基本特征为共同信仰、地域单位、共同祭祀活动、共同祭祀组织和共同祭祀经费等，继而提出了祭祀圈的判断标准：（1）建庙或修庙由居民共同出资；（2）收丁钱或募捐；（3）有头家炉主；（4）演公戏；（5）巡境；（6）其他的共同祭祀活动。判断一个地域组织是否为祭祀圈，只要符合以上六个要素之一即可。

在具体的研究过程中，林美容提出"信仰圈"的概念作为"祭祀圈"的补充。信仰圈具体是指在某一区域内，以某一神明和其身份为信仰中心的信徒志愿性宗教组织。祭祀圈与信仰圈的区别在于：（1）信仰圈为一神信仰，祭祀圈为多神拜祭；（2）信仰圈成员资格为志愿取得，祭祀圈成员带有义务性质；（3）信仰圈是区域性，而祭祀圈是地方性，通常大于乡镇范围才有信仰圈可言；（4）信仰圈活动没有节日性，祭祀圈活动有节日性。

① 施振民. 祭祀圈与社会组织——彰化平原聚落发展模式的探讨 [J]. 台北："中央研究院"民族学研究所集刊，1973（36）.
② 许嘉明. 彰化平原福佬客的地域组织 [J]. 台北："中央研究院"民族学研究所集刊，1973（36）.
③ 温振华. 清代一个台湾乡村宗教组织的演变 [J]. 台北：史联杂志，1980（01）.
④ 林美容. 祭祀圈与地方社会 [M]. 台北：博扬文化事业有限公司，2008：132.

需要指出的是，林美容将祭祀圈扩展到信仰圈的过程中，过于强调宗教信仰的组织性，从而削弱了社会的结构分析。因此，虽然林美容将信仰圈视为祭祀圈互补的概念，但信仰圈理论并未如其所愿为学界所传播。[①]

林美容的"信仰圈"理论之所以未产生起初设想的影响力，究其缘由，与该理论研究的地域族群单一性分不开。"祭祀圈"理论在台湾地区的研究主要运用于汉族地区，近年来大陆的研究也主要集中在东南沿海地区。如果将"祭祀圈—信仰圈"理论放置于西部民族地区，并结合其他研究范式而加以扩充，其解释力将大大增强。

（二）大庙山的祭祀圈

大庙山北坡下的村庄叫周家堡子，周家堡子有个泰山神庙，里面供奉的主神是泰山神。泰山神的神位为"东岳大帝"。关于东岳大帝的身世，中国民间众说纷纭，大庙山一带对东岳大帝的认定是《封神演义》中的黄飞虎，相传黄飞虎有五个儿子，其中最小的儿子是收养的义子。依此，围绕着大庙山就有"大爷庙""二爷庙""三爷庙""四爷庙""五爷庙"。

图 3-1　大庙山北麓

周家堡子村位于大庙山北坡山腰处，站在大庙山顶往下看，该村自山腰的卧凹处往山底下延伸，远远看到一个大大的堡子，这是晚清民国时期为了

---

① 周大鸣. 祭祀圈理论与思考——关于中国乡村研究范式的讨论 [J]. 青海民族研究，2013（04）：3-10.

躲避匪患而建的土墙堡子，堡子的下出口有一个小山丘，山丘上矗立着泰山神庙。村里人基本姓周，堡子里有六七十户人家，堡子外有六七十户人家环绕。据周家堡子人的家谱记载，其祖上是成都人，于元末明初为躲避战乱搬迁到了此地。"老先人"为了住得比较平顺，就建了泰山神庙，即对《封神演义》中的黄飞虎进行祭祀，这成就了大庙山的主山神位。

大庙上东边有一片地势比较开阔的沟壑地带，坐落着多个村庄，由于所住居民多姓窦，所以叫窦家沟。窦家沟的南出口位置的村庄是西台村，西台村的后川里建有一座庙，庙里供奉的"大爷"，即传说中黄飞虎的大儿子黄天华。据窦家沟人的家谱记载，其祖上是明末清初时搬迁于此的，据推断，窦家先人定居于大庙山附近，与周家堡子先人交涉之后，决定供奉主山神位的长子。后来随着窦家后人的兴旺，形成了"大爷"祭祀圈，民间称"窦家大爷"。现在大庙山地带的祭祀算"大爷"的规模最大。

大庙山北坡对面的山腰有个村庄叫"吊沟李家"，吊沟李家人供奉的是"二爷"，即黄飞虎的二儿子黄天禄。大庙山东南坡山腰处的村庄是申家湾，申家湾人供奉的是"三爷"，即黄飞虎的三儿子黄天爵。可能由于早期地域社会内复杂的族群迁移，"四爷"供奉地的芦子滩村在大庙山北坡出口平川对面的山上。当前"二爷""三爷""四爷"的祭祀规模都不算大。

"惠家阳屲"是"五爷"的供奉地，该村地处大庙山西延伸段，当地惠姓是大姓，民间称"惠家五爷"。据惠家家谱记载，惠家先人是清同治年间，从山西大槐树搬迁至此的。按照民间传说，黄飞虎总共有四个儿子，"五爷"是黄飞虎收的"干儿子"。由于惠家人是大庙山地带最后进入的"大族"，在祭祀圈博弈中，获得了"五爷"的祭祀权。民间传说，"大爷"和"五爷"的关系不好，两个爷是不能见面的，一见面就有"灾难"，事实上这可能反映了早期移民之间的某种竞争。

除过泰山主神位及五位"爷"的祭祀圈，大庙山地带还存有大量的"小姓"村庄，这些村庄早期在各祭祀圈之间的夹缝中求"生存"，本研究主要谈及的万马关恰恰就是其中的重要一员。

三　地域社会

听万马关人讲，万马关又称"卧马关"，相传明初，朱元璋率大军路过此地，他骑的马突然卧下来，原因是"蛤蛤"（鼹鼠）在地下打了几个洞，导致地面塌陷了。修整之后，传说朱元璋讲道："万马通过的地方，再不能有蛤蛤。"就这样当地还真的没"蛤蛤"了。当然这种传说，现在无从考证，然而从一个层面说明万马关的地域社会是明清以来的产物。

（一）地域社会学研究

地域社会学研究是 20 世纪后期以来在日本发展起来的社会学研究新范式。1960 年代以来，随着日本产业化和城市化进程的加快，社会的空间结构发生大的改变，出现了所谓都市"过密"、农村"过疏"的问题。基于这样的社会变动，地域社会研究应运而生，其目的在于超越农村社会学和城市社会学，形成新的地域社会学。地域社会学的研究主题虽然与农村社会学、城市社会学的内容有交叉共享之处，但其目标主要是将地域问题置于民族国家和全球化的背景下，试图以实证的、实践的研究志向，形成自己独立的学术分野。① 因此可以说，地域社会学是以地域社会为研究对象的社会学分支学科，其研究旨趣在于超越都市和农村，将地域社会纳入总体性视野，研究其社会结构、集团构成及人类行动。

目前地域社会学在国内的引介研究属于起步阶段，代表性的文献主要有《地域社会研究的新范式——日本地域社会学述评》（蔡驎，2010）、《地域社会学：何以可能？何以可为？——以战后日本城乡"过密—过疏"问题研究为中心》（田毅鹏，2012）等。蔡驎归纳了地域社会学的主要分析框架：地域生活论、地域集团论和地方政治论，其中最基础的为"地域生活论"，地域社会学的地域生活研究聚焦于生活资料，尤其是生活环境的供给改革。② 在田毅鹏看来，地域社会学试图超越农村社会学和城市社会学的边

---

① 林美容 . 祭祀圈与地方社会［M］. 台北：博扬文化事业有限公司，2008：132.

② 田毅鹏 . 地域社会学：何以可能？何以可为？——以战后日本城乡"过密—过疏"问题研究为中心［J］. 社会学研究，2012（05）：184-203.

界，以城市化背景下"生活社会化"为基本理论前提，以乡村过疏化为研究重点，围绕着"地域生活""地域组织团体""地域格差""地域政策""新公共性构建"等问题展开研究，构建起"结构分析"的范式。①

地域社会学的范式为西部民族地区的社会转型研究提供了理论借鉴。在地域社会学视域里，地域社会超越了城市和乡村的边界，具有整体性、系统性和关联性的特点，对地域社会的具体分析强调生产生活的重要性。本研究试图将"祭祀圈"和"地域社会"的理论结合起来探究西部民族地区社会变迁的新特征。

"祭祀圈"理论强调地域的范围，具有明显的组织地方社会的特性。当祭祀圈扩展到信仰圈以后，地方社会的特色更为鲜明。然而随着生产生活方式的"现代性"巨变，"地域社会"的观念凸显，并上升为一种统摄层次的认同观念。

以大庙山的地域社会为例，传统社会里宗教信仰的不同是当地族群的主要边界。随着改革开放的深入推进，原有的生产生活方式早已被打破，尤其近年来的大规模的外出经商和务工，商品经济的理念极大地冲击着当地人的观念。族群内部的祭祀圈早已弱化，宗教信仰已然不再成为地域族群之间生产生活、交往交融的主要区隔因素，地域认同成为共识。换句话说，当地超越祭祀圈、信仰圈的地域社会业已形成。

作为研究范式的"地域社会"，目的在于以地域社会论超越统摄其他研究范式，强调域内人们生存方式和生活关系网络的建构性和特殊性。将地域社会的范畴运用于特定民族地区，可凸显其整合"地方性知识"和消解族群区隔的效力。

（二）万马关的地域社会

在"祭祀圈"研究范式里，祭祀圈本质上是一种地方组织，② 是对传统

<hr />

① 〔日〕森冈清美．新社会学辞典［M］．东京：有斐阁，1993：989（转引自田毅鹏．地域社会学：何以可能？何以可为？——以战后日本城乡"过密—过疏"问题研究为中心［J］．社会学研究，2012（05）：184-203）．

② 林美容．祭祀圈与地方社会［M］．台北：博扬文化事业有限公司，2008：133.

村落社会融合整理的方式，最终导引形成"地域社会"。地域社会形成的基础主要有三，即移民历史、共同聚居的地域范围和共同的祖籍。[1] 有鉴于此，张家川地域社会形成的主要因素可归结为三个方面：清朝后期的移民、近代以来的基层国家政权建设和地域文化建构。1980 年代以前主要是前两个因素在推动，1980 年代以后主要是地域文化的建构在推动。

沿着大庙山的西南延伸段有一座较高的山，叫"纱帽梁"。纱帽梁东高西低，向西延伸与梁山相连，两者的交互处是"疙瘩梁"。纱帽梁和疙瘩梁之间的南坡地带就是万马关，万马关一带在解放初是一个片区，由东庄、西庄、杨傅、大方、阴屲、赵沟和邵佛组成，其中东庄、西庄是万马关的主体，两庄人同祖，姓王；大方和邵佛的佛香家、上弯里是回族。据当地人说，当地的回族是清同治年间搬迁进来的。

在万马关，东、西两庄本为一庄，后来在民国初年有一次发大水，将庄子中间冲出了一条深沟，即"阳沟"，这样逐渐就分为两个村庄。阳沟的西坡平地上建有一座庙，名曰"北镇寺"，北镇寺佛道不分，属于民间信仰。

图 3-2　王村远景

---

[1]　许嘉明. 彰化平原福佬客的地域组织［J］. 台北："中央研究院"民族学研究所集刊，1973（36）.

万马关处于"惠家五爷"祭祀圈和"窦家大爷"祭祀圈的过渡地带，在过去，"大爷"和"五爷"每年在农忙时节之后要进行"打醮"活动，即"游神"，把"爷"迎接到每个祭祀圈内的村庄去供奉。早期万马关人在迎哪位"爷"的选择上采取了"折中"的策略，即这年迎"大爷打醮"，下一年就迎"五爷打醮"。后来在1980年代随着"大爷打醮"的终止，万马关人才固定每年迎"五爷打醮"。当前大庙山一带，"五爷打醮"的影响力最大，其"打醮"路线如下：

惠家阳圸、陈王家（张川）——惠家洞子（张川）——显神沟（张川）——上孔家（庄浪）——孔家西山（庄浪）——牛咀（庄浪）——田家（庄浪）——东庄（庄浪）——杨家湾（庄浪）——孔家沟（庄浪）——杨家村（庄浪）——柳家村（庄浪）——新店子（庄浪）——柳家新庄（庄浪）——贾家沟（庄浪）——朱店（庄浪）——中街（庄浪）——西关（庄浪）——朱家河（庄浪）——贾家河（庄浪）——下部家（庄浪）——田家小湾（庄浪）——田家岔（庄浪）——鱼尾村（秦安）——高家湾（张川）——阴圸村（张川）——万马关东庄（张川）——西庄（张川）——杨傅家（张川）——老庄李家（张川）——西坡李家（张川）——西坡惠家（张川）——山上李家（张川）——上庙（惠家阳圸）

可能就是因为这种夹缝中生存的小姓宗族的缘故，万马关人有着较强的博弈意识。在传统社会大家安分种地的时候，万马关人倾向于多做些副业，并及时向邻近的回民学习经商，以便补充家计。

第二节 王村的社会经济文化状况

由于王村四面环山，沟壑交割，形成了较为封闭的以农业为主、兼营副业的自给型经济、同质型社会环境，这在大陇山的沟壑区极具代表性。

一 经济环境

王村的经济以农业为主、兼营副业。农业方面以种植粮食作物为主，在传统社会，粮食是否丰收直接关系当地民众的生活质量乃至生存问题。据2020年底统计，全村总面积约3600亩，其中耕地面积2176亩，人均耕地约2亩，全部为山地，无灌溉条件，靠天吃饭。

（一）传统农业

历史上，王村所处的大庙山一带，属纯农业区，以种植粮食作物为主，其中夹杂一些经济作物，也主要是用作家户所需，主要种植小麦、玉米、洋芋、胡麻、糜子、荞麦和谷子等，1990年前后，油菜籽开始大量种植。当然为了养牲口，还种植一些豌豆和苜蓿等。

当地种植的粮食作物在过去很长时间内，产量都较低。听村里老人回忆，新中国成立前小麦的亩产量在200～300斤，相比之下，玉米和洋芋的产量要高。因此为了糊口，人们通常会减少细粮（小麦）种植，而增加粗粮（玉米、洋芋和谷物等）的种植面积，细粮和粗粮种植比例大概在1：2。

新中国成立后，随着生产关系的变革，域内生产力得到了解放和发展，农作物产量有了较快增长。当然由于特殊时期的历史缘故以及自然环境的制约，粮食产量也是起伏不定。1949～1980年（分产到户前）的32年中，粮食亩产量大体上在400斤。实行家庭联产承包责任制以后，农户得到了完全的自主经营权，生产积极性空前高涨，农业生产获得长足发展。到1990年前后，亩产量已提升到600斤左右。近年来，随着农业科技的广泛推广，特别是山地播种机和收割机的运用，使得当地农业劳动生产率明显提升，单位面积粮食产量不断提高。截至2020年，小麦亩产量已达900斤左右、玉米亩产量1200斤、油菜籽亩产量450斤、胡麻亩产量300斤，洋芋的亩产量更高，在5000斤以上。

需要指出的是，近年来随着打工经济的兴盛，人们通过市场估价，一家人在田地上的耕作收成还不如一个劳力在外打工一月的收入。于是村子里没有多少人愿意留守下来专门种地，使得农田大面积撂荒，而得以种植的田地要么是临近村落，要么是交通较为方便的地块。20 世纪八九十年代，村民为了多种一点地，在地界上发生争执，从而引发大打出手的事件，到现在已成为完全的"过去式"，人们更多的是看重种地以外的其他高收入。

（二）主要副业

历史上，王村所处的大庙山一带，属纯农业区，以种植粮食作物为主。后来随着移民的不断涌入，人多地少矛盾逐渐凸显，当地人光靠种地不足以谋生，因此需要从事一些手工副业，通常有"五匠"之说，即铁匠、瓦匠、木匠、石匠和绳匠。后来随着回族移民携带皮毛加工技艺进入，当地的副业经营更为多元化。

1. 皮革业

听村里老人讲，王村人从事皮毛加工的传统技艺，是早年从临近村庄的回民那儿学来的。随着一辈辈人的传承，具有较为成熟的技术和经验。事实上，王村人在过去所从事的皮革业属于手工作坊加工，从事皮毛加工的人在过去被称为"皮货匠""毛毛匠"，具体分为两类：一类为加工皮张的人；另一类为加工羊毛的人。

皮张加工，主要是指对羊皮、狗皮进行专门的熟皮和泡制，最终做成皮褥子、皮筒子、皮干衣和皮大衣等。这种熟制生产通常以户为单位，叫皮毛作坊。在民国时期，由于国际市场需求量大，张家川境内从事这种行业的人较多，皮毛作坊普遍。从事皮毛加工的人，一般是农闲时间制作，到秋冬季出售。

羊毛加工，以擀毡为主。一般是在自家放养的羊身上剪去羊毛或者收购羊毛并在自己家中擀制成毡，之后拿到集市上出售，也有人拿着擀制的毡在附近的村庄里挨门串户销售。羊毛加工中还有一些人会捻线织衣，当然这主要是自用，出售者较少。①

2. 织布

大陇山一带的妇女在农闲之时通常会织布，织的是老土布，当地人叫老

---

① 虎有泽. 张家川回族研究（1）［M］. 兰州：兰州大学出版社，2007：33.

粗布或者手工粗布，是一种传承较为久远的纯棉纺织品。在临近王村的大地湾文化遗址（距今 4800~8000 年）中，就已经有麻线织布的遗迹。据老人回忆，以前村里妇女的织布主要有两个用途：一是自己家里用，二是拿到集市上出售。

在传统农业社会，自给自足是一种不得已的生活方式，当然也成为一种延续的传统。老百姓的衣食住行都是靠自己的双手来实现的，事实上将棉花织成布匹是一个细致繁杂的过程，当地不产棉花，需要先到集市上购置棉花。从购棉、纺线到上机织布，一块土布要经轧花、弹花、纺线、打线、浆染、沌线、落线、经线、刷线、作综、闯杼、掏综、吊机子、栓布、织布和了机等大小几十道工序才能完成。

织布用的纺车由木头和少量的铁件做成，主要构件有挡板、踏板、棕、绳索和杼等。通常是借助棕将"经线"交错上下分开，以便梭子带着纬线从中间穿过。棕的下边通过引线连接着两个踏板，双脚轮流踩下踏板，由棕带着经线分成两层，同时梭子带着纬线从棕口穿过，之后用机杼挤压，这样就制成布了。

过去王村人织的布比较粗糙，通常说的"一个布"，长度为一丈，宽度仅有一尺，一般情况下也不染色。织布者在留够自己家用外，剩下的布匹都会拿到集市上卖钱，这也算是妇女们的私房钱。

3. 拧绳和织口袋

绳子是传统社会生产中的基本用具，制作绳子更是一种文明的象征，中国典籍中很早就有"结绳记事"的记述。当然中国地域广阔，不同的地区制作绳子所使用的原材料不同，大陇山一带主要是麻线拧绳。具体做法是将麻秆的外皮剥下来，放置在池塘中浸泡，待半个月左右，麻皮泡出浆汁，再打捞出来晾干。之后用手拧架接头，拧成较细的麻线，之后再打洗晾干，最后用麻线合成绳。

合绳通常是一个专业活，而且有着相应的仪式。人们会选择农闲时，请临近较为专业的拧绳匠到家里来，在碾麦子的场里，或者较为宽敞的巷道里，供起香火，支起合绳车。合绳车工作原理类似于物理学上讲的"力矩"，两边各有一个支架，用木头做成，中间打有洞眼。一个支架木上有一个眼，挂有一个铁钩；另一个支架木上打有三个眼，挂有三个铁钩，符合"三角定力"。绳车支好后，就在两个单架之间绕线，基本操作为"三合一"，由三股绳到一股绳中间有个铁制的扣板，加固均匀合绳，并再涂抹油料（清油或废机油）。绕线时主要看需要多粗的绳子，有 3 股绳、9 股绳不等。绕完线，由一位合绳师傅在三钩架处搅动车轴，中间一位师傅掌控合力状况，同时操作扣板、抹油等工序。这些工序进行完之后，就从合绳架上卸下来，对绳头进行打结，这样一根完整的绳子就制作完成了。当地人做绳子主要是满足家户农用所需，只有少部分会拿到集市上出售。

村里人捻成的麻线，还有一个主要用途，就是织口袋。口袋的主要用途是存放粮食，当然破旧的口袋也用于牲口驮东西。织口袋的工具是打造的铁制线钩，通过线钩将麻线以纵横、平仄互压的方式织成筒状便是口袋。一个口袋通常长为 2 米，直径两尺。与绳子一样，口袋也是大多用于家户，少量出售。

4. 编麦秆

编麦秆是改革开放初期王村妇女农闲时的主要手工活，村里人把编麦秆叫"掐麦秆"。一"辊"麦秆的编成大体上需要四道工序：捋麦秆、折麦秆、掐麦秆、盘麦秆。捋麦秆指的是农历六月小麦成熟时，妇女们专门在地里挑一些长势高、色泽白净的麦秆，进行专门的晾晒，待晒干后用自制铁丝手耙进行捋顺，将附着的杂叶刷掉，之后将麦头剪切掉，扎成整捆，在干燥的房间里存放。折麦秆一般是掐麦秆之前，需要多少，就从成捆的麦秆里取出多少，在"接头"处折节，分为头节、二节、三节，再分出粗细，整理为小捆，头节的为"细麦秆"，价钱较高；二节、三节的为"粗麦秆"，价钱要低一些。折麦秆环节还包括"泡麦秆"，分两种：凉水泡和浆水泡，泡麦秆的功效主要在于泡软，以便柔软编制，不易折断。泡好麦秆之后就是掐麦秆，通常是妇女在农闲饭后，夹在胳肢窝（腋下），几个人在一起，边谝传（聊天）边用手指编制。盘麦秆的工具主要是木制的加长型"工"字架（大约一尺二）进行绕周盘转，通常 14 周为一辊。

作为副业形态的编麦秆在大陇山主要是庄浪、秦安、张家川和清水几县的交界地带出现，早期主要是做家用草帽，只有少量的会拿到集市上出售。当然早期陇山西麓的人每年有翻越关山到陕西"割麦"的传统，在前往陕西割麦时，村里的麦客通常会背上大捆的麦秆来到陕西高价出售。编麦秆在当地的兴盛大致始于20世纪五六十年代的合作社时期，1970年代后期马关乡设有"草编厂"，这进一步促使当地的编麦秆在八九十年代达到前所未有的发展高峰。村里的王仓老人参与并见证了当地编麦秆的兴起与发展，据他说，过去附近几个村的麦秆都是由他代收的，起初收齐后会送达马关乡草编厂进行"拐把"（梳理、接茬、扎成大辊），之后由供销社再发往河北等地。

编制麦秆其主要是为做草帽和一些工艺品提供原材料。在过去，王村人基本上会掐麦秆，通常一家人会将攒上半个多月的编制麦秆集合起来，逢集市前往集市赶集，出售完麦秆之后，再为家里购置一些日用品。

5. 家庭养殖

在传统社会，王村人的养殖目的比较多元，大致可分为三类：耕作、日常家用和增加经济收入。耕作用的牲口主要是驴、骡子、黄牛等，主要用作种地的农本；日常家用的养殖主要有鸡、狗和猫等，主要是由家户日常的残羹剩饭喂养，用作补充蛋类、肉食和看家护院；经济收入型的养殖主要是养猪和放羊，在过去村里人很少有每年杀猪宰羊的，养这些牲畜主要是家里经济紧张或年终时出售，用作家庭一年的基本花销。

在早期，当地的"梯田"还未建成，土地多为小块，且地势极为陡峭，通往村庄和田地的道路坡陡窄小，因此养殖的牲口多为驴马，后来随着梯田建设的大力推进，田地被整治成大块，并且规整成平地。因此家户养殖的牲口逐渐转向黄牛，养牛一则比较"粗放"，不需要额外大的"加料"（豆类粗粮）；二则牛一般不会生病，家户养起来风险小；三则养牛便于育肥，育肥后的黄牛能卖上好的价钱，继而取得好的经济收入。

在王村，严格来说，2000年以前人们的经济生活主要在于"糊口"，多数日子是缺吃少穿。即便到现在，村里有小孩糟蹋粮食，大人是难以原谅的。因此每顿的剩饭绝不允许乱倒，为此家家户户都养鸡、狗、猫等，养鸡目的是日常吃鸡蛋，碰到传统节日也可杀鸡改善生活；养狗纯属看家护院；养猫在于防鼠。

当地的经济型养殖主要是养猪和放羊。通常情况下，村里的男子会在每年春节后的"开春"时分去庄浪县的朱店、韩店以及秦安县的陇城等集市购买"猪娃"（小猪仔），回到家交由媳妇喂养，再动身去外地打工挣钱。放羊是王村最为典型的一种副业形态，当然在村里能放得起羊的人家还是比较少，一则放羊需要一定养殖经验，二则放羊也需要一定的积蓄作为"本钱"。因此王村延续性养羊的家户也就 10 户左右。

6. 做木匠

木匠是王村较有技术含量的一门副业，做木匠一般是父子相传，也有师带徒的，当然师带徒也是限于亲邻之间。事实上，各行各业的工匠在世代相传过程中，一方面着力追求生产技艺方面的精益求精，另一方面极为讲究师承，形成独具特色的行话、禁忌和成体系的行业习俗。进一步来讲，在过去木匠的从业形态与人们的生产生活密切相关。一方面传统的许多农具以木质为主，其制作工具和技艺通常只有木匠掌握；另一方面，农村人一生中最大的工程就是修一院房子，而建修房屋必须依靠木匠才能完成。

图 3-3　木匠工具

在传统社会，木匠是一个"全能"的职业，不仅会做修房子的木工，比如架梁、整椽、打门窗，而且会砌墙、瓦房等泥瓦活，还会打制各类桌椅板凳等，可以说是村里十足的"匠人"。后来随着经济生活的急剧变化，社会分工越来越细化，从中分离出多种工种。事实上，现在去追溯各类的建筑、装修工的渊源，他们或多或少都有一些"木匠"的背景。

（三）传统经济

以前，王村传统的经济状况和大陇山地区一带的大多数农村一样，是一种贫困型经济，域内人群的基本需求得不到满足，最低生存缺乏保障，属于"至无"的绝对贫困。① 其典型特征是满足于生计所需，即"生存型"经济。

历史上王村地处深度贫困区，属六盘山片区。在过去很长时间内，温饱问题始终是困扰当地人的首要问题。由于自然生态环境的封闭，当地的产业结构呈现为单一的"超稳定结构"，正所谓"贫穷限制了人们的想象力"，当地人全神贯注于温饱，因此生产的目的也在于解决温饱。具体到农业方面，以种植粮食为主，生产手段重复着古老的"二牛抬杠"模式。副业生产在很大程度上也只是停留在"补充家计"的糊口状态，手工作坊的发展星星点点，难以形成气候，大多是对原材料的初级加工，工艺技术落后，利用层次较为低下。实质上是一种扩大了的自然经济，是传统意义上农业的延伸。

如何理解类似王村传统的"生存型"经济，近年来黄宗智有关"小农经济"的研究有着深入的探讨。关于小农行为的选择，学界存在两种观点的争论：一种观点认为，传统小农社会是通过共同的道义价值观与乡村规制以合作方式组织起来的；另一种观点认为，小农社会的个体为了争取个人福利会不惜牺牲村庄福利或共同体福利。② 对于这一争论，有两部代表性著

---

① 杨菊花. 贫困概念"元内核"的演进逻辑、认识误区与未来反思［M］. 江苏行政学院学报，2021（03）：64.

② 〔美〕李丹. 理解中国农民：社会科学哲学的案例研究［M］. 张天虹等译. 南京：江苏人民出版社，2008：30.

述：斯科特的《农民的道义经济学》和波普金的《理性小农》。虽然两部著作的实证部分并未涉及中国，但斯科特开篇就引用了 R. H. 托尼关于 1931 年中国农村状况的描述，一些农村地区的人口状况，就像一个人长久地站在齐脖子深的河水中，只要涌来一股细浪，便会陷入灭顶之灾。① 斯科特对东南亚小农社会的分析强调了共同道义价值观、内部团结友善的惯习消除着村民的生存危机。在波普金看来，斯科特高估了小农社会中的团结互助，小农社会一直存在着不平等，类似"搭便车"问题、"囚徒困境"问题比比皆是，这极大地削弱着乡村的福利惯例。

对于王村的贫困经济状况，用上述两种模式的任何单一框架去分析都有欠缺，笔者认为对此两种模式做整合、重建分析框架，可能会取得较好的效果。从社会文化基础的角度来看，笔者更倾向于坚持"贫困不是穷人的错"，② 因为中国的贫困往往是一种区域性贫困，在自给自足的自然经济状态下，乡村是一个封闭的社会，村民生活在封闭的环境之中，受外力的影响极小，因此在域内讲贫困与否，只是一个相对的状况。

二　社会环境

在过去，王村人的社会生活较为单一，长年劳苦在田地上，没有多少闲暇时间。人们的交往半径基本上在 10 公里范围内，由于村里人崇尚副业，所以集市交换对他们有着特别的意义，邻近的集市主要有三个，分别是梁山、龙山和朱店。不仅村里家户所需的日用品只能在这些集市上获得，而且也如施坚雅"基层市场"理论所论述的，村里人的婚姻圈与集市圈重合。③

（一）人口状况

人类社会有着高度复杂的结构性，社会分层是这种结构中重要的现象，

---

① James C. Scott. The Moral Economy of the Peasant：Rebellion and Subsistence in Southeast Asia［M］. New Haven：Yale University Press, 1976：1.
② 刘奇. 贫困不是穷人的错［M］. 北京：生活·读书·新知三联书店, 2015：24.
③ 〔美〕施坚雅. 中国农村的市场和社会结构［M］. 史建云, 徐秀丽译. 北京：中国社会科学出版社, 1998：45-46.

它随着社会的发展而不断变迁。中国乡村社会历史悠久、积淀深厚，其结构性特征独具特色。近期，国内乡村社会研究总体上围绕"农民""农业""农村"三个主题词展开，因此概述村里人的"农民"性显得尤为必要。

王村现有 240 户、1076 口人（2020 年底），户籍人口基本上是农村居民，也有少量近年考上学或者在外买房而未迁出户籍的人口。王黑现年 83 岁（2020 年），算是村里年龄大且精神状态较好的老人。据他回忆，解放初王村的人口仅有 50 多户，为了种地方便，大家沿着山坡平整处住得比较分散。他说："当年的门神底下（王村的最底部）只有一户人家，是山背后'坐山庄'的赵家，因为他家住着感觉很是孤单，就把山顶上的一位交好的王姓人家叫着（邀请）搬下去了，后来又有一户外出的王氏族人搬入，解放初赵家的长工朱家也落了户。这样算下来，解放初，门神底下只有 4 户人家。"然而 70 多年过去后，现在的门神底下已有 28 户人家了。

王村的主体家户是王家，王家家谱记述，王家的先人是乾隆年间初从陕西凤翔府搬迁至当地的。据村里人的口耳相传，王家人到当地的时候，曹家人、李家人都坐过（住家），但没坐得住，后来王家人到了，硬是给坐住了。乾隆年初距今也有近三百年了，王家先人搬到当地也主要是世代为农。因此，可以说王村传统上是一个地道的农村社会，这里远离城市，村里人对城里人的生活有着较大的渴望。笔者到村子里走访时，一位老人讲述道："宁做城里的'狗'，不做村里的'有'。"在村里人看来，即便在城里过着流浪狗的生活，也要比在村里过比较富有的生活强。这种观念的形成与国内长时期的"城乡二元结构"密切相关，当然这种状况当前已得到根本转变，现在村子里有人考上大学或者在城市购置楼房后，都不愿将户口迁移出去，在他们看来，现在农村户口比城市户口值钱。但这与 1995 年以前不同，那时人们最看重城市户口，有城市居民户口，就可以参军包分配工作，初中毕业后可招工招干，即便在村里种地也可得到一定的城镇居民福利。

近年来，随着国内经济社会的巨变，人口流动急速。因此要对王村现有人口做出分类，难度较大。但笔者还是依据上述经济标准、政治标准和文化标准，尝试大致着划分了一下：农村留守人口约占 1/2，在村外从业和打拼者约占 1/2。未在村子里居住的人口还可进行分类，即公务员、事业单位和国有企业供职者约占 1/5，携家在外长年打工者约占 3/5，个体户、城市购房者约占 1/5。

（二）婚姻家庭

传统中国社会，家庭关系处于社会关系的核心位置，从一定程度上来讲，社会关系是家庭关系的延伸和放大。单个家庭像一个个纽结，分散在特定的社会关系网上，人们生产、生活中生发的各种社会关系都是从这个纽结拓展而出的。

与南方乡村宗族兴盛不同的是，北方乡村自明清以来宗族观念稍显淡薄，因此家庭在乡村社会结构的核心地位更为凸显。从社会学学理的角度理解，家庭是一种具有亲密私人关系的人所组成的群体，这种亲密的私人关系通常是持久且跨越代际的。[①] 以此形成的家庭关系实质上是一种社会性建构，既包括了婚姻关系、血缘关系，也包括收养关系和特殊的仪式性关系等。就传统的乡村家庭而言，是指乡民以婚姻关系为基础，以血缘关系（收养关系）为纽带组成的社会生活共同体。

顺便提及的是，中国乡村的"家"和"户"往往是不一致的，家是传统社会多子女家庭因为子女成家立业后单独分离出来过日子的经济社会单位；而户则是政府对居民诉诸管理的一种单位。近年来随着城市化以及打工经济的冲击，乡村分家不分户或者分户不分家的现象常有发生。

王村在过去以大家庭居多，改革开放以来逐渐转向小家庭。小家庭主要指的是核心家庭，即由一对夫妇及其未婚子女组成的家庭。由于村子里的老人没有多少积蓄，养老主要依赖的还是家庭，所以有老人的家户多呈现为主干家庭，即老年父母和他们的一个已婚儿子组成家庭。当然一些人通常会选择一个人单独生活。由于当地经济情况一直处于低水平，因此村里在解放前基本上是一夫一妻制，那种一夫多妻的复合家庭一般少有。近年来，乡村家庭的形式有着较大变化，但其基本功能并未发生多大变化，仍以生产功能、

---

① 朱强. 家庭社会学 ［M］. 武汉：华中科技大学出版社，2015：4.

消费功能、生育功能和赡养功能为主。

王村人的宗族观念主要体现在"亲房"的运作方面，在过去"亲房"严格遵循传统的"五服"规定，"服"指的是"孝服"，即老人过世后，子孙穿的尽孝的服装，通常是父亲、儿子、孙子、曾孙、玄孙为一门"亲房"，到"来孙"辈就需要"分亲房"。"亲房"内讲究互帮意识，家户之间有相应的义务和权利，类似于旧社会的"连坐"制，使得亲房内往往是荣辱与共。亲房内还有保障"门房"不断香火的责任，即有家户如果没有儿子续香火，亲房内会想办法找出一位弟兄多的男子为其"顶门"，作为回报，受顶门的主家会将其家产转赠为遗产。

王族人内部是不允许通婚的，因此王庄人的通婚对象都在村外。在王村东北部是窦家沟，窦家沟有 8 个大的自然村落，是大庙山域内最大的姓氏宗族，其内部也不通婚；东南部是八杜四庄王家，是与王村宗亲不同的另一支王姓宗族，由 4 个大的自然村落组成；西北部是惠家人，由 3 个大的村落组成。这三大宗姓是王村人传统主要的"通婚圈"。近年来随着打工经济的兴盛，村里的大多数青年走出大山，前往外地打拼，其中有一大部分人在外婚恋，最终致使原有的"通婚圈"被打破，继而融入更大范围的全国婚姻市场中。

1956~1978 年，王村人基本上属于两类：一类是吃"公粮"的"工干"人家、仅占总人数的 5%，另一类是占绝大多数的在队里种地的务农户。改革开放以后，村里人的分层走向了多元化，当前村里人大致可划分为以下几类。（1）吃公家饭的，包括公务员、事业单位和国有企业从业人员，约占 10%；（2）个体户，包括在外经商、开饭馆和其他创业者等，约占 10%；（3）打工者，包括在餐饮服务业、建筑行业的从业者等，约占 30%；（4）留守者，主要指的是留在村里的"老弱病残"者，他们通常种种地、接送小孩上学等，约占 50%。

（三）闲暇生活

在过去那个中国农业社会困于"内卷化"的时代，"人多地少"矛盾在当地也是很突出。为了能在地里多打出一点粮食，村里人一年四季忙活于田地之上，这使得王村人的闲暇时间并不多，然而逢年过节的闲暇活动呈现明显的"关陇民俗文化圈"特色。

1. 下棋打牌

从微观社会学的视角观察农村，主要涉及农民的日常生活和日常行为，事实上，日常生活是农村社会的重要组成部分。以往对农村社会的研究过于强调农民与国家的关系、村级治理等宏观议题，而忽视了日常社会。近年来随着市场化、产业化和现代化的深入推进，村民们的闲暇时间明显增多了，这使得研究农民闲暇生活成为迫切的需要。从文化人类学的角度透视，闲暇生活既是农民日常生活的重要组成部分，也是农民日常行为的一个缩影。

王村人在农闲时经常会下象棋，在王村上过学的人基本上会下象棋，当然一些没上过学脑子灵光的老人可能也会下象棋。村里人通常会在村子中央的小卖部门前摆上象棋，几位好棋的老人几乎每天到场，一些喜欢象棋的年轻人一般会在天阴下雨没啥事的时候也到场下棋。以前小卖部门前只摆一副棋，谁先到场谁先下，现在村里人的闲暇时间多了，年轻人出来"抢"下棋，老年人上不了手。所以就摆出了两副，一副给年轻人，另一副专供老人。

图 3-4　闲暇生活

2. 唱秦腔、耍社火

唱秦腔是王村最为传统的闲暇活动，村里人通常称之为"唱戏"。秦腔是起源于古"秦"地的一种民间戏剧，属于中国古老剧种之一，堪称中国戏曲的鼻祖。通常认为秦腔形成于秦朝，汉代时得到精进，唐代时得以昌盛，元明时得以成熟，在清朝以后得以广泛传播。"因以枣木梆子为击节乐器，又叫'梆子腔'，因以梆击时发出'恍恍'声，俗称'恍恍'子。"①因流行的地区不同，秦腔有着不同的流派：关中东部的唱腔叫东路秦腔，也叫老秦腔；关中西部、天水一带的唱腔叫西路秦腔，也叫西府秦腔；汉中一带的唱腔叫南路秦腔，也叫汉调恍恍；咸阳北部及铜川一带叫北路秦腔，也叫阿宫腔；流行于西安一带的叫中路秦腔，也叫"唱乱弹"。秦腔的表演自成一家，主要有生、旦、净、丑四大角色。剧目多取材于"列国""三国""杨家将""说岳"等英烈故事。

王村的唱戏有两种形式，一种形式是唱大戏，即每年农历三月二十和初冬十月请大戏班子到村里唱戏，每次唱四天，三月二十的戏主要敬奉的是"送子娘娘"，初冬十月的戏敬奉的是《封神演义》中的"王灵官"，当然唱大戏属于"民俗"。另一种形式是"自乐班"，自乐班唱秦腔完全属于一种乡民的闲暇娱乐。王村的秦腔自乐班在当地小有名气，即便在"文革"的紧张时期，村里人也坚持一有闲暇就唱戏。现在的自乐班主要成员有12人，吹、拉、弹、唱各有分工，时常会被请到外村演艺，唱的拿手好戏有《金沙滩》《辕门斩子》《下河东》《劈山救母》等。

王村人还有一个闲暇民俗活动就是农历正月"耍社火"。社火民俗起源于何时，学界并未得出一致的结论，通常认为社火的渊源可追溯到原始社会，但社火的完整形式则是唐宋期间逐渐形成的。关陇地区的社火形态与当地农业文明密切相关，关陇先民重视土地、崇拜农神，在逐渐融合火神祭祀、腊祭和傩舞等文化元素的基础上形成了当地独具特色的"耍社火"祭祀仪式。王村的耍社火从正月初三开始，到正月十五结束。听村里的老人说，在过去会一直延续到二月二。现在王村每年的耍社火主要有三次：正月初三在本村预演，顺便挨家挨户收取一些后续的凑份子花销钱；初八到窦家

---

① 赵世英. 秦腔——流淌在血液中的陇山文化［A］. 宝鸡市社会科学界联合会等. 陇山文化发展论集［C］. 武汉：武汉大学出版社，2015：328.

图 3-5　唱戏

沟参加迎"大爷"仪式；十五到惠家参加迎"五爷"仪式。

3. 喝酒谝传

闲暇在具备生产性、消费性的特征之外，还具有消遣性特征，所谓消遣性强调的是一种心态的放松。[1] 王村男人的主要消遣方式是喝酒，大伙在喝酒的过程中通常会"拉家常"，倒倒村里人的闲话，即"谝闲传"，主要是借机放松放松（心情）。当然村子里的"拉家常"更多指的是妇女之间，也叫"串门子"，即在茶余饭后谈谈家里的苦楚。王村妇女拉家常通常会选择几位投脾气的坐在一起，或者在小卖部门口，或者在门廊前，谈笑着自家的欢乐，同时也倾诉着自身的委屈。

三　文化环境

陇山一带有着诸多中华始祖文化遗迹，有造人补天的女娲、一画开天地的伏羲，还有教人稼穑的炎帝，以及 8000 年文明的大地湾文化遗址，等等。在华夏文明开启之后，陇山处于游牧文化和关中文化的接合部，是关中平原

---

[1]　许晓芸. 嬗变与回归：农民闲暇生活的逻辑——基于西北黄土高原上河村的实地研究 [M]. 北京：中国政法大学出版社，2014：6.

与陇西黄土高原的"区隔"点，其自然生态处于半干旱与干旱的气候分界线上，是丝绸之路东段北道的必经之地，战略位置十分重要。而王村恰好处于陇右腹地，文化传承氛围较好。

（一）教育状况

教育是一个社会最基本的文化环境，社会学对教育的定义是"一种允许和促进技术、知识的获取以及扩大个人视野的社会制度"。[①] 教育可以在多种社会环境中发生，在先民那里，教育强调的是将社会价值观和道德准则传递给下一代。现代的教育主要指的是学校教育，即学龄人在学校接收完整的国民序列教育。

王村所在的马关镇文化教育水平在张家川县内一直名列前茅，据 1990年代中期统计，张家川的公职人员有三分之一出自马关。2015 年以前马关的建别是一个乡，这里设置了张家川县唯一的一所乡下完全高级中学——张川四中，高考上线率一直较高，这足以证明当地的文化教育底蕴。后来随着县域经济往县城集中以及撤乡并镇的逐步推进，张家川四中的高中部于2009 年被撤并到了张川二中，现在的马关镇只保留了初中部。在马关走访时，当地人一谈起四中的撤离，都不停地叹气惋惜，不约而同地说出了"哎！四中一撤，感觉把马关的脉气给抽了，再找不到往日的辉煌了。"这从另一个角度反映出马关人对市场化冲击下未来教育的担忧。

处在较为浓厚的大的文化氛围中，王村人历来重视教育，清朝时村里曾有人中过举人。新中国成立后，国家急需各类人才，由于王村当时识文断字的人较多，有多人被录用、转用为干部、教师和工人。改革开放以后，教育逐渐走向正规化，相比周围的村庄，王村上学的比例一直偏高，当然 2000年以前，村子里的考学主要是中专和大专，大学本科占比较低。进入 2000年以后，村里的考学突飞猛进，已有 11 人取得硕士研究生学位，2 人攻读博士研究生。

---

① 〔英〕安东尼·吉登斯. 社会学（第七版）［M］. 赵旭东译. 北京：北京大学出版社，2015：829.

（二）民间信仰

在王村很难找到严格意义上的宗教信徒，当然也不能说王村人没有信仰，王村人的信仰可以理解为一种中国传统的一套"人之为人"的伦理道德及为人处世的价值观。村里人的信仰往往不会太在意内心的体验，主要关注一种神圣的教化仪式。笔者初次进入王村做田野调查时，碰到了当地的一场葬礼，顺便参加了出殡、下葬环节。之后在和村里的一位老人谈起葬礼环节、仪式的繁杂时，老人的回答是："活着是人，死了是神。"这让笔者的感触很深，正像费正清先生的著述所讲到的，"中国人内心深处自有一种深藏不露的优越感"。的确，对于中国乡民日常生活的理解，学界的着力点似乎不到位，因此在本部分调查时笔者顺道观察了王村人的民间信仰。

对于中国社会中的宗教信仰，杨庆堃的研究最具代表性，他使用了结构功能的方法分析中国社会，分辨出了宗教的两种结构，即制度性宗教和弥漫性宗教。制度性宗教有一套自身的神学体系、仪式和组织，独立于其他世俗社会组织之外，自成一种社会制度，有其基本的观念和结构体系，在国内主要是指佛教、道教、伊斯兰教、天主教和基督教；弥漫性宗教的神学、仪式、组织则与世俗制度、社会秩序其他方面的观念和结构密切地交织在一起，民间信仰是其主要形态。[1]

中国的民间信仰是一个比较宽泛的概念，既包括远古时代的巫教巫术，也包括民间的方土方术、神仙传说，以及对各路自然神的崇拜，还有阴阳五行风水、医术与养生，也包括寄寓于普通民众心态中的社会理念和人生理想，等等。[2]乡村民间信仰植根于乡民的日常生活中，是乡民理解世界的重要组成部分。民间信仰在中国历史上遭受过数次"断裂"式发展，"文革"时被归结为"迷信"。改革开放以后，随着宗教信仰自由政策的全面落实以及人们经济生活的极大丰富，蛰伏于乡村的各类民间信仰形式再度兴起，成为乡村地方性知识中的活跃元素。阙祥才从信仰仪式的角度将民间信仰划分

---

① 杨庆堃. 中国社会中的宗教［M］. 范丽珠译. 成都：四川人民出版社，2016：17.

② 徐杰舜，刘冰清. 乡村人类学［M］. 银川：宁夏人民出版社，2012：493.

为六种类型：神灵崇拜、祖先崇拜、岁时节庆、生命礼仪、占卜风水和符咒法术。① 有鉴于此，笔者对王村人的四种主要民间信仰形态分述如下。

1. 神灵崇拜

在信仰方面，王村人表现出"佛道"不分的特征，村里的北镇寺同时供奉着佛祖和道教的神仙。2010 年前后，北镇寺重建，当时地区宗教局审批时，批的是佛教净土宗寺院。2018 年，地方政府对当地宗教场所整治时，将北镇寺重新界定为民间信仰。在笔者看来这种重新界定无疑是尊重事实的，因为从村民信仰的日常仪式角度来看，更多的还是传统朴素的民间信仰形式。

据北镇寺的乡老王根讲述，中国民间信仰有两大神仙谱系。一套是在宋代时达到体系化形态的神仙谱系，即"封神榜"延续的神仙谱系；另一套是明朝时官府钦定形成的神仙谱系，强调关帝、龙王庙的重要性。北镇寺在神仙谱系方面持守了"封神榜"谱系，主庙神是"王灵官"，在殿外东南角供奉着地方山神。

2. 祖先崇拜

中国古人相信祖先的灵魂不灭，因此通常会在祠堂或者家里的主房供奉起祖先的牌位，祈求获得列祖列宗的加持和护佑。中国人的祖先崇拜与日常生活中的宗族、家族密切相连。在王村人看来，祖先与子孙之间有着某种"亲近关系"，这有如费孝通先生笔下的"差序格局"，延伸出"五代家族"的护佑模式。在过去，王村祭祖行孝蔚然成风，祭祖的主要时节有大年三十的下午去祖坟烧香祭拜，将祖先请到家里挂牌位供奉，属于春节"迎神"的一部分。大年初三的一早将祖先牌位取下，在门前不远处的十字路口焚烧，属于春节"送神"的一部分。其他祭祖有清明时节的祭扫祖坟、农历十月初一为祖先"送寒衣"等，当然具体的人家还会在祖先的生辰或祭日，去坟上或家中的祖先牌位前祭拜（通常情况下，家中老人过世的前三周年会在家里供奉起牌位），正所谓"四季不忘祖，终年不忘孝"。

---

① 阚祥才. 民间信仰的知识社会学考察［M］. 北京：人民出版社，2021：18.

3. 岁时祭仪

王村的岁时祭仪主要有春节、二月二、清明、端午、中秋和腊八等节日。当地人把春节叫"过年"，据村里老人说，在过去"过年"拉的时间很长，大致从腊月二十三送灶就算开始了，一直到二月二结束，都算年关。当然在传统社会，人们主要忙于田地，寒冬腊月，地里活少，相应地会把年关拉长。后来过年的时段逐渐缩短了，主要指大年三十到正月十五，村里人通常会说"小年大十五"。但进入 2000 年以后，随着打工浪潮的兴起，以及国家法定节假日的相关规定，过年通常也就七天，从大年三十到正月初六。

二月二当地人叫"龙抬头"，届时家里会为小孩炒豌豆吃，当然所有人会象征性地剪一下头发，以示当年平顺好运。二月二也是"开春"的主要象征，一过二月二地里的农活就大量开始了，要出门打工的人也就不能再拖（时间）了。这在当地人关于时节的一个顺口溜里生动地反映了出来：头九温、二九暖、三九四九冻破脸、五九六九抬头看柳、七九八九过河洗手、九九了九尽了，开土种地了。

清明既是节气，也是节日，是由二十四节气中的节气演变为节日的。清明节主要的活动是扫墓祭祖。

有关端午节的起源在民间有多种说法，当然纪念屈原的说法更具说服力。端午节的风俗在国内南北各异。在王村，端午节的上午，老人会趁着露水去拔艾草、扳柳枝，完了插在院落的大门和院内各房门的上门框上。之后，大人小孩都要绑花线，通常绑在脖子、手腕和脚腕处。还要为小孩载荷包（香包）、耳朵处涂雄黄（以示禳除蛇虫）。到中午时吃粽子（以前吃的是杂粮搅团）。

农历八月十五是中秋节，这一天村里人会准备水果、烙饼子，掺和着蜂蜜吃。这个节气当地天气已然凉了下来，爱热闹的人家还会摆上酒席，邀请关系较好的亲朋一起乐呵。

农历十月初一是"送寒衣"，这应当属于上古时期遗留下来的民俗，现在国内进行送寒衣仪式的地方逐渐少了，而过中元节（俗称鬼节）的地方多了起来。村里的妇女通常会在十月初一的前几天为祖先粘好纸衣，初一晚上刚进夜色时分在大门前不远的十字路口焚烧，以示为祖先准备过冬的衣物。

腊月初八的腊八节主要是喝粥，腊月二十三是"送灶"、吃灶糖，等等，这些时令节日与全国普遍状况大体一致，不再赘述。

第三节　镶嵌于黄河中上游流域的民族地区

王村所在的张家川县是陇东南唯一的民族自治县，从经济社会同质性的角度考究，这一区域属于黄河中上游流域民族地区。新中国成立前，该区域的民众主要从事农业生产，耕作方法仍是广种薄收。有些自然条件差的地区所从事的粗放农业不足以维持生活，还兼营一些畜牧养殖业和手工业，没有建立起地方工业，有些地方甚至还没有完成农业和手工业、农业和畜牧业的社会分工。新中国成立，特别是改革开放以后，随着民族地区经济社会的跨越式发展，该区域民众的生计方式发生了根本性变化，其从业结构从过去的单一农牧业发展到现在各行各业都有所涉猎。通过梳理当地民众从业形态的变迁，不难发现其背后潜藏着的浓厚的社会文化影子。

一　黄河中上游流域的民族地区

黄河是中国的母亲河，黄河孕育了中华文明的早期形态。黄河发源于青藏高原巴颜喀拉山的北麓（约骨列盆地），全长约5464千米，自西向东流经了青海、四川、甘肃、宁夏、内蒙古、山西、陕西、河南和山东9个省（区），最后注入渤海。黄河的干流通常被分为上、中、下游，上游指的是从发源地到河口镇（内蒙古自治区托克托县境内），长约3472千米，流域面积42.8万平方千米。黄河上游依据河道自然生态特性的不同又被分为三部分，即从青海卡日曲到贵德龙羊峡的河源段、从青海龙羊峡到宁夏青铜峡的峡谷段、从宁夏青铜峡到内蒙古托克托县河口镇的冲积平原段。

本研究的田野点处于黄河上游流域中部（通常称作"黄河中上游流域"），具体是指从青海龙羊峡到宁夏青铜峡的黄河上游峡谷段的民族地区，该区域地处黄土高原、青藏高原、蒙古高原的边缘地带，是西藏高原藏族文化和藏传佛教文化、西域绿洲文化、伊斯兰文化、蒙古草原游牧文化、巴蜀少数民族文化、秦陇汉文化等各种文化圈交叉、融合区域。这里是中国古代与国外以及国内各民族经贸、文化交流的枢纽，是丝绸之路的黄金段，因此具有多元性、变动性、阶段性和复合性等特点。[①] 为了行文的方便，笔者将这一区域主要界定在甘肃的临夏和陇东南民族地区、青海的海东地区和宁夏南部山区。

该区域在全国具有雄厚的资源优势和承东启西的区位优势，本应有一个较快的发展速度，然而由于管理体制以及区内民众思想观念保守等因素的影响，长期处于"迟发展""欠发展"状态，尤其是区域内农村经济社会发展迟缓，主要表现在非农产业，特别是农村第二、三产业比重较小；农村产业层次较低，对自然资源的依赖程度高等方面。[②] 即便在区域内部，地域之间由于历史、社会、文化和地理等方面的缘由，也表现出较大的发展差异。

本研究关注的黄河中上游流域民族地区，仅有小部分处于黄河沿岸地带，绝大部分是广大山区，这里是干旱农区，农村经济非常落后，产业结构层次很低。值得一提的是，该区域在改革开放以后依次经历了"三大产业"的更替发展，即皮毛运输加工业、餐饮服务业和牛羊养殖业。近几年笔者通过田野工作和追踪调查，发现当地所谓的"三大产业"均处于兴衰交替阶段，看不到"朝阳产业"的后发优势。实质上，特色产业发展需要警惕"简单重复、低水平发展"的路径，应该在实现"规模经济"和壮大优势产业等方面发力。

二　经济文化类型

人类社会的经济文化状况通常与特定的生态环境有密切的关联，学界将之概括为"经济文化类型"。经济文化类型的概念是由苏联学者托尔斯托

---

① 杨建新. 中国少数民族通论［M］. 北京：民族出版社，2009：227.

② 倪祖彬，李福波. 黄河上游沿岸多民族地区经济发展战略研究［M］. 北京：中国科学技术出版社，1994：115.

夫、列文和切博克萨罗夫于 1950 年代提出来的，林耀华在借鉴苏联学者观点的基础上，对经济文化类型给出了这样的定义，即居住在相似的自然条件之下，并有近似社会发展水平的各民族在历史上形成的具有相似的经济和文化特点的综合体。其主要特征可归结为三个方面：（1）经济文化类型不是单纯的经济类型，而是具有相互关联的经济与文化的综合体；（2）特定类型的文化特征首先取决于该类型所处地理条件规定的经济发展方向；（3）经济文化类型还具有超地区性的特征。① 1990 年代中后期，为了适应中国经济自改革开放以来所保持的快速增长势头，林耀华对经济文化类型理论作了修正，融入生态环境与生计方式的元素，将之重新界定为"居住在相似的生态环境之下，并有相同生计方式的各民族在历史上形成的具有共同经济和文化特点的综合体。"② 基于此，林耀华对民族地区的经济文化类型作了划分，即以采集狩猎和捕鱼为主的类型、以锄耕农业或饲养（畜牧）为主的类型、以犁耕农业为主的类型，具体还细分了其他亚类型。经济文化类型理论研究的具体展开中要求对特定类型进行结构层次分析。具体层次分析可分述为：生态基础；生计方式，主要指衣、食、住、行等；社会组织形式及各种典章制度；观念形态（行为规范、道德准则、风俗信仰和思想观念等）。③

在传统社会，自然条件决定着族群的生产和生计方式类型，进而形塑着特定的文化类型和族群特性。④ 人类社会演进的历史中，依次经历了采集渔猎、畜牧、农业和工商业等多种不同的经济文化类型，当然由于族群间文明进度的不一致，同一历史时期存在多种经济文化类型。

位于黄土高原、蒙古高原和青藏高原交汇处的黄河中上游流域是一个集

① 林耀华.民族学通论（修订本）[M].北京：中央民族大学出版社，1997：80.
② 巫达，王广瑞.经济文化类型理论的学术图谱与当代际遇[J].西北民族研究，2019（03）：35-44.
③ 陈光良.岭南疍民的经济文化类型探析[J].广西民族研究，2011（02）：164-169.
④ 施正一.民族经济学教程（第二次修订本）[M].北京：中央民族大学出版社，2016：64.

农业和牧业多元化发展的区域，处于传统农牧业的交错地带上。① 在这个少数民族集聚的地区，由于族群间在生产方式、生活方式和风俗信仰上的不同，呈现出多元的生计方式。随着区域内部交往交融的深化，这些生计方式又表现出明显的复合特性，形成独具特色的经济文化类型。

改革开放 40 多年以来，黄河中上游流域民族地区的经济文化类型发生着较大转变，特别是近年来基于乡村振兴战略而生发的带有"反刍"特性的返乡创业就业对当地经济社会发展产生着显著影响，这使得该区域经济文化类型在从"传统型"向"现代型"转变的过程中呈现以下方面的新特征：在经济结构转型方面，就业形态从原来单一的传统农业经营转变为现代农业、绿色工业和服务业等多维复合经营；在社会结构转型方面，非农就业增多，商业服务人员和个体工商户数量逐步上升；在文化变迁方面，工业化、市场化以及城镇化浪潮，促使民族地区文化呈现出新的元素，成为区域经济社会发展可资利用的重要资源。②

三　区域研究视野下的王村

本研究以王村为个案，但并非把王村当作一个独立的个案，而是费孝通所谓的类型学意义上的个案，③ 即从经济社会同质性的角度而言，王村不是一个独立的个体，而是具有黄河中上游流域民族地区普遍的共性。

20 世纪七八十年代，美国一批学者倡导对中国做区域研究，柯文在其《在中国发现历史——中国中心观在美国的兴起》一书中强调，"中国中心"的研究取向具有四个特征：尽量采取内部的（中国的）准绳；按"横向"分成区域，以展开区域与地方历史的研究；按"纵向"分成若干不同阶层，

① 黄正林. 农村经济史研究——以近代黄河上游区域为中心［M］. 北京：商务印书馆，2015：564.
② 张继焦，宋丹."传统型"向"现代型"的转变：返乡创业就业对民族地区经济文化类型的影响［J］. 北方民族大学学报（哲学社会科学版），2018（06）：131-136.
③ 费孝通. 江村经济［M］. 上海：华东师范大学出版社，2018：207.

推动下层社会研究；提倡跨学科研究。①

"区域"原本是一个地理学概念，随着跨学科研究的不断深入，区域研究成为人文社会科学多学科共同关注的议题。区域研究发展到了今天，表现出理论和方法兼具的明显取向。当然在具体的研究当中，区域不应当是一个绝对的范畴，而是一个相对范畴，因此需要为特定区域划定一个"明确的界限"，有些区域选择可能与行政区划重叠，有的则不重叠。就地理意义而言，特定区域有着相对独立的地理单元，有其地理指标上的共同特点；然而就政治、经济和文化层面而言，特定区域由于地理生态共性的缘故，表现出政治、经济、文化所共同具有的内在整体性和外在独特性。②

在研究特定区域经济社会发展方面，经济人类学有着持久的形式论与实质论之间的争锋，基于超越两者的各执己见，学界构建出了一系列分析模型，主要有：渔猎采集生计运作模型、家庭劳动力配置分析模型、农村市场地理结构模型、迁移部落流动工资测算及商业企业决策模型，以及生态资源、牲畜存量与文化变迁关系模型，当然还有基于边际效益递减的农业"过密化"理论，等等。③

具体到区域经济社会发展的过程，通常受特定环境、资源、人文和区位等因素的制约和影响，表现出各具特色的产业结构和发展水平。随着新发展阶段的到来，文化因素在经济发展中的作用日趋显著，在具体的经济行动中，每一个个体都不可避免地处于具有深沉力量的文化背景中。一方面是优秀文化因子给予的灵感与动力；另一方面承受着由传统文化中保守因素带来的惰性与路径依赖。

本研究所深描的王村处于陇东南唯一的民族自治县之中，处于张家川县龙山镇集市的市场核心辐射范围内。改革开放以后，张家川龙山镇人抓住

① Paul A. Cohen. Discovering History in China: American Historical Writing on the Recent Chinese Past [M]. New York: Columbia University Press, 1984: 187.

② 黄正林. 农村经济史研究——以近代黄河上游区域为中心 [M]. 北京: 商务印书馆, 2015: 3.

③ 陈庆德，杜星梅. 经济民族学·总序 [M]. 北京: 社会科学文献出版社, 2019: 2.

"市场放活"的机遇，大力发展本地传统的皮毛贸易和加工业，一时间当地经济飞速发展，到1980年代中期，龙山镇成为西部第一、国内第二的皮毛交易市场。然而这种辉煌持续了不到20年，到2000年以后，当地皮毛行店凋零、市场衰败。类似情况在同一省份的临夏三甲集镇也出现了。

为了实现转型发展，当地政府提出要大力发展餐饮服务业，一时间"张家川要发展，满世界开饭馆"的宣传标语家喻户晓。近年来，张家川人开设的餐馆确实已达上万家，与此同时也迎来了频频的"关门回巢"现象。究其缘由，邻近省份青海省的化隆县早在1990年代已将"牛肉拉面"开向了全国，但小规模的"家庭作坊式"经营，经不住激烈的市场竞争，在便捷、高端、规模化经营的冲击下，化隆人的拉面馆一边在纷纷开设，一边却在频频倒闭。

比较龙山镇和三甲集镇的皮毛产业发展的实际，前期均获得了飞速发展，但好景不长，便转向衰落；化隆县和张家川县的餐饮服务业发展到今天也均处在一边开张一边歇业的状态，究其原因，当地的转型发展属于简单低水平的重复，反映在发展理念上满足于"中间人赚差价"、从事劳动密集型个体小本买卖。考究其深层次的原因，可谓"兴衰同源"，是发展思路和发展"路径依赖"的问题。

第四章　副业传统与集市贸易

> 以生存为目的的农民家庭经济活动的特点在于：农民家庭不仅是一个生产单位，而且是一个消费单位。
>
> 农民经济活动中的许多表面的异常现象源自于：争取最低限度生存的斗争是在缺乏土地、资本和外部就业机会的背景下进行的。
>
> 在家庭规模不变的情况下，随着农民家庭可用土地的减少，农民在一年中从事小手艺、小生意的时间则增加。
>
> ——詹姆斯·C. 斯科特（James C. Scott, 1976：13）

中国传统上是一个农耕社会，经济生活的基本特征是"自给自足"，人们吃饭靠的是自己种田，衣、住、行、用的需求也要自己解决，由此发展出了家庭手工业和其他副业以及小商、小贩和各种小服务业。[①] 到了晚清民国时期，国内在农业技术方面虽然没有发生多大改变，然而商业活动和副业经营却提升很快，这深刻地改变着世代生活在村庄里的人们的生产和生活。[②]费孝通先生在《江村经济》里面也提到了，中国农民同时又是"工人"，几乎每个家户在农闲时要从事一些非农产业经营，通常会将生产的非农产品的

---

① 李伟. 国民生计问题——源于中国人社会经济发展史的另类思考［M］. 北京：中国经济出版社，2010：323.

② 〔美〕易劳逸. 家族、土地与祖先：近世中国四百年社会经济的常与变［M］. 苑杰译. 重庆：重庆出版社，2019：127.

很大一部分拿到市场上出售，换回其他用品或者钱币。

王村人把种地之外的其他劳作统称为副业，而与之相对应的农业种植则是主业。但是，王村人长期以来对副业有着特殊的理解，因为当地贫瘠的土地耕种往往不足以糊口，尤其在一些特殊的年月，副业是村里人的救命稻草。即便在正常年份，副业的作用也不可轻视，村里的老人有一句顺口溜，"吃的靠种，用的靠做"。所谓"做"指的就是做副业。临近村子里的人对王村人的评价是，"那个村子里的人历来喜欢吃飞食"。所谓"吃飞食"强调的也是王村人不怎么中规中矩地种地，而是喜欢经营一些其他副业。

第一节　社会变革中的手工副业

陇山一带盛产各种皮张，以动物毛皮为原料的皮革业是这一地带颇具特色的手工业。由于皮子的熟制和缝合需要一定的技术，因此其经营形态以作坊为主，当地把熟悉皮革加工工艺的人叫"毛毛匠"。毛毛匠不同于皮匠，应当说是皮匠的初级形态，是通过对动物皮毛做粗加工处理缝制衣物的一种手艺人。事实上，毛毛匠的工艺可追溯到人类的原始社会时期，那时人们就已经摸索着用兽皮防寒保暖。在华夏先民那里，用鱼刺做针，将兽皮缝制成简单的衣被已相当普遍。进入农业社会以后，随着专业分工的不断细化，加工缝制兽皮逐渐成为一种职业，也即毛毛匠。

一　毛毛匠

王村的前身万马关虽然有着久远的历史传说，然而仅仅是一种传说，无从考证。根据地方志，大致能推测出的是，明代以前大庙山一带基本上处于未开发状态，居住者鲜有。大庙山一带的真正开发始于明代，明清以来随着关中地区"人地矛盾"的凸显，移民不断进入陇山地区。根据现有家谱记载，较早进入大庙山北麓的周家堡子人可追溯到元末明初，次之的窦家沟人可追溯到明朝前期。相比之下，王村人的家谱追溯则更为靠后，即清乾隆年间搬迁至此。因此在王村人的记忆里，许多历史传说是模糊的。当问及村里的老人，当地历史上的哪个事件最为影响深远？老人给出了"海原大地震"的答案。因此本研究的历时性考察将溯及当地自 1920 年以后的社会变迁。

1920 年 12 月 16 日（民国九年农历 11 月初七晚），在当时的西海固地区发生了 8.5 级的特大地震，造成了约 27 万人罹难。由于震中位于海原县境内，被称为"海原大地震"。这场地震是中国有史以来烈度最强、波及范围最广的地震，给当地带来了深重的灾难。震后，当地村镇荡然无存，被夷为平地。适逢冬季，天寒地冻，灾民被冻死、饿死，瘟疫蔓延病死者又是无数。之后余震延续一月有余，在那个动荡的时代，缺少官方和外援赈灾，致使尸首饿殍遍野。① 这次地震由"灾"转变成了"荒"。

大地震结束后，西海固地区需要灾后重建，首先需要大量劳动力的迁入，以恢复被破坏了的产业结构。回到西海固地区传统的经济生活场域，这里干旱少雨、土地贫瘠，历史上有"苦瘠甲天下"的说法。当地人为了糊口过日子，通常是农牧兼营，即在粮食作物的耕种之余，放养一些牛羊等牲畜。到晚清民国时期，受国际皮毛加工市场的影响，这里逐渐形成了西北的皮革生产加工的一个重要基地。然而海原大地震的发生完全破坏了当地皮革加工坊的正常生产，欲要恢复，就必须有域外毛毛匠师傅的进入。正是基于西海固地区毛毛匠紧俏的现实，紧挨六盘山南麓关山一带的村民则加入了其中。

王村一带的老人通常将西海固地区叫作"北里"，前往西海固地区谋生计叫"创北里"。到海原大地震发生的第二年春，西海固地区皮毛作坊里的一位毛毛匠师傅的日工资赶上了王村当地农业"长工"十天的工钱，这诱使大家成群结队前往"北里"讨生活，从而引发了当地生计方式和副业形态的一次大裂变。

二 王永祖辈搞副业的爱恨情仇

王村人在农忙之余有读书和做副业的传统，王永家往上翻的六世祖爷王

---

① 程玄皓. 灾害与文化调适——民族学视角下的海原大地震 [D]. 西安：陕西师范大学硕士学位论文，2017：1.

瑞曾中过举人。据王永讲，在晚清时期，其六世祖爷王瑞从小读书用功，在17 岁的时候就中了秀才，之后数次考举。在最后一次前往省城考举的时候，没有路费，前往庄浪万泉的老丈人家借路费，老丈人提出带小舅子一同去考试，之后上路时路费花销由其小舅子经管。当成绩揭榜时，王瑞中举了，他小舅子却没有中。听说当时的朝廷比较黑暗，即便"中举"也当不了官，只能拿到一纸"官文"，并且朝廷还会向"中举"的人收取高额的"官文钱"，才发榜给个人。就在王瑞向小舅子借"官文钱"时，小舅子却说带的钱早花完了，就这样王瑞只能将"官文"转卖给省城的一家大户，自己也就得到了一些钱财，回到老家安抚家人之后，便直奔河南省开私塾教书去了。在王瑞晚年的时候，由于黄河河南段的决堤，他所开私塾地的群众纷纷变为流民，迫于无奈，他最后只能回到老家王村。听说王瑞写得一手好字，附近村庄人的家谱都出自他手。特别是每年过年时，村里人的对联都由王瑞承担，从大年三十清晨就开始了，下午贴对联时有些人家等不及，就直接把红纸贴在门框上，待到傍晚时分，他只能张着灯笼赶写对联。王瑞是王村最有名的读书人，一辈子"读千卷书，行万里路"。年老时，眼睛也瞎了，就叫儿孙念书给他听。王瑞去世后，葬在了王村主山倚靠的疙瘩梁底下的"站地"，传至九代，几乎每代有读书人。王瑞在河南教书成就较大，他的学生中有八位后来成才了，在王瑞去世三周年纪念时，八位学生来到王村进行了祭奠。

到民国时，科举考试已被废除，传统的读书人很难有发展机会。王瑞的孙子王材与邻近大方庄的回民交好，学会了制皮革的手艺，王材有三个儿子，老大王福、老二王禄、老三王生。王福制皮革的手艺较高，主要生意是"跑北里"，即在宁夏西海固的皮坊里做师傅。大概在"海原大地震"的前一年（1919 年），王福和当地人因为生意上的争执，大打出手，最后被打成重伤，回家不久便亡故了，可谓英年早逝。

1920 年的"海原大地震"是世界历史上最大的地震之一，里氏 8.5 级。造成近 30 万人死亡，约 30 万人受伤。"海原大地震"之后，西海固地区的皮坊师傅、帮工一度紧缺，工资一路高涨。在这样的大背景下，王禄和王生兄弟加入"跑北里"的大军中，没几年就挣了一笔数额较大的财产。后来家中父母年迈，需要一个儿子留下来专门务农，最终家里商议的结果是王禄在"北里"专门做"毛毛匠"，王生在老家种地、照顾家人。通过这样的分工，两兄弟家的日子过得比别人家要红火一些。

1948 年，王禄从海原回到老家，回来时身体消瘦，疾病缠身，基本上常年卧病在床。解放后，兄弟两家的重体力农活主要由王生承担，农忙之余兼做"毛毛匠"。1956 年，王禄病故。随着"公私合营"后"生产大队"的建立，大家只能在村大队里种地、修梯田挣工分。王生也只能安分种地，逐渐喜欢上了唱戏（唱秦腔），年下节头总能唱上几段。

1978 年改革开放以后，副业经营慢慢放活了，特别是邻近的"龙山镇皮毛市场"一下子火热起来。1980 年马关乡的乡办企业"马关皮革厂"挂牌成立了，成立之初，缺少专业的"毛毛匠"。厂里的负责人经过多方打听，找到了王生，请他做带班师傅。至此王生又开始重操旧业，做起了专业的"毛毛匠"。1984 年时，王生的身体慢慢变差了，他看到二儿子王英高中毕业做了几年小学"民办"教师和村会计之后也没个好的营生，心里着急就托关系在乡信用社贷了 1000 元的款，之后在龙山镇皮毛市场上收购了一批狗皮，想着做成"狗皮褥子"高价出售，最主要的目的是把"毛毛匠"的手艺传给王英。然而王英却是"志不在此"，他拖拖拉拉把两个月的活干了半年，王英的"狗皮褥子"生意以没有盈利而收手。王永讲到他父亲王英时，摇摇头说是个"不合格"的农民，好在传承了祖上读书的传统，最终把二儿子王阳培养成了一所重点大学的博士。

第二节　养羊及其社会成本

大庙山一带海拔较高，水草丰美，气候凉爽，适合放牧，域内有久远的养殖绵羊的传统。在王村虽然经历过"多胎羊"养殖的盛况，在那一段时间，村里 90% 的人家养起了羊，然而风靡过后，养羊的还是从前的那几家老户。

在王村养羊的老户总共 5 家，村里人把养羊的职业叫"放羊"，放羊看起来是个轻松活，实际上非常劳人。因为纯种庄稼的农户在天阴下雨、逢年过节，总有个休息的日子，放羊则不行，毕竟羊群每天要吃草。

一 老羊户王连

王连是现在村里放羊年纪最大的人了，他没有上过学，从记事起就跟着父辈放羊，这一放就将近 70 年。笔者第一次到访王连时，他身材魁梧，为人非常开朗，一直笑着说话，不停地抽着烟。笔者将准备的"黑兰州"（当地品牌）烟递到他手中时，他毫不推辞地接了下来，还说这是好烟，要多抽几根。在和他谈起村里的现状时，他谈得眉飞色舞，然而当问及他放羊的状况时，他的眼色一下子阴沉了下来，说道：

> 你这娃娃，问这干啥了。哎！我放了一辈子羊，活着是个放羊娃，死了还是放羊娃。

图 4-1 放羊

王连的父亲在"农业社"时，是王村二队的饲养员，养过队里的驴、骡子等，后来调整让他经管队里的羊群，这一接手就是一辈子。王连是家里

109

弟兄中的老二，他从小就子承父业，放起了羊。与其他几家放羊老户相比较，王连更为纯粹，一辈子以放羊为生，中间再没有干过其他行当。王连说：

> 我放了一辈子羊，虽然是个下贱职业，但羊从来没有亏过我。但这几年我才发现，我们放羊的人家，眼界都不高，就混着推个日子，最后把家里儿孙发展的事情给耽搁了。

> 我在农业社放羊时，就是混个工分，相比较下地干活，我们放羊比较轻松，很多人都抢着干这个活。后来1980年咱们这里搞分化，那时我和我哥还没分家，我们是一大家子，由于我和我大（爸）都懂放羊，家里添了本钱，我们家的羊群就起来了。

> 1980~1995年这十几年是我家生活最好的日子。刚分化下来那几年，村子里的人都没地方打工，只能守着几亩地种。而我可以一边种地，一边放羊，手里一缺钱，就卖一只羊。1990年前后那几年，我们家的光阴最好，过年时我要杀一头猪，外加宰一只羊。相比之下，村里其他人家一年下来连一条猪腿也不敢吃，每到过年时就在集（市）上割几斤肉意思一下算了。而我们家几乎每顿有油水，那时家里的孩子小，比较听话，帮衬着家里干些零碎（活）。后来大姑娘出嫁了，每到农忙时，女婿还能来帮忙，日子过得比较轻松。

> 1995年以后，我感觉自己家的日子慢慢艰难了起来。一方面，当时村里引进多胎羊，大家像打了鸡血一样，两眼发红地争着买多胎羊。当时我也心动了，结果一问多胎羊的价格，吓了我一大跳，我们的老绵羊一只才三百来元，而人家的多胎羊动辄上千元。最后我还是算了，继续放着我的老绵羊。但是（日子）过得很艰难，特别是心里没底，绵羊的利钱不高，干其他的也没啥本事，最后逼着我在"大方坡"的那块坡地上栽起了苹果树，我就想，万一这放羊弄不成了，我就务（经营）苹果园去。

> 另一方面，我的家庭也出了问题，儿子结婚没几年就开始闹离婚。

其实怪也怪我那儿子没啥本事，你自己没啥能耐，就把你娘（村里的俗称，指儿媳妇）放在家里，自己在外面好好下苦（打工）挣钱去，结果自己搌不住，刚结婚就把他娘引（领）出去了，这外面的城市诱惑力大，没几年（他）就学坏了，跟着流氓抽烟、喝酒、唱歌，最后就闹着离婚。后来实在没办法，就离了。那坏怂（儿媳妇）把女孩（王连孙女）留给我们老两口，跟着别人跑了。这一下子把我整坏了，一方面丢人呀，咱们村里不像城市，没几个离婚的，而我们家就整出了这事；另一方面，我女人也犯心脏病，还要天天照看孙女，这一下子弄得我饭也吃不上了。

2000 年以后，我的日子慢慢又正常了，一方面村里养多胎羊的人都"烂"（亏损）了，只有几户人家引进（多胎）羊种的人，养了几茬，赶紧出手，他们确实赚了，剩下的那些愣头青，是些"攥死蛇"，明明多胎羊的市场行情不行了，还攥在手里养，尤其是几个二杆子（村人对不识时务的年轻人的称谓），别人在急着往外卖时，他们却在借钱贷款着急往进买，最后赔了个一塌糊涂。

王连放羊，摊本较小，他的一"圈"羊一直维持在 20 只左右，用他的话说，"放羊的营生，说容易也容易，其实是'除过油钱，净利钱'。"他一直坚持放绵羊，这虽然不会在短时间内给他带来高的收入，但养殖绵羊比较安全、稳定，一方面传染病患比较少，另一方面市场行情波动不大。村里人对王连的评价是，"二鬼子（王连的外号）一辈子有吃有喝，没受过啥罪"。事实上，村子里养绵羊虽没啥大富大贵，但只要能坚守，是足以养活一个家庭的。当然在市场经济的冲击下，传统放羊的生计方式能不能适应时代的变迁，这是后文要继续讨论的问题。

二　养羊的成本

王连放了一辈子羊，他对羊是有感情的。事实上，他坚守了传统的养羊方式，养的羊种是当地的老绵羊，主要养殖方式是放养。羊圈是依托门前的高土埂深挖成凹形，形成了三面墙，再在正面砌起墙，安上简易的木门就成了。以前羊圈的顶上蓬的是草坯，前几年将草坯换成了蓝色的铝制板，这样感觉有些"现代性"的元素。放羊在夏秋季主要是将羊群赶在山顶或山底未开垦的陡峭山坡处以及一些宽敞的田埂处吃草；在冬春季主要是在临近的田地里吃"冻死"（待开春复活）的麦苗、油菜籽苗、庄稼收割完的秸秆和野草等。因此当地村里的放羊，在草料方面基本上没有成本，只准备少量的苜蓿秆、玉米秆以应付极端恶劣天气就可以了。放羊虽然没有多少经济成本，但需要承担相应的社会成本。

一是污染了近邻的居住环境，一定程度上造成了邻里关系紧张。王连说，有一年邻居家的儿子"瞅媳妇"（相亲），女方没看上，给出的理由是他养羊味太重，女方闻不惯。就因为这事，两家积攒好几年的怨气爆发了，当时闹得特别不愉快。

二是冬春两季主要是在临近的田地里放养，这在大家视庄稼收成如命的年代，纯庄稼户往往会心理失衡，尤其是在刚入冬或者开春季节，放羊户赶着羊群进入麦田就容易造成矛盾。王连说，1990年前后，村里有户人在自家的麦地里放老鼠药，可能竖的警示牌在当天晚上被大风刮走了，第二天有人赶着羊群进入这家人的麦地，不一会儿，就连续有七八只羊被毒死了。这在当时造成了两家人的大打出手，事情过后又交恶多年。

三是放养绵羊的人家都是祖辈传承的行当，这在一定程度上会形成"惯习"，对家户融入现代性发展造成负面影响。王连一直叹息自己是放羊娃的"命"，就因为他们家几代人放羊，把孩子教育的事情耽搁了。在他看来，儿子之所以本事不大，一定程度上是书读得不多。现在他更担心孙女的教育问题，他只能多给孙女零花钱，除此之外，学习上的忙他一点也帮不上。

第三节　新的副业形态——搞建筑

在大陇山一带，农村人一生忙碌的目标是"娶一个媳妇、修一院房子"。由于过去修建房屋的材料很是短缺，加之工艺的落后，通常情况下，一座房屋的寿命也就三四十年，几乎每一代人需要重新修建一次房屋，因此修建房子对农民而言有着特殊的意义。在传统社会，每个村落都有几位懂建房技术的"木匠"，他们在农忙之余专门从事修建房屋、打制家具。

在过去很长时间内，由于农村人住房都比较简陋，木匠在修建房子方面扮演着全能手的角色，集木工、泥工和瓦工等于一身，凭一位木匠之力即可解决建造房子的所有技术。建房子的主要花销是木匠的工钱和大的木料钱，其他小的花销都是农家户自行解决，盖房子时的辅助性"小工"都是同村的人相互帮忙，名曰"辫工"。

1978年以后，随着国内经济生活水平的迅速改善，一方面农村建房子的要求提高了，由土房子向砖瓦房过渡，这使得传统的"木匠"手艺开始分化，并率先分离出"瓦工"；另一方面，城市基础建设也走上了快车道，特别是临近的郊区，出现修建"出租房"的热潮。看到这一旺盛的市场需求，农村一些有建房技术的匠人和青壮年劳动力来到城市"搞副业"，结成小的建筑队，其中牵头的叫"包工头"，专门从事房屋建设。起初的包工头在大家的心目中都很有能耐，所以村里人要外出打工，通常都会在春节期间拿上礼物去包工头家拜访，希望能在新近外出搞副业时被带上。后来随着市场的进一步放活，外出打工的机会越来越多。到1995年以后，那些成为包工头的事先在村子里物色"精干"的打工者，并对一些特别有技术的或强壮者，给予一定的好处和将来的许诺，以保障自身建筑队有竞争优势。

为了对当地的搞建筑做出细致的描述，本部分选取王凡和他侄子王尚的创业史做个案深描。

一　王凡的搞建筑

王凡生于1967年，7~12岁在村里读小学，13~15岁帮家里干农活、放羊。1982年（15岁那年）王凡跟着秦安县五营乡舅舅家的亲戚到天水市搞建筑。当时他们干的活是通过熟人关系从市建筑公司"倒"出来的，在具体做工时往往与市建筑公司的某个分队一起干，这为王凡在建筑行业的

"扎根"带来了机遇。

据王凡回忆，1982年他跟堂舅初到天水，修建的是一家工厂的办公房。他从小身体瘦弱，一些重体力活干不动，就只能手脚勤快一些，抱抱砖（用手运送砖头）、推推灰（用小架车运送水泥和沙子搅和的灰浆），伺候大工师傅（会砌墙的瓦工、搭高架的架子工等）。在做工之余，他会很勤快地拾柴火烧水，帮大工师傅泡茶，帮建筑队的领导打扫住宿卫生。这样几个月下来，有一位公司分队的副队长看上了（怜悯）王凡，就有意让他在公司里干合同工。事实上，当时在市建筑公司落实个合同工也是比较困难的，于是王凡以各种帮工的形式坚持了两年，最终在1984年春季落实了合同工身份。就这样，他在市建筑公司的一个分队一干就是11年，在此期间基本上学会了搞建筑的各种工种。在建筑公司干，拿的是月工资，收入也算有了保障。几年下来，王凡攒下的工资不仅能补贴家用，而且凑足了他和四弟结婚的彩礼花销。

1995年底，王凡从天水市回老家过年，在和邻里亲朋之间聊天时，感觉自己单干发展要更好一些。于是春节后，他果断将公司的合同工辞掉，拿着近期的积蓄在老家盖起了一院房子。1997年，王凡在清水县承包了一些小工程，开始琢磨怎么当"包工头"。1998年在白银市的一个工地上，做了一年"带工"的（帮包工头协调日常分工和监工）。1999年到了宁夏银川，当时银川市正处于激烈的城市扩张期，各类建筑施工可谓轰轰烈烈。王凡初到银川是刚过完春节，他首先拜访了一位表亲，通过这位表亲的介绍，从其他老板处转让了一家修出租屋的活，完了就让家里人找干活的工人，没几天干活的工人找齐来到了银川，之后简单置备了一些铁锹、灰斗及灰斗车、架板等工具就干了起来，当时找的干活人基本上沾亲带故，大家的心比较齐，干得很顺畅，不到4个月，包的第一家活就完工了。这让王凡尝到了做包工头的甜头，扣除工钱，他挣到了比过去3年工资总和还多的钱。之后王凡逐渐和来自老家的包工头们熟悉了起来，大家互通信息，便有承包不完的建筑活。

与其他老板相比，王凡的老板当得更扎实，他每天和工人在一起干活，而且干的还是比较累的技术活，大家在背后议论他，"王老板真的是叶子麻（太能干了）"。王凡一边精打细算包活干活，一边购置了许多建筑施工的工具和设备，几年下来，他成为附近小有名气的老板。

到2004年夏季，王凡感觉自己挣得足够多了，于是索性把老婆孩子的户口都迁到了银川，在他看来，这才算真正过起了银川市民的生活，殊不知这为他后面的人生失意埋下了伏笔。

王凡的经营在2014年的时候遇到"死结"，多年的积蓄全打了水漂，就连基本的生活都难以保障。据他讲：

> 2010年以后银川市的建筑活已经不好干了，一方面市内的大型建筑基本成形了，活比较少；另一方面，建设市政单位对施工的各种资质卡得比较严。本来我这个人胆子小，比较谨慎，想着推推日子就不干了。但是当时也有一个问题，之前和我一起干的许多老板，在2010年前后都转行开宾馆去了，那时我表亲也喊着我一起去兰州开宾馆，结果没几年大家都烂（亏）了。尤其是我表亲，55岁的人烂得倒欠了别人近50万。但是人家的肚量好（心胸开阔），2013年过年时，我去他们家安慰他，人家倒想得还开，说"咱们当时来银川时，就背着个烂被子，现在有楼房住着了，怕啥了。"这让我一看，哪敢再想转行干其他事，还不如坚守着先干干自己的老本行算了。
>
> 哎！但是这个人呀，你越怕什么它就来什么。我一直没有转行吧，但苦了一辈子的人坐不住。在2014年过完年，听一位朋友说中宁有个大项目，一起看看去。这一看确实是个大项目，又有熟人关系，也就没留啥心眼。签完合同之后，按照我们以前在银川干的老规矩，先垫资抓紧把工程的主体往起来整。就这样4栋楼的主体起来，我已经垫资了近500万，但还是等不来合约方的款，这就整得我骑虎难下，只能一边催款，一边借钱贷款继续施工。当时我想着也就是个暂时的困难，总会过去的，然而就是这种心理，最后使我越陷越深。

到2015年开春，根本看不到合约方打来款的影子，听说工程的征地、批复都出了问题。这时我真的是心急如焚，天天找签合约的主事人催款、找政府上访、跑法院打官司，还有讲迷信算命，等等。反正能想的办法都想了，最后真的是绝望了。2015 年下半年到 2017 年上半年，那两年我的个心呀真是煎熬，天天有人找上门催账，各种辱骂、威胁，有好多次我都想着自己把自己了结（自杀）了算了，但又一想自己死了确实就解脱了，但老婆和三个孩子咋办。再者 2016 年 1 月 5 日发生的"银川公交车纵火案"，纵火者也是索要工程款项无果而实施了极端行为，不仅伤及了许多无辜，自己也搭了进去，但问题还是没解决。这样一想就强撑着活下来了。

王凡的遭遇在他们当年一起创业的那些包工头当中是一个较为普遍的现象，回顾他们的暴富，主要在 1990~2010 年这 20 年间。在那个年月，改革开放的利好政策正在逐步深入西部偏远地区，正是迎着国家西部大开发的号角，头脑灵活、有经营意识的农村人逐渐变成了小老板。但他们的创业发展到一定阶段便会步入瓶颈期，对于这样的"宿命"王凡百思不得其解，当然他现在关心的主要问题已不是自己再次翻盘的重整雄风，而是对下一代生计问题无从着落的忧伤。王凡讲述道：

> 哎！当初人年轻，挣了几个钱就把持不住了。想着有了楼房，把孩子接出去，就变成城里人了，其实就不是这样。我老父亲去世的时候（2007 年），就告诫过我好多次，"你们这些在银川做老板的人，弄得不好就把挣下的钱还给银川了"。我当时笑父亲在胡说，但果不其然，我们现在基本上烂了。其实我现在也不太在意挣钱的事了，现在让我最揪心的事是我的三个孩子没一个成才的，现在都快三十岁的人了，还得靠着我吃喝，你说这咋办呢？我有啥事，他们一点也指望不上，还就我侄子王尚经常过来帮衬着办一些事。
>
> 我们当年出来当老板，一心想着挣钱，把孩子的教育给耽搁了，那时要么就在工地上干活，要么就在饭桌上喝酒。一心疼孩子就是个给

钱，现在想想就是不对，咱们的小孩刚到城里来，缺的是怎样较好地融入城市社会（的知识），而我们只操心给孩子钱。最近几年我也打听了一下我们当年的那些包工头家的子女，念成书的少之又少。

像王凡一样的那些包工头，是从村里生计困难的环境中走了出来，依仗村里传承的修房子手艺和吃苦耐劳的精神打拼了一份家业，解决了自身的生计问题。然而就在他们步入老年的时候，因为经营不善却走向了破产，使得自己的家庭再次掉入生计困境，这看似是一个个体创业失败的事例，但是跟王凡同类的包工头基本步入这样的惨境，那就不简单的是一个个体的事了，其实背后有着深层次的社会结构问题。

二　王尚的坚守建筑业

王尚是王凡二哥的大儿子，他现在在大庙山一带小有名气。王尚生于1982年，小学毕业后就开始打工了。1997年夏季，王尚到银川投奔他姨父，也就是上文提到的王凡的表亲。在姨父那王尚学会了搞建筑的手艺，什么瓦工、钢筋工、架子工基本会。自1997年起到现在，王尚一直在银川打拼，起初跟姨父学手艺，后来又跟三叔做了几年。当然之前他也零散地包过许多活，但真正干起职业包工头来是2008年以后的事了。王尚说道：

> 现在坚守我们这一行的人越来越少了，不是不想干，主要是太难干了。在很多人看来，城市的基础设施建得差不多了。再者就是，建筑行业的机械化程度提高后也不需要太多的干活人了。事实上，现在城市里仍然有许多小型的维修工程，这还是需要我们搞建筑的人去干。

王尚的话语在一个层面上反映了早年出门做建筑工的村民们的心声。在大庙山一带，成规模搞建筑的营生是在1985~2015年这三十年间，主要人群为60后、70后和80后。到了今天只能说时势的发展真的有些无情，当这一群人将自己的汗水和青春挥洒给城市之后，他们却失业了。2021年7

月底，当笔者再次到银川时，王尚带我看望了他三叔王凡。俗话说："事多不压心。"为了维持一大家子人的基本生活，他在一边忙活着索要被欠工程款，一边重操老本行，承包一些小工程干，这放在几年前他是瞧不上眼的。

图 4-2　建筑工地 1

当时王凡承包了一家面粉厂的办公用房建设，共 5 间，工程简易，也就是在以前的地基上砌"二四砖墙"，安上铝合金门窗，房顶用铝制板覆盖，最后把屋内墙体抹平、刷白，再把地面凿平铺上地砖即可。整个工程包工不包料，共计 5 万元。王凡接到这个活之后，用电话联系到了跟他经常干活的三位老人手：老窦，51 岁，家里两个儿子都已结婚，还得靠他出门挣钱帮衬；朱二，41 岁，光棍；小窦，27 岁，结婚不久，小孩快要出生。

我们到工地时，这个工程已经干了一半。王凡计划 20 天干完，给叫来干活的人发 3 万左右的工资，争取自己剩余 2 万左右。

图 4-3　建筑工地 2

到工地，王尚看到自己的三叔还在亲自上手泥墙，不由自主地撸起袖子帮王凡干了起来。当我们走进干活人的住所时，看起来还是比较简陋，王尚说这比以前好多了。由于是简易房，最主要的当时又是三伏天气，在屋内坐了一会，汗流浃背，热得人心慌。就赶紧出了屋，找了一块阴凉敞亮的地方，我们聊了起来，他讲道：

> 你看现在工地上干活的人还是以前的那些老人手，他们干建筑几十年了，干其他的一则没有手艺，二则也没有啥头脑。现在说实话，就只剩下个出死力了。老窦自从上银川一直跟的是我三叔。朱二从十几岁出来到银川也一直这么晃着，有活了就干几天，没活了就睡着吃，把挣的吃完了，就再找活干，连个媳妇也没找上，反正一个人过也轻省（没啥牵挂）。小窦刚出门跟了我几年，这几年嫌累，不干建筑了。去年结了婚，今年过完年小两口来到银川，做起了卖凉菜的生意。但这两年受疫情影响，再加上他经验不足，折腾了半年一分钱也没挣上。现在眼看着老婆快要生孩子了，这没钱咋生？因此就跑到工地上又干建筑活来了。

正如王尚所言，现在在建筑工地上干活的人都是早年干过，并且现在家里的生计困难又不得已，只能继续坚持的人。90后出生的人很少在建筑工地上干，毕竟这里的环境实属"脏乱差"，憧憬未来的年轻人，心理上很难适应。王尚说：

> 这几年我的确是挣了些钱，可那真的是运气好。光这几年，我亲眼看到许多老板都烂了，以前的日常出行都讲大排场，现在一个个灰溜溜的，见了人躲躲闪闪。哎！我们农村人到城里走到现在，能持守下去，得感谢老天爷的照顾呀。
>
> 但现在越往后，我们的这活越不好干了，各种资质卡得严，以前的人情关系不起作用了，签合约时算计人的方式方法太多，你一不小心，就掉到人家的圈套里了。我三叔现在的状况就是掉人家的圈套里了，可是他的脑子还是转不过来，当然人有时可能也是不想面对。

现在干我们这一行的早就变味了，不是你单纯地包下活来，干完就能挣上钱。现在大家也都叫"跑项目"，说白了就是"链接资源"，只要你能把握住合约的风险，摆平各种"麻哒"（麻烦），干活都是小事。因此我现在宁可在家里多睡觉，轻易不敢出手，少于10万元的活我现在不愿搭理，因为款项小根本不够启动的。

其实现在我看到我周围老板的遭遇都害怕了，自己挣多少钱都不要紧，最主要的是孩子们都不争气。我也没想着孩子有啥大出息，但你得能自立吧。

王尚的说辞反映出一个沉重的问题，即对搞建筑人家庭及其子女未来生计难以为继的担忧。王尚有两个儿子，老大今年已经参加了高考，考得不太理想，这直接打击了他的积极性。他说：

到我们这个年龄，现在主要看的是下一代争不争气。但是我们这些搞建筑的，我看来看去，都心凉了，孩子基本上不成功。你看我三叔家的三个孩子，连一个指上事的都没有，老大结婚没多久就离婚了，生下的小孩还得我三娘带；老二是姑娘，也近三十了，既不好好上班，也不找对象；老三，二十五了，净想着吃飞食，不着边际，一会开外卖店，一会上理发学校，折腾的费用都要家里出。说实话，现在他们这种家庭，不是折腾的时候了，真要学手艺，也得边挣钱边学，交钱学手艺大多是走个过场，不适合我堂弟这个年龄段的人。

还有我姨父的三个孩子，前几年也折腾坏了。我姨父在2005年左右，资产没个1000万，也有个七八百万。自己非要到兰州开宾馆去，到兰州把生意交给儿子打理，娃娃没经历过啥世事，几年下来生意就烂了。后来在银川开了个茶楼，也是经营不善，赔了。现在好了，以前两个姑娘在家里也是只知道花钱，现在嫁出去倒好了。从2016年，姨父家的儿子慢慢懂事了，也干起包小工程的活，包到活，我姨父就到工地上去给帮衬，生活总算步入正轨了，但你仔细一想，还不是回到三十年前的起点上了。

王村的"庄面子"田平大叔说得好："大夫家里睡的病婆娘，木匠家里住的难塌房，阴阳家里是鬼上墙。"王村人有着浓厚的搞副业传统，且精通修房子、养殖等各种技艺，然而他们以前的生活却过得是那样的清贫，即便在改革开放初期获得短暂的发展之后，现在又陷入新的生计困境当中。从某种意义上来讲，"贫穷限制了人们的想象力"是有道理的，特殊情境中产生的"贫困文化"对人们的生活有着持久的影响力。鉴于此，可以说王村由传统向现代转变的主要阻力因素有着经营理念的落后和保守等特性。

第四节　集市贸易中的王村人

集市是传统社会买卖交易的场所，这种贸易形态在当前的广大农村仍普遍存在。梳理集市的相关研究，不难发现，有套用现代市场理论分析的明显痕迹，这造成了所谓集市似乎只有经济学范式的意义，却忽略了集市本有的地理空间、政治权利和社会文化意涵。

一　传统社会的集市

集市贸易是传统社会物品交换的主要方式，早在战国时期农村集市就已诞生，秦汉时期集市交易获得初步发展，汉代时与基层政权组织"里"并称的是"聚"，即有固定市集的村落。① 魏晋南北朝时期，"草市"兴盛，草市是民间自发形成的集市，与城内官府管辖下的市场相对应。隋唐时期，"市坊"兴起，在一个聚落用于交易的"市"与居住的"坊"是分开的。宋朝时打破了"市坊"的界限，集市贸易进一步发展，明朝中后期，随着资本主义萌芽，国内集市交易更是迈向了较高的水平。在晚清民国时期，集

---

① 龙登高.中国传统市场发展史［M］.北京：人民出版社，1997：26.

市曾出现过一段时间的"春天"。新中国成立以后,集市走向规范化运作,但在 1953~1978 年,集市交易经历了短时间的取缔和种种限制。直到改革开放以后,国内集市交易才得以恢复发展。

集市历史可谓源远流长,通常是指买卖双方汇聚在一起进行物品交易的有组织的公共场所。当然中国疆域辽阔,地区之间有着不同形态的集市,北方地区称之为"集"、长江流域称之为"市"、岭南地区称之为"墟"、西南地区称之为"场""街",等等。事实上,集市也有狭义的划分,一般情况下,行商多于坐商称之为"市",坐商多于行商称之为"集"。① 明清以来,集市获得较快发展,在人口规模较大的聚落中心或者散居人口适中的地方均设有集贸市场。

集市的基本特征为:(1)集日的周期性。传统社会,人们的生活用品绝大多数是自给自足,只有少量物品需要购买,因此不需要每天赶集。这使得集市有着明显的周期性,即总是隔些时日逢集,比如隔日集(分单双日)、三日集(分一四七、二五八、三六九日)、五日集、十日集等,还有季节性的"骡马大会"、年度性的庙会等。(2)商人的流动性。由于开市的周期性,专门的商人不会寻求固定的摊位,为了获取更多的盈利,他们通常会在附近的几个集市中间穿梭。(3)集市的等级层次性。集市的分布有着明显的"中心地"特性,造成了一定区域内存在多个周期性的集市,并且相互之间"犬牙交错"、等级层次明显。这在施坚雅的研究中展示得较为深入,即通常呈现为基层集市、中间集市和中心集市。② (4)集市类型的多样性及行业结构的地域差异性。受居民多寡、物品生产流通等因素的影响,集贸市场有多种形态,比如日用物品集市、农副产品集市、活畜交易集市等专门性集市,还有规模不一的综合性集市以及专门供给大宗物品的批发市场。当然中国是一个巨型国家,民众的生产生活在横向的东中西、纵向的南中北上有较大差异,这使得集市行业结构也是因时因地变化万千。

---

① 石忆邵.中国农村集市的理论与实践〔M〕.西安:陕西人民出版社,1995:3.
② 〔美〕施坚雅.中国农村的市场和社会结构〔M〕.史建云,徐秀丽译.北京:中国社会科学出版社,1998:7.

集市的效用在于完成社会交换，这使得集市交易有别于严格的经济交易，尽管其重心是落在了某种外在价值的利益上，并且也通常是为了盈利而讨价还价，但其内在的意义在于实现某种"平衡"。① 基于此，可将集市的功能归结为以下方面：促进地方性交换，疏通区域间贸易，为地域上分散的居民提供生产生活必需品，等等。

二　王村人参与创设的梁山集市

王村处于马关镇和梁山镇的交界地带，马关镇虽建镇（乡）时间久远一些，但由于临近龙山镇，因此一直未能设立集市。而梁山镇在 1983 年就设立了集市，在施坚雅基层市场社会的视域里，马关镇西部属于梁山集市的贸易圈内。

（一）梁山镇集市简况

1953 年，张家川县建置时，在梁山镇所在的域内设五方乡，属龙山区管辖。1958 年并入马关乡，1962 年从马关公社分出，设梁山公社，1983 年改社为乡，② 2015 年改乡为镇。梁山镇是张家川县最西边的乡镇，地处张家川、秦安和庄浪三县交界处，张（家川）庄（浪）公路过境，交通较为便利。距县城约 35 公里，属黄土梁峁沟壑区，地势中部突起，南高北低，平均海拔约 1800 米。下辖 12 个行政村，72 个村民小组，共 3332 户，总人口 16976 人（2020 年）。全镇总面积 39.3 平方千米，耕地面积 3.04 万亩，均为山地。

梁山集市位于梁山村的山梁上，这里是梁山镇的镇政府所在地，设有镇初级中学、卫生院、邮电所、信用社、兽医站、工商所和供电所等单位。梁山镇集市设立于 1983 年，集市沿着梁山村山梁上的张庄公路两旁展开，占地约 45 亩，起初为每旬两次集，逢农历五、十日为集。后于 1987 年改为隔日集，逢农历双日为集。梁山镇市在 1990 年前后曾辉煌一时，名声大噪，

①　〔美〕彼得·布劳. 社会生活的交换与权力［M］. 孙非，张黎勤译. 北京：华夏出版社，1988：132.

②　张家川回族自治县志［M］. 兰州：甘肃人民出版社，1999：113.

逢集之日车水马龙，2010年以后走向了急速衰落。现在集市上共有个体工商业主270多户，集市交易的货物主要有蔬菜瓜果、日用百货、餐饮吃食、农用产品、粮油土特产、农副产品、活畜、医疗药品、建筑材料和五金交电等，集日的交易额在10万元左右，冬季腊月是旺季，赶集的人流在2万人左右，夏季为淡季，赶集人流约2000人。

（二）老乡长王权眼中的集市

王权是王村早年走出去的干部，在张家川县的多个乡镇任过职，后来调任梁山乡的乡长，梁山的集市正是其任乡长时设立的。为此，笔者于2021年7月18日对老乡长做了一次专访。当时笔者是在王老家大门前的麦场碰到他的，王老由于三年前秋季的一个雨天滑倒在廊檐上，重伤了一条腿落下了残疾，现在只能坐在轮椅上。跟老人家寒暄了几句，我们就开始了访谈，他讲述道：

> 我今年82岁了，早年家里穷，也受过许多苦。但我还是很幸运，从15岁起就开始当干部了，这在我们同龄人中比较少见。当然那时家里拖累大，挣到的工资一分都不敢乱花，都得给家里补贴着用。大概1976年时，县上要提拔我们一批年轻人，问我的意愿，我就说离家越近越好，这主要考虑到家里一大家子人都在种地，农忙时我还得回去帮忙。就这样我被调到离家最近的梁山公社，起初是代理公社主任，之后是公社主任，后来公社改乡，我也顺势成了乡长。我退休以后经常也到梁山集上转，碰到一些上了年纪的老熟人，大家总对我竖起大拇指，说我为梁山集市的设立立下了汗马功劳。
>
> 1983年梁山公社刚改为乡，当时梁山上只有一家规模较大的百货大商店，由惠家村的老慧经营着，再就是梁山村上人开的两家小型"门市部"。但是梁山这位置在三县交界处，人来车往，尤其是农闲节假日，附近的一些人家就拿出一些农副产品在梁顶的马路两旁交易，随着市场交易越来越放活，不定期的马路两旁交易的人越来越多。正是看到这样的时机，我们乡政府想抓住机遇把集市给立起来。

要立集首要的（问题）就是相关批复和一些基础设施建设的款项，这批复的事好办，找到相关主要领导一汇报，领导很支持，批复很快就下来了。但这基本款项的事确实把人难死了，我们在县上跑了许多部门，都说财政紧张，没办法。后来有一个县上的农业扶持款项，到底是啥款项？我现在年龄大了记不清，就把这个款项的9000元钱暂时借给了我们，我们拿上了这笔钱找到施工队把梁顶削平，腾出几个大场子，建了一些简易的摊位就算成了。

　　待基本工程建设完备后，已是临近中秋节了，就开始准备开集的典礼，请了县直各部门以及兄弟乡镇的领导参加。当时的人们很喜欢看戏，我们就在老供销社的院子里搭了一个大的戏台，请县剧团足足唱了15天。1983年的秋天，我们这的雨多得呀，几乎天天下，但是邻近村庄里的人热情很高，站在雨地里看戏，那个乐得呀。戏唱完，我们立集的全部典礼算是结束了，集市也算正式立了起来。刚开始每旬一个集，就是农历五、十逢集，后来随着邻近人们赶集的需求越来越大，在1987年改为双日逢集，这主要是考虑错开龙山镇和朱店镇两个大镇的单日集。

三　梁山集市的结构

　　梁山集市自设立起，主要由五部分组成，沿着西北—东南走向的梁山梁削平的马路两侧拓展出一系列交易场地，最高的西北处为木材市场，木材市场的北侧有几家做粮食收购的商户；沿着木材市场东南方向下行有一块开阔的场地为衣服布料市场；再东南下行沿公路两侧是早期的供销社"大商店"及集体产权的农副经销部、药房等；再东南下行的三岔路口处是蔬菜瓜果市场；在三岔路口东北方向穿过一个小巷道有一块开阔的场地是牛羊交易市场。当然沿着三岔路口东南方向主干道处的马路边即坡下老兽医站门前的场地也曾当做牛羊交易市场，这从一个侧面反映了牛羊交易对当地人日常生活的重要性。

　　据王村的老人介绍，王村虽然属于马关乡（镇）管辖，但马关没有集市，村里人所需的日用商品都是从梁山集市上获取的，出行交通的枢纽、社交婚嫁的范围等也都是以梁山集市为中心而展开的，因此在日常生活中王村人更愿意将自己界定为"梁山的"。

在 20 世纪八九十年代，乡镇集市对村里人的生活有着深刻的影响，主要体现在以下几方面。（1）物资兑换。一般情况下，村里人在秋后会把来年吃的粮食存够之后，其余的全拉到集市上出售，这算是他们的农业收入了（早期算是农户一年的绝大部分收入）。再用出售粮食的钱购买化肥、煤炭等基本的家庭必需物资。（2）出售副业产品。农户通常会在农闲时节兼做一些手工副业，比如编麦秆、做鞋垫、种烟草、编竹笼等，待这些副业产品做好之后拉到集市上出售。（3）购买日用产品。村里人的衣服穿戴、抹脸油、油盐酱醋和瓜果蔬菜等均来自邻近的集市。（4）牲畜倒卖。一方面，传统社会的农户为了耕种的方便都会养牲口，为了解决牲口病老的问题，农户需要不定期在集市上倒卖；另一方面，农户在耕种之余还会养殖一些牛羊，一旦育肥或产下畜种也需要在邻近的集市上出售。

随着近年来"打工经济"的不断扩张，村子"空心化"倾向愈发明显，这导致乡镇集市难以为继。笔者 2021 年 7 月 19 日（农历六月初十）在梁山镇走访时，看到集市的凋败，难免有些伤感。

图 4-4　梁山集市

蔬菜店的马老板讲道："我现在一年下来是谝传（瞎忙乎）着了，连个小工钱也挣不上。好在店面是自己家的，没个啥成本，要不然长年守在这能干啥。"乡镇集市对曾经的农村人来说是那样的至关重要，然而面对市场规模化经营的碾压，终究逃不过衰败的结局。当然本研究讨论的重点不在于此，而在于传统集市转向现代市场的过程中农民的行为选择。

第五章　走向市场

> 作为有组织的交易形态，市场可视为一个场域。某一场域的社会结构是一种文化上的建构，其中支配者和受控者可以共存于一套有关某些组织何以成为支配者的价值观之下。
>
> 为了将场域理论应用于市场，就应当关注市场中生产商品和服务的组织行为。在位企业由于规模大，掌握产品规格的界定，并采取行动致力于再生产出它们相对于较小的挑战企业的地位，因而它们支配着场域。市场场域理论的基本思想是，某一特定市场中的价格机制通常会置市场中所有的企业于不稳定状态之中。
>
> ——尼尔·弗雷格斯坦（Neil Fligstein, 2002: 68）

当代中国农民的生产生活无疑在加速"走向市场"，其中由于地域环境、社会文化基础的不同，表现出既具有在市场经济大潮的引力下相继跨入市场之门的共性，又有着在走向市场的进程中对市场反应不同所呈现出的个体差异性。事实上，大部分村民是被市场大潮裹挟前行的，也有少部分人凭着"草莽英雄"的闯劲在市场大潮中驰骋，当然还有个别人士因为观念的保守在市场大潮面前表现出一定的滞后性。① 凡此种种，体现了市场进程中小农经济发展的"模仿扩散型"特征。

---

① 王逍. 走向市场：一个浙南畲族村落的经济变迁图像 [M]. 北京：中国社会科学出版社，2010: 192.

第一节 皮毛生意的兴衰

王村人之所以情有独钟于皮毛贩运加工业，这与域内龙山镇皮毛市场生意的兴盛密切相关。因此为了阐明王村人的皮毛经营状况，有必要对"镶嵌"于其中的龙山镇皮毛市场的发展情况做一个交代。

一 龙山镇皮毛市场概况

龙山镇位于甘肃东南部，处于兰州、西安和银川的几何中心位置，历史上是陇东南重要的经济、文化和商贸中心，处于六盘山和秦岭两大山系的接壤处，在陇山北麓享有盛名。龙山镇有总人口 36832 人（2018 年），其中回族 19926 人，占比为 54.1%，回族人口居多，处于张家川、清水、秦安和庄浪四县交界地带，集市贸易发达。

龙山镇曾是"关陇古道"的军事要塞和商贸重镇，享有"三水交界""五路总口"的美誉，因其山在陇山口之要冲突然中止且与众山不相连而得名"断山镇"，清高宗乾隆十四年（1749 年），改为龙山镇。境内连柯村是全球李氏祖根，近年来，散居在世界各地的李氏后裔到此寻根祭祖。连柯郡始设于公元前 272 年，秦始皇统一六国后，连柯郡仍为天下三十六郡之一。历史上的连柯郡，曾是西北政治、经济、军事、文化的中心，辖地很广，大致囊括了现在甘肃河东地区的全部及四川、陕西的部分地区。

龙山镇历史悠久，境内发现的仰韶文化遗址和齐家文化遗址表明，早在新石器时代，这里就有人类繁衍生息。夏商时期，境内为西戎居住，周孝王时设"秦"地，汉武帝时设陇（县），东汉时凉州刺史治陇，西魏至隋、唐、宋代隶属陇城县，元、明、清至民国时期属秦安县辖。① 1953 年落实党的民族自治政策，属张家川回族自治区（县）辖。

公元 228 年，龙山镇境内曾发生令后人扼腕叹息的街亭大战和诸葛亮挥

---

① 张家川回族自治县志 [M]．兰州：甘肃人民出版社，1999：1.

泪斩马谡的历史事件。在这块曾受金戈铁马洗礼的土地上，孕育着别具特色的民族地方经济。

龙山镇自古以来就是一个多民族交融的地方，先后居住的族群有西戎、邦戎、氐、羌、吐蕃等。唐宋时期，阿拉伯、波斯商人路经此地，部分相继留居境内，成为区内回族的主要来源。① 直至清穆宗同治年间（1870年前后），龙山镇还是汉族人口多回族人口少，回民只占三分之一左右。据记载，当时龙山镇城内，"在洪、年、桑、李四大家族中，只有李姓是回民"。② 同治年间以后，随着大批回民的迁入，龙山镇形成了一个以回族为主的少数民族聚居区。

龙山镇位于清水河上游，清水河是渭河的一条重要支流，该流域可谓人杰地灵，有"大地湾文化"遗址的历史厚重，更有中华人文始祖"女娲祠"的大气磅礴。当地人将清水河又称作"倒水河"，因为"三级地势"的缘故，中国的河流大多是从西流向东，但清水河从陇山发源，自东向西汇入葫芦河，最终流入渭河。域外的人总是说"吃倒水河的人，就是硬！"俗话说得好，一方水土养育一方人，清水河边的人的确性格刚毅，有着干事创业的倔强劲。

龙山镇虽说是回族、汉族杂居区，但境内民族关系一直十分融洽，这保持了当地社会的长期稳定，为经济文化事业的繁荣发展奠定了基础。当地人津津乐道的是，回民初迁入当地时，汉民非常宽厚仁义。被传为佳话的是，1929年国民党某军旅长以打击"土匪"为由抓捕回民60余人，在紧急关头，绅士王殿垿的儿子王右箴挺身而出，以全家几十口人的性命作担保，促使被羁押的回民群众获得释放。③ 这成为龙山镇民族团结和睦的见证，使得回汉民共同致力于地方经济社会发展。

回到龙山镇特色经济发展的场域，当地的回汉族群众有经营皮毛的传统，在1920年代前后形成了最初的贩卖皮毛的小商贩市场，到解放初发展成为以行店为中介的皮毛集散地。改革开放后，皮毛产业为当地人带来可观、

---

① 张家川回族自治县志［M］．兰州：甘肃人民出版社，1999：2.
② 虎有泽．张家川回族研究（1）［M］．兰州：兰州大学出版社，2007：143.
③ 虎有泽．张家川回族研究（1）［M］．兰州：兰州大学出版社，2007：140.

的经济效益,开设皮毛行店一度成为一种"时尚",龙山镇也因此成为西北最为主要的皮毛集散地之一。除经营皮毛生意外,当地特色美食也受到周边民众的普遍喜爱,近几年,餐饮服务业收入成为当地最主要的收入来源。随着脱贫攻坚、乡村振兴相关支持项目的大力推进,当地近期牛羊养殖业发展迅猛。

图 5-1 龙山镇远景

需要指出的是,龙山镇是张家川西部的商贸中心,附近的川王、木河、大阳、马关、梁山和连五等乡镇的群众一般在龙山镇"赶集",这些乡镇的群众不仅到龙山镇市场购买生产生活用品,而且许多人直接参与到龙山镇的买卖行当中,成为事实上的个体经营者。基于这样的地域社会同构性,本研究所涉及的龙山镇人是一个广义的概念,涵盖了整个张家川西部。

二 龙山镇皮毛市场昔日的辉煌

皮毛业是龙山镇传统的特色优势产业,其历史可追溯到明末清初,在民国时期获得了快速发展,新中国成立初的一段时间曾被"取缔",改革开放初再次复兴,一度成为国内第二、西部第一的皮毛交易市场。

(一)龙山镇皮毛市场的兴盛

探析龙山镇的皮毛贸易,应从龙山镇皮毛市场的形成说起。龙山镇皮毛市场的形成有着久远的历史，清同治年间（1870 年前后），龙山镇境内逐渐形成了回汉交错杂居的格局，当时镇上开始有了专门的皮毛市场和小规模的皮毛作坊，且交易活跃。起初是家庭作坊收购羊皮炮制皮衣，同时皮匠将其他的皮张制作成各种皮革，因此当时市场上主要为皮革交易。1921 年以后，皮毛货栈的兴起使得当地皮毛市场开拓出皮毛贩运业。当时的皮毛货栈其经营特点是散收总发，即将皮毛贩运客从各地收购来的皮张收购集中，然后再发往外地厂家和客户。皮毛货栈还同时为客户提供信誉、经济担保，并为客户提供各种服务，包括安排食宿、代办业务、收购挂账等。① 这些货栈的兴起，一方面促使本地经销商纷纷外出收购散皮；另一方面吸引大量外地客商前来采购。这使得新中国成立前龙山镇皮毛市场成为据守西北、辐射全国的皮毛集散地。

新中国成立以后，龙山镇皮毛市场获得了兴旺发展，然而到 1952 年"皮毛统购政策"实施以后，自由买卖被强行禁止，个体加工、贩运者一时间纷纷退出，皮毛市场被迫停业中止。

龙山镇皮毛市场在 20 世纪八九十年代再次复兴，一度成为西北最大的皮毛集散地。1986—1992 年皮毛市场发展进入鼎盛期，龙山镇以前的皮毛交易场所在"东门"外的河边处，与牛羊交易市场在一起。1988 年，地方政府为了适应发展快速的皮毛交易，将龙山镇西北部原来的河滩地划出 44 亩，采取国家投资、个体户集资的办法，筹建新的皮毛交易场所，最终"龙山镇皮毛市场"得以落成，并设立了专门的皮毛市场管理所，促进皮毛贸易健康发展。在皮毛市场兴旺的同时，其他产业也被带动发展起来。截至 1990 年底，全县乡镇企业总数达 102 户，从业人员 963 人，总产值 2172 万元。其中皮毛、皮革加工企业有 73 户，从业人员 732 人，总产值达 1761 万元，占乡镇企业总产值的 81%。② 同时，域内商贸流通和交通运输获得巨大发展，"四方联运队"享誉西北。到 1998 年时，有货栈 238 家，皮毛加工

① 虎有泽．张家川回族研究（1）［M］．兰州：兰州大学出版社，2007：26.
② 虎有泽．张家川回族研究（1）［M］．兰州：兰州大学出版社，2007：38.

企业 48 家。

然而到 2000 年以后，龙山镇皮毛市场逐渐步入衰落。在笔者 2017 年对皮毛市场做系统田野工作时，凋零景象一目了然。当前，龙山镇皮毛市场虽然没有完全倒闭，但是苦撑经营不言而喻。现有皮毛货栈 43 家，皮毛加工企业 10 家。笔者在走访皮毛行店时，一些行店主情不自禁地回想起皮毛市场当年的盛况：

> 1998 年前后，皮毛市场的生意最好，那时候一集（龙山镇的集市是农历单日逢集）平均可赚到 1 万多元，昌盛等大的行店一集收入可达 3 万以上。冬季成交量最大时，一天有 30 多辆货车同时起装运货，交易额达三四千万。由于当地银行存取额度小，碰到大的买卖交易，听说有外地客户一天内把附近张家川、清水、秦安和庄浪等地的银行现款给取完了。

图 5-2　龙山镇皮毛市场

回溯龙山镇皮毛市场的"复兴"，改革开放初期龙山镇人抓住"市场放活"的机遇，大力发展本地传统的皮毛贸易和加工业，一时间地域内经济飞速发展，到 1980 年代中期，龙山镇成为西部第一、国内第二的皮毛交易市场。然而这种辉煌持续了不到20年，到2000年以后，龙山镇皮毛行店凋零、市场衰败。通过走访调查，当地人谈起皮毛市场昔日的兴盛，难免有许多感伤。镇政府的工作人员说：龙山镇在1990年代创造了"三个三分之一"的奇迹，即养活当地三分之一的人、创造当地三分之一的税收、当地三分之一的人经营皮毛业。近年来，当地政府一直致力于振兴皮毛贸易，提出打造"西北皮毛之都"愿景，将以前的"龙山镇皮毛市场"扩建为"龙山镇皮毛产业工业园"，然而这似乎并未遏制皮毛市场持续衰退的步伐。

（二）龙山镇皮毛市场兴盛的缘由

龙山镇地处陕甘宁三省交界地带，坐落于陇东南腹地。从"长时段"角度考究，西北皮毛产业的兴起是近代的产物，龙山镇皮毛市场属于西北皮毛大市场的重要组成部分。晚清民国时期的"西北皮毛产地"囊括的地域要比今天广阔，包括新疆、青海、甘肃、宁夏、绥远、察哈尔及陕西北部等产地，大体可分为两大类：一类是家畜皮毛，另一类是野生动物皮毛。[①] 处于西北大皮毛市场内的龙山镇皮毛集散地，一方面具有西北皮毛产业的共性，另一方面又具有深嵌内地的鲜明特色。

1. 人多地少，农业收成低

龙山镇位于渭河支流清水河的上游，境内历史悠久，连柯村的故地连柯郡为秦统一六国后的天下三十六郡之一，现在被尊奉为全球李氏祖根，三国时期的街亭古战场也坐落于此，处于"关陇大道"的咽喉位置。这里虽是兵塞要地，然而由于山大沟深的自然环境，当地原本居民较少，但在明清交替时期，随着中东部地区战乱频繁，移民持续进入陇山地带。特别是到晚清民国时期，一方面，为了减轻关中、四川盆地人口猛增的压力，大量移民进入；另一方面，清同治年间在境内又安置了大量的回民。这使得清水河上游流域周边的森林草地被开垦，龙山一带人口递增。到了1900年前后，当地"人多地少"矛盾进一步凸显，迫使人们在农业生产之余，尽可能从事手工、养殖等副业，以补贴生活所需。

---

① 黄正林. 近代西北皮毛产地及流通市场研究 [J]. 史学月刊, 2007 (03): 103-113.

2. 当地群众善于经商

龙山镇是陇山西南麓的商贸中心，其小商品交易辐射至临近的秦安、清水和庄浪等地。这里商业之所以如此兴盛，与当地回族群众善于经商的传统密不可分。众所周知，回族在国内的分布呈现为"小聚居、大散居"的格局，由于散居各地，长期与汉族杂居，回族与汉族经济文化联系极为紧密。在经济生活方面，以农业、商业和手工业为主，尤其善于经商和餐饮服务业。[①] 在传统上清水河流域以农业为主，当然下游流域由于地势开阔，川地较多，耕种可以糊口，但上游流域的龙山镇周围多为山地，且地势较高，单纯的农业种植不足以糊口，这迫使当地群众在农业之余兼营一些商业和手工业，当然其中回族喜尚经商的传统起到了助推作用。

3. 国家对民族地区发展的扶持政策

龙山镇是张家川县西部的商贸中心，其皮毛市场的兴盛与国家对民族地区的优惠政策不无关系。新中国成立以来，通过民族区域自治制度的贯彻落实，国家以制度的形式确立了各民族平等的社会政治地位。特别是改革开放以来，为了加快民族地区经济社会发展、缩小发展差距，保障各族人民正常的生产生活，国家根据民族地区发展的实际需求，制定和实施了一整套针对性较强的加快发展的政策，具体包括民族贸易政策、财政政策、反贫困政策、对口支援政策、边境地区开放开发政策、产业扶持政策等。[②] 这一系列利好政策的实施，大力促进了当地经济社会的全方位进步。

三 龙山镇皮毛市场的衰落

皮毛贩运加工既是龙山镇人的一种副业形态，更是一种文化传统。毕竟它在生活困难时期，补充着当地人的生计，而且在改革开放初期，也引领着当地人率先走出土地，开启了地方性的市场实践。当前龙山镇皮毛市场的确是衰落了，但是笔者叙述它的衰落，并非为了唱"挽歌"，

---

① 临夏州史话 [M]．兰州：甘肃民族出版社，2017：72.

② 施正一．民族经济学教程（第二次修订本）[M]．北京：中央民族大学出版社，2016：122.

而是试图探析其背后的学理缘由，以期为当地下一步的转型发展给出相关理论阐释。

（一）李老爷子眼中的皮毛市场

2020 年 10 月 4 日，笔者和豹哥在龙山镇皮毛市场内的宏达货栈门口碰到李老爷子，他开着一辆小型三轮摩托车，精神抖擞，乍一看也就 70 岁的样子，后来得知老人家已是 87 岁。看到我俩，老爷子就问："要啥了，进去看。"我们说："随便看看。"这样就随着李老爷子进入院内。

图 5-3　皮毛货栈门口

寒暄之后，笔者请李老谈谈个人的情况，李老很热情，便娓娓道来：

我是附近大阳镇高沟村的，原先我们村属于渠子乡，后来撤乡并镇合到大阳镇了，其实我们最早就属于大阳的，之前分开，现在又合在一起了。我在高沟村先后做了二十多年的村支书，到改革开放前的一年，我把书记就丢下再不干了。完了就开始跑皮毛生意，这一跑就 40 多年。

我今年 87 岁了，解放前后的各种运动都经历过，人一辈子仔细算就像一场戏，真的难活。我有 4 个儿子，2 个女儿，还把 2 个在早年给夭折了。7 年前老伴去世了，前几年大女儿也去世了，现在我跟小儿子一起过。我是 1957 年入的党，一直忠实于党的事业。

之后，笔者根据之前的访谈提纲，对李老做了深度访谈。

问题一：您感觉自己的皮毛生意啥时不好做了？

就最近三年，2017 年之前说是不好，但一年下来总能碰上几单，2017 年之后彻底不行了。哎！我一辈子捉长虫（蛇），最后被长虫（蛇）咬了。2017 年 10 月份，我有一车羊毛被广河三甲集人给赊走了，说是过几天货一出，就把钱打过来，但现在都三年了，货一直没出，从去年底连电话都打不通了。这一趟就亏了 22 万元，院子里还压着 33 万元的羊毛，也近三年了，纯粹没个接子手，当时每斤 6 块多钱进的，现在连 3 块钱都卖不上，还要过一段时间翻腾着打药。

本来我的生意早交给小儿子了，去年底，小儿子实在坚持不下去了，就领着一家 9 口人到西安开饭馆去了。我小儿子今年 43 岁了，他有 2 个儿子，都结婚了，花了 70 多万元，把我多年来的老本都搭进去了。小儿子家的老大是五年前结的（婚），结婚三年生了两个娃，完了老大媳妇回了娘家，两年多也再没回来，现在闹着要离婚。老二的媳妇娶的是我们同村的，人实诚，没啥埋怨。

问题二：现在您家小儿子的牛肉面馆开得咋样？

我小儿子本来是几个儿子中间做生意最在行的，但现在皮毛行情不好，说实在的，皮毛这一行过时了，现在真不养人。去年底小儿子回到村里对我说："大（爸），现在丢人得很，你看人家开饭馆的人，家家盖起了别墅楼，门前停的都是几十万的车。你看咱们这些做皮毛（生意）的，现在混得饭都吃不上了。"我一听小儿子说得句句在理，做皮毛（生意）真的是没办法混了。完了我对他说："娃，你的两个儿子都会拉面，你们一家就好好闯去，货栈我先守着。"就这样，我小儿子一家就到西安北郊租了一间门面开起了牛肉拉面（馆），干了也就一年，说是挣了 30 多万。前几天小儿子打电话，我给说："你就好好闯，等过几年你就跟村里的其他人一样，别墅、好车就都有了。"

问题三：咱们龙山镇皮毛市场现在有多少年了？

龙山镇皮毛市场存在的时间长了，从我小的时候就记得龙山镇逢集（农历单日）的一天，牛羊、皮毛交易就比较火热，大概 1940 年，在老街上，一张羔子皮能卖到一个银元，那时的一个银元可是值钱了，能买好多东西，解放后皮毛生意仍然比较火。后来，1952 年搞公私合营，不让贩卖皮毛了。其实 1952—1978 年，政策也是时紧时宽，这中间，政策宽的时候，有些人也在偷着贩卖加工。

1978 年之后，政策慢慢放活了，皮毛贩运加工又开始火了起来。那时我跟村子里几户人家由于琐事关系紧张，因此索性就不当村支书了，完了就开始做皮毛生意。

刚开始是两头跑，农历单日在龙山镇，双日就去张川镇。两边贩卖，当二道贩子。这样一个集下来多则（赚）七八百元，少则（赚）300、500 元，那时光阴好得很。挣了一两年，攒了一笔钱，我就在自己家里整了一个熟皮子的作坊，几个儿子慢慢地长大了，也参与到生意里面来。熟皮子货量大时，还要在外面请专门的师傅帮忙，给人家开工资。

我的几个儿子中，就老三最不争气，管了几年账，爱上了打麻将，幸亏发现得及时。完了我就（把他）从家里的生意里给赶出去了。后来，老三去了新疆，做贩卖蔬菜生意，他媳妇管得严，现在在新疆有房有车，过得也好着了。

问题四：咱们龙山镇皮毛市场的生意啥时最好？

1978 年，分产到户之后，皮毛市场上的生意就火起来了。1990 年前后生意确实好得一塌糊涂，逢集的一天街道上人山人海。那时候，听人说跟河北辛集的生意差不多，在全国都是能排上名的，1995 年左右，县上的领导班子经常到皮毛市场上来开现场会。"龙山镇皮毛市场"几个大字是当时省长顾金池到龙山镇视察工作时题写的。哎呀，当时大家把皮毛市场上的生意都叫"三个一"，说张川三分之一税收是皮毛市场上收取的、三分之一的人在经营皮毛生意、养活了三分之一的人。还有周围秦安、清水、庄浪许多村庄里的人也都过来从事相关买卖和加工。

2000 年以后，龙山镇的皮毛生意就走下坡路了，特别是 2008 年以后，受金融危机的影响、国家环保政策从严，皮毛生意一下子就不行了，后来说转到广河的三甲集和临夏的南龙镇，听人说那边现在的生意也不行。说到底，这一行是过时了。

问题五：龙山镇皮毛生意衰落的原因是什么？

最主要的是这一行过时了，现在做个皮衣给你，你穿不？（1）成本高，最便宜也得 300、500 元；（2）不好打理，不能水洗，脏了不好处理，天气暖和了不好存放；（3）替代产品物美价廉；（4）环保抓得严，传统物件没办法生产；（5）国际市场竞争激烈，等等。

当然还有一个原因是咱们张家川人的经营观念不行，以前生意好的时候税费太重，等于把生意人都给赶走了。一车皮（货物），工商、税务、检验三家合在一起要收 3000 多元，杂七杂八的税费确实太重了。

（二）皮毛市场衰落的原因

"回族人善于经商"的说法在民间流传很广，很多时候"贩卖""做生意"成为回族人的代名词。龙山镇回族、汉族杂居，在回族经商的带动下，当地回族、汉族群众共同经营各种买卖，使得龙山镇商业气息浓厚，成为陇东南地区的商贸中心之一。龙山镇集市的特色市场有皮毛交易、活畜交易、牛羊肉、餐饮和建材等。近年来龙山镇的转型发展较为艰难，突出地表现为发展路径固化，走不出传统的发展模式。在外界看来婚姻中的"买卖女儿"成为龙山镇转型的"挽歌"。

龙山镇皮毛市场在改革开放之后，出现短暂的兴盛辉煌，之后逐渐走向了沉寂，特别是在2008年的金融危机的影响下，皮毛产业可以说迅速下滑。从经济类型的角度考究，龙山镇地处以农业生产为主的地区，当地畜牧业并不发达，皮毛产量也少。事实上，这里皮毛市场之所以兴起，最主要的原因有二：（1）地处"丝绸之路"南大道的中枢地带，在陕甘公路建成之前，这里是关中通往甘肃的主要便捷通道。（2）清同治年间大量回民安置于此，使得"人地冲突"进一步凸显，当地人不得不在农闲时节兼做一些自身熟悉的副业，皮毛贩运加工成为首要选择。当然龙山镇皮毛市场的衰退恰恰与其兴起的缘由有着千丝万缕的联系，可谓"兴衰同源"。

2019年12月，笔者前往龙山镇调查，当时属于皮毛交易的旺季，但是到达市场之后，仅有几家规模较大的行店门口零星堆放着一些皮张。走访这几家行店的过程中，碰到了几位河南籍的外地客商，他们的主要目的是收取一批羊皮，但质量好的货源较少，等了半个多月了，货物一直没收齐。更有趣的是，几位帮工的大嫂误以为我是"环保家的人"，见了就打趣说："啥活都没有，哪有环保问题？"之后，我转向去了阳光货栈，马经理告诉我："市场的衰败不是一两年的事了，前几年虽然差些，但旺季总还是有些生意的，然而这几年旺季也这样萧条，整天闲着，没什么生意，现在就想着看能做个其他生意不？"

1990年前后，龙山镇皮毛市场可谓享誉西北。地方政府非常关注皮毛市场的发展，基础设施不断改善，市场管理也得到逐步加强。与此同时，其发展过程当中也逐渐显现出自身的一些不足。

1. 远离货源，交通不便

随着对货源需求量的增大和外地客商的增多，龙山镇远离火车交通线成为其"致命"因素，本地客商用大卡车把散皮经长途颠簸运送到龙山镇，没停几天，再由外地客商雇用高额货车送出去，这一出一进，运输成本太高。

图 5-4　皮毛行店内

2. 产业专业化程度不高

当地的皮毛产业一直停留在"农闲副业"的初级阶段，皮毛市场植根于农贸市场，逢集的一天可谓"车水马龙"，贩运商随便摆置摊点，造成交通堵塞。另外，皮毛加工仅处于"熟皮"的初级环节，没有深加工，导致当地市场"季节性强"，发展不平衡。冬季三个月是皮毛市场的旺季，然而到了其他季节，特别是夏季，市场经营惨淡。

3. 现代市场经营理念缺失

当地群众的文化教育水平总体偏低，皮毛货栈的经营者大多是"农转商"，法治观念淡薄。在皮毛贩运时，一些群众不办理任何手续；货品在运送过程中被扣押时，为了要回货物，往往是广拉关系、走后门、托人情，甚至利用贿赂等非法手段来达到目的。"有的为了逃税、漏税，不顾工商执法部门多次的执法教育和警告，公然冲撞执法车，想方设法采取各种违法手段进行皮毛交易和运输。"① 这大大损害了龙山镇皮毛市场的声誉。

在以上自身发展欠缺的基础上，龙山镇皮毛市场的衰落还主要受到国际市场挤压和环保政策从严等因素的影响。随着 2001 年中国顺利加入 WTO，

---

① 虎有泽．张家川回族研究（1）［M］．兰州：兰州大学出版社，2007：37.

海外皮毛产业对国内市场造成了较大冲击。一方面，新西兰、澳大利亚等地价格低廉的皮毛货源使得国内市场迅速分化，向东南沿海转移；另一方面，在国家环保政策的严格实施下，多数家庭作坊和达不到环保要求的货栈被迫停业。在上述多方面因素的叠加下，龙山镇皮毛市场最终在2010年以后彻底走向了衰败。之后，西北地区的皮毛交易逐渐向西"撤退"，深入青藏高原、边疆草原等货源产地。

四 步后尘的三甲集镇

在发展经济学的视域里，区域经济发展遵循"产业地方化"—"产业集聚"—"产业扩散"的一般规律，当然客观的"诱致"性因素会促进产业转移。1986年费孝通先生对"西有河州"的临夏模式发展给出了良好的愿景，实质上是要走"以商带工，以工促商"的发展道路，这恰恰也契合了当时大办乡镇企业的时代特征。当然当时的乡镇企业呈现了我国特有的农村工业化发展道路，"苏南模式"的成功经验恰恰在于此。反观龙山镇皮毛市场的发展契机和困境，仅仅靠贩运，加工也只是停留在"熟皮"制皮革的初始阶段。而同一省份，地处甘肃西南部的三甲集镇在皮毛产业方面走得要更深一些，更加注重皮毛制成品的加工。然而在市场转型的深入阶段，三甲集镇皮毛产业意欲赶超龙山镇皮毛市场，事实上并未走出"兴衰同源"的经营理念，因为国内市场经济的冲击正在由东部沿海地区逐渐波及内地，龙山镇皮毛市场的衰落已经为三甲集镇的转型发展敲响了警钟，只是警钟似乎并没有起到应有的警惕效应。

（一）三甲集镇概况

三甲集镇号称"西北第一集"，是古河州（今甘肃临夏）的东大门，古丝绸之路南道重要商贸地，素有"西部桥头堡"之美誉。三甲集镇境内南北山峦起伏，中部为川谷，广通河穿镇而过，东面隔洮河与临洮县相望，平均海拔1850米。全镇面积91.42平方公里，辖15个行政村，人口约5.25万人（2016年），其中回族、东乡族等少数民族占比达98%。交通便利，309省道康（家崖）临（夏）公路、S2兰郎高速公路穿境而过。

三甲集镇借助地处农牧业过渡地带的优势，成为东部工业发达地区与青藏高原畜牧业商品交换和经济文化联系的桥梁。2000年前后，三甲集镇皮毛加工业发展迅速，主要产品有洗净毛、兰湿革、肠衣、毛毯、毛呢、毛条和地毯等。①

三甲集镇在广河县域经济中地位举足轻重，拥有皮毛加工、木材、粮食、建材、茶叶、餐饮服务等民营企业60余家，年产值达1.6亿元，占全县非公经济总产值的42%（2017年），支撑着全县税收的"半边天"。

在经济发展方面，三甲集镇传统上以种植业为主，加之手工副业，特别是皮毛加工业享有盛誉。在过去很长时间内，三甲集镇皮毛市场与龙山镇、河北省辛集镇，并称"全国三大皮毛集散地"。2010年前后，以皮毛加工为特色的乡镇企业在三甲集镇形成了"一线三区"（"一线"指兰郎公路；"三区"指临园、陈家、沙家）的产业发展格局。

（二）三甲集镇"皮毛之都"的创建

改革开放之初，伴随着国内市场的放活，皮毛贩运加工业逐渐兴起。起初国内有影响力的市场主要有：甘肃省的龙山镇皮毛市场、三甲集镇皮毛市场和河北省辛集镇皮毛市场。其中西北龙山镇皮毛市场一度占据优势地位，许多外地客商首选龙山镇皮毛市场坐商，这使得龙山镇成为全国第二、西北最大的皮毛集散地。然而到了2000年以后，龙山镇皮毛市场却逐渐走向了衰落，其主要原因是远离皮毛产地、大型货运交通不便。而这些不利因素，恰恰是临夏三甲集镇的长处，随着龙山镇皮毛市场的走衰，三甲集镇意欲"取而代之"，提出建设西部"皮毛之都"的宏大愿景。

三甲集镇少数民族占比在98%左右，以回族为主。这里商贸之所以发达，与其所处的特殊经济地理环境密切相关，即耕地少，是黄土高原向青藏高原的过渡地带，总体上农业生态环境不佳，但作为农牧经济区过渡的位置十分重要。因此在传统的经济生活中，商业活动无疑排在首位。早在明洪武

---

① 广河县史话［M］．兰州：甘肃文化出版社，2017：18-19.

年间，这里就属于茶马互市的中心地区，除茶马贸易外，当地粮食和畜类贸易也很发达。到清朝中期以后，迁移三甲集镇生活的回族持续增多，当地商贸进一步兴盛，其商务主要面向藏区，马牛及畜产品交易额度也大幅度提升。从民国初年开始，受国际大市场的影响，当地依托回藏贸易，皮毛业率先获得发展，一度居商业经营的首位。当时出现了一批专营皮毛的大户，他们将从藏区收购的羊毛贩运到天津，然后再采购日用百货商品，将之运回临夏销售，或者直接进藏区转手换取皮毛。随着羊毛生意的进一步扩大，当地皮毛市场开始繁盛，从而引起国外商业机构的关注，外国资本也介入皮毛贸易中，这进一步助推了当地皮毛市场的迅速发展，与之相关，皮革加工业、皮毛运输业和肠衣加工业也同时发展了起来。[①] 新中国成立初期，三甲集镇的皮毛贸易保持着较好的发展势头，然而之后全国实行的"统购统销"政策使得三甲集镇皮毛市场步入停滞状态。

改革开放之后，三甲集镇皮毛市场再度兴起，但在 1980 年代、1990 年代，龙山镇皮毛市场起步较早，且靠近内地市场，导致同在甘肃省内的三甲集镇皮毛市场一直屈居第二的位置。然而到 2000 年以后，在龙山镇皮毛市场步入衰落的过程中，三甲集镇抓住皮毛市场向西转移的机遇，开始大面积投资兴建皮毛交易场所和皮革加工厂，一时间三甲集镇的皮毛交易和皮革加工有了较大起色，获得了一定兴盛发展。

（三）三甲集镇皮毛市场的衰落

2000 年以后，三甲集镇意欲超越龙山镇皮毛市场，取得西北最大皮毛交易市场的地位，然而在国际大市场的影响下，粗加工经营显然已经不合时宜。相比龙山镇人的皮毛业经营，三甲集镇人似乎并不满足于"中间人"赚差价的贩运买卖，而是较为重视皮毛制成品的加工，想办法为冬季严寒地带特别是藏区居民供应皮衣、皮帽、护膝和手套等。

2019 年 6 月，笔者联系到 YL 皮业公司的马总，他是一个极其热情的

---

① 高占福. 甘肃临夏回族传统经济兴衰的思考 [A]. 首届中国宁夏回商大会文化论坛论文汇编 [C]. 中国·宁夏·银川，2008：142-148.

人，前一天约好，第二天我俩一同前往三甲集镇。自改革开放之后，三甲集镇小商品买卖、皮毛产业一直处于上升趋势，特别是在 2000 年以后，意欲赶超龙山镇皮毛市场，实现其打造"西部皮都"的愿景。然而 2008 年金融危机之后，面临国际产业的重大调整，在国外高端皮毛产业的挤压下，国内西部地区粗加工的皮毛行业所占市场份额急剧下滑，特别是产业调整后的更新换代，皮毛替代品大量涌现。在这样的时代大背景下，三甲集镇皮毛市场的衰败不可避免。

由于市场的惯性，三甲集镇皮毛产业公司在 2010 年左右达到高峰，当时有 40 家之多，然而之后数年便走向急速下滑，多数企业濒临倒闭。据马总介绍，截至 2019 年 6 月，由广河县（主要指三甲集镇）人开设的皮毛业公司均已倒闭或者被并购。

更为遗憾的是，马总此次带笔者的行程中准备将自己的公司并购给河南某皮毛公司，主要是清理核算厂房中的机器设备。YL 皮业有限公司成立于 2010 年，公司位于三甲集镇临园开发区，注册资金为 100 万元，经营范围主要包括皮革、裘皮、洗净毛、加工、销售等。在公司开设的前几年生意较好，从 2014 年开始虽然生意亏损，但是仍然在零星地进行加工生产。然而到 2016 年下半年，直接走到了停产的地步。说起这段经历，马总显示出真切的心酸。

图 5-5　YL 皮业有限公司内

据马总回忆，即便在"文化大革命"期间，那时的政策管控比较严，但他们堂兄弟几个晚上还是偷偷地做皮毛加工，完了瞅准时机拿到集市上销售，以补贴困难时的家计，这使得他们几户人家在当时比周围其他人家的生活过得要好。20世纪八九十年代是马总人生的巅峰期，他经常往云南、海南等地跑，走南闯北地经营皮毛生意，使得他手头基本不缺钱花。然而到了2000年以后，虽然手中有了些积蓄，但他明显感觉生意难做了。万万没想到的是，2010年他用所有积蓄投资创办的YL皮毛公司最终走向了破产。

五 王村毛毛匠的阵痛

王村人在早年就学会了制皮革的手艺，解放前有几家专门从事皮革加工的作坊，并且有人因为制皮革技艺精湛被聘请到域外一些大的皮革加工坊做"大师傅"。正因为这样的经营传统，改革开放初期，王村许多家户纷纷加入兴盛的皮毛贩运加工行当中。

（一）赵福"收皮子"

改革开放以后，王村第一个收皮子的人是赵福，他是1965年出生的，因为他父亲赵怀长期担任村支书，有较好的社会关系，1985年赵怀托关系在乡信用社为赵福贷了5000元的款作本钱。年满20周岁的赵福就跟着同乡他大姨的儿子一起去酒泉"收皮子"。据赵福讲，当时他们到酒泉主要是在玉门镇、花海等地租一家小旅馆，吃住都在小旅馆里，白天的时候骑着自行车在附近的村庄里转着收购皮子，主要收的是羊皮、牛皮和一些野生动物的皮毛。起初他们的生意很好，从酒泉贩运一张皮子到龙山镇，利润都在一半以上，一张好一些的羊皮在当地是60元左右，拉到龙山镇一倒手就能卖120元。其实就是个"倒手"买卖，差价大，赚到钱大家就天天晚上喝酒吃肉、打牌。

随着收购生意人的逐渐增多，酒泉一带的皮毛显示出数量的不足。1988年起，赵福继续往西走，到新疆的乌苏、米泉一带收皮子。1988年新疆的皮毛生意还行，但到1989年国内金融不稳定，影响了皮毛行业。正是受这次行情的影响，赵福最后一趟生意基本上赔了个"血本无归"。他讲道：

我收了5年皮子，基本上调了个传（没啥收益），就逛了嘴，几年下来把银行的5000块钱给亏完了，还欠了一屁股烂账。后来老达（老爸）实在看不下去，就帮忙凑了些钱，买了一辆手扶拖拉机，我整整跑了5年，最后到1995年时才把跑皮子的烂账还清。

（二）王村二队人做"狗皮褥子"和"熟制羊皮"

1990年前后，龙山镇皮毛市场上"狗皮褥子""毛围脖"一路紧俏，于是王村二队的青壮年就纷纷加入其中。做狗皮褥子先要到集市上收购一些皮张，具体的做法为以下几个。（1）铲皮，即把狗皮上的脂肪和血液刮干净；（2）上板，把皮子毛朝下固定在木板上；（3）撒盐，在皮子内侧涂满食盐，作用是吸干皮子里剩余的水分，防止腐烂，之后放在背阴处风干；（4）软皮，干透皮子会比较硬，用光滑的圆木棍反复地揉搓皮子内侧，使其柔软；（5）上色，在皮毛上加染涂料，使其色泽鲜艳、图案精美；（6）定型，在皮子的内侧封上布料，做成长方形的褥子。通常情况下，将制作狗皮褥子剩余的边角材料，通过缝制、上色做成毛围脖和骑车用的"护膝"。

1990~1995年，王村二队有将近三分之一的人都在从事"狗皮褥子"的相关生意。到了1995年以后，由于市场的拓展、替代产品的增多，这种粗加工逐渐走向了消亡。当时皮毛市场上"羊革"开始走俏，于是二队人开始制起了"羊革"，即羊皮熟制。当地人羊皮熟制采用的是"硝面熟制法"，这种熟制法简单方便，民间多有采用。核心工序为：（1）硝液配制，通常取芒硝（硫酸钠）10公斤溶于100公斤的水中，再加25公斤面粉拌和均匀即可。一般情况下，硝液的用量为皮毛的10倍左右。（2）硝制，将经过软化处理的毛皮浸入硝液中，翻拌浸匀，上面压上一些石块，使其完全沉浸于液面之下，每天翻动一次，浸硝的具体时间依据气温而定。在春秋季，一般浸制20天左右；夏季浸制15天即可起缸。从缸内捞出的脱水皮张不能沾生水，要随即晾干并铲软处理，制成成品。具体工艺流程为：选料—水浸—铲肉里—搓洗—硝面液浸—晾干—喷水—闷板—铲肉里—晾干。龙山镇皮毛的制革产业在 1997 年前后走向了衰落，迫于生计压力，不甘种地的二队人开始向其他行业转移。

（三）熟皮革的最后坚守者

王平是王村坚守皮毛生意到最后的人，随着 1997 年亚洲金融危机的爆发，1998 年国内各产业发展受到影响，加之国际市场的挤压、各种替代产品的推广，等等，龙山镇皮毛市场开始整体下滑，衰退之势不可阻挡。这个时候，王村经营皮毛生意的人也都逐渐往出撤。然而王平却是一个"倔脾气"，他"坚信"皮毛市场只是短暂的波动，不久肯定还会复兴。然而这次历史和王平开了一个玩笑，龙山镇皮毛市场持续衰落，王平却反而加大了投资。最后欠账太多，两个姑娘辍学前往北京打工，之后他老婆也去了北京打工，家里儿子王洋上小学还得靠老母亲代为照顾，而王平却仍"孤家寡人"式地坚守"倒皮毛""熟皮革"。直到 2001 年，所有本钱赔进去还欠着一屁股烂账的王平背上行囊前往北京投奔老婆、姑娘去了。家里留下了儿子王洋上初中，在他四叔家蹭饭。王洋在他父亲去北京一年后，也没心思坚持读书，最后初中未毕业的他也辍学前往北京投奔家里人去了。

第二节　风靡一时的"多胎羊"养殖

王村人有着浓厚的养殖传统，因此改革开放以后，牛羊养殖一下子就复苏起来，然而将当地养殖业推向"巅峰"的无疑是"多胎羊"的引入。通过走访调查，当年王村引进多胎羊的人叫王长。1995 年，时任龙山镇兽医站站长的王长从青岛引进了一批"小尾寒羊"，率先在老家所在的王村推广养殖。事实上，当时王村人正经历着皮毛产业衰败带来的阵痛，多胎羊的引进似乎让人们看到了新的希望，然而好景不长，他们又掉入更大的旋涡。据经历过的人讲，"多胎羊"养殖有着过山车般的"惊悚"。为了聚焦事例，进而深入分析，本部分选取王村的"多胎羊"养殖做"深描"处理。王村在传统上属于龙山镇"市场圈"的一部分，基于此，有必要对龙山镇的地域社会及养殖业传统做一粗线条的梳理。

一 "多胎羊"的引进

养殖业一直是龙山镇一带的主要副业，但在改革开放初期，由于皮毛贩运加工业的高利润吸引着大家的眼球，养殖业一直处于"居家填补"性的经营地位。龙山镇一带的养殖业主要为牛羊，在传统社会，养牛的目的主要是耕地和食用（由于当地回民喜食牛肉），育肥也占到一部分；而养羊的目的则主要是增加家庭收入。通常情况下，一个村庄里养羊的人家只有少数几户，并且是代际相传。因此可以说在较长时间内，当地的养殖业是悠闲平稳的，然而这种平静在1995年后被打破了，主要缘由是"小尾寒羊"的引进推广。

（一）多胎羊概述

"小尾寒羊"属于蒙古羊系，在我国鲁西南一带对小尾寒羊的"舍饲圈养"已有上千年的历史。小尾寒羊是肉裘兼用型绵羊，该羊种一般能"一胎多产"，被民间称为"多胎羊"。多胎羊发育快、早熟、繁殖能力强，且性能遗传稳定、有较强适应性，被国家确定为"名畜良种"，养殖业领域更是将之誉为中国的"国宝"、世界"超级羊"，"多胎羊"被列入《国家畜禽遗传资源保护名单》。

多胎羊一般长在6个月大时就可以配种受胎，一年产两胎，每胎产2~6只羊羔。就因为这种"短平快"的高产，引进多胎羊不仅成为地方政府实现地方产业配套升级及扶持农民致富的主要举措，更成为羊肉市场实现"竞价"优势的策略。

（二）多胎羊在张家川的引进试验

张家川、东乡和崇信三县是甘肃省首批引进试验养殖多胎羊的地区。1989年，张家川一养殖场从山东梁山引进了156只多胎羊，起初引入的成年羊表现正常，但几个月后产下的羔羊大多死亡了。据当时畜牧兽医部门化验，死亡的羊被诊断为感染了肺炎型巴氏杆菌。[①] 由于当时兽畜防疫条件差，加之饲养管理的粗放，1994年以前多胎羊并没有在张家川得到大幅

---

① 马国玉. 张家川县四十年种畜禽引进中疫病检防体会［J］. 中国动物检疫, 2003 (04): 32.

推广。

1994年前后，地方兽畜防疫条件得到了较好改善，加之域内皮毛生意的衰退，多胎羊养殖便有了"广阔"的市场。时任龙山镇兽医站站长的王长瞅准了这一机遇，他在与地方政府相关部门取得协调之后，依托自身畜牧兽医的相关资质，融资了部分民间资金，开始以"商业模式"从山东引进多胎羊。王长引进的第一批多胎羊在老家王村推销，当时赵福家就牵了一只。据赵福回忆：

> 那是1994年的春上（清明后），说是王长从山东拉了一车多胎羊（回来），村里人没见过，都当个"稀奇"着看了。我去时，羊都关在王长家的后院里，一问说是一只小羊羔就要600~700元，这把我吓住了。当时村里人养的土绵羊，一只育肥长大的羊也不到200元，这一只小羊羔就能顶上三四只大肥羊，确实难以接受。

> 之后，王长的大儿子王存给大家介绍，这是种羊，不能跟咱们当地的土羊比。这种多胎羊一年能下两次羊羔，而且一次就能下三四只。现在咱们县上、省上都正在大力推广，后面价格可能还要涨。好好养，绝对能赚钱。

> 完了，我就回到家和女人（媳妇）商量看能养不？我女人一听价格，立马就说"算了"，说道："这是个不说话的牲畜，又是从外地拉来的，万一水土不服，死了就亏大了。"我一听也有道理，也就想算了。但晚上在家里坐不住，就到老院里找我爸去了，我爸说这挣钱哪有个没风险的，如果真的想养，他那里有500元钱，先让我拿上用。

> 第二天上午，我还是不死心，又去了趟王长家，村里已经有好几个人心动了，准备先牵一只试试。我这一看，就有了从众心理，想着也牵上一只先试试。最后挑了一只自己看起来顺眼的草羊羔（母羊羔），650元。这一牵算是成功了，抢了先机。到了第二个月，王存家拉来的羊已经涨到（每只）800元了，之后每月都涨价。

> 我牵的羊羔，过了两个月就怀胎了，当时村里只有王长家有个多

胎羊的羯羊（公羊），谁家草羊要配种，就赶到他们家去，一次收取30元的费用。到了下半年冬天，我的羊下了3只羊羔，当时可把我高兴坏了，2只草的、1只羯的。我养到第二年春上，就把1只草羊羔和羯羊羔卖了，草羊（每只）1500元，羯羊（每只）300元。这加在一起就1800元，顶得上半年跑拖拉机（挣）的钱。完了，自己就留着养草羊。

二 好比"县长"金贵

王长引进的多胎羊在王村获得初步收益之后，这在当地"一石激起千层浪"，大家都纷纷仿效养起了多胎羊，光王村前后有90%的人家都养过。在王村的带动下，邻近的村庄都养了起来。1996年上半年，当地多胎羊的价格炒到了最高，纯种的小尾寒羊的母羊价格每只都在3000元以上，如果母羊肚子里孕有羊羔，价格则会更高，卖到5000元的也比比皆是。王村的"百事通"王清老爷子讲述道：

> 1996年的时候，多胎羊火了个一塌糊涂，当时县长的工资一个月好像就1000元左右，但一只多胎羊随便要价两三千元。人人抢着养羊，最后我也候不住（按捺不住），也买了一只养。每天出门随手就牵上，像带小孩一样。我这运气还算好，赶了个好行情的"尾巴"，3200元买了两只草羊，到1997年上半年下了两次羊羔，总共4只草羊羔、5只羯羊羔。羯羊羔不值钱，还赶不上咱们土羊的钱，4个草羊羔卖了5000多元。1997年下半年行情就不行了，大一些的草羊（价格）塌到（每只）1000多元。但当时人的这个脑子就是转不过弯，总想着价格会涨上去。

1996年前后，龙山镇一带"多胎羊"的价格被炒到了"尖峰"。实质上这是一种市场失序行为，但从一定层面上也投射出政府监管引导行为的

"缺失"。事实上，当时"多胎羊"养殖在当地的发展，是新畜种的推广，而推广羊种理应是有引导的循序渐进，不应该是盲目的一蹴而就。

热火朝天的养殖"多胎羊"还影响了村子里的邻里关系，朱山讲述道：

> 回想起当年养"多胎羊"，我恨死王青那个老怂（老人）了，起初那个老怂家没养羊，但看到别人家养羊眼红，就在自己家的小麦地里放了老鼠药，那年冬天我赶着羊出去放，在人家地里吃了一会（儿），羊的口里就开始吐白沫了，我一看中毒了，紧赶慢赶往家里跑，最后3只羊还是被毒死了。哎！那时的多胎羊值钱，3只羊随便3000多元。羊死了，我爸拿起鞭子就是个使劲地抽我。

王村的养羊户冬天基本是把羊赶到村里的小麦和油菜籽地里放，反正大家乡里乡亲的，都默认这种养羊方式。但随着村里养羊户的暴增，有些人认为虽然是冬天，但过度放牧，庄稼根要么会被羊刨出来，要么会被频繁走动的羊群损毁，这对不养羊的人家来说不公平，凭什么让别人家的牲畜在自家地里吃草，于是就有人在庄稼地里放老鼠药。大多数村民会在放了老鼠药的地里立块牌子，算是"警示"，但有些也许是忘了，或者是被路过的小孩拔去玩了，可能造成进入的羊群被毒死。说实话，当时"多胎羊"在村民心目中好比"县长"金贵，这羊一毒死，对村民心理造成的创伤确实太大了。

三 钢钎子戳向羊背

那个曾经在王村人心目中的"县长"，最终还是抛弃了他们。1997年下半年起，龙山镇一带的"多胎羊"价格持续下滑。到1998年夏天，价格已降到每头700~800元。就在大家纷纷抛售多胎羊的时候，村民王太却是逆市而上。他把做皮毛生意的摊子收拾了，拿着1万多块钱的本钱，买了15只多胎羊，可能心里有"低价炒起"的想法。

王太是个生意人，闲余时间还能唱唱戏，做些文化人的事，本来他是看不上放羊的营生，风里来雨里去的。但为了挽回皮毛生意的损失，他还是放下了"姿态",下定决心好好养羊。然而这次命运又捉弄了他,多胎羊价格的持续低落不可挽回。1998 年中秋,王太的羊是每只 700 元左右买进的,一个冬天出来,1999 年春上价格塌到了每只 500 元左右,家里人和亲朋好友劝他赶紧出手算了,但王太凭着一股子"偏性"非要坚持下来。结果到 1999 年初冬,价格塌到了每只 350 元左右。王太最后还是咬着牙坚持,然而这种逆市场规律的"韧性"致使他付出了惨重的代价。王太的媳妇讲述道:

> 哎!我们家的个喂(口语,指说话双方所涉及的第三者,即王太)就是个犟脾气,当时明理人都说再不敢养了,他总说别人不懂市场、没生意头脑。到头来,我们家的损失最大。2000 年春上,和他一起放羊的王祥偷着给我说,王太已经是气急败坏了,直接拿着放羊鞭子后面的钢钎子往羊背上戳着了,这个多胎羊皮本来就薄,戳着羊满背子在流血。

到 2000 年时,风靡一时的"多胎羊"逐渐回归到了平常,每头价格在 200~300 元之间,还卖不过土绵羊的价格。除去羊种的推广和市场炒作费用之后,事实上一只羊的估价主要在两个方面:肉质肉重和皮毛。单就这两个方面来说,多胎羊没有优势,再加之土羊具有轻易不得病、好放养等优势,市场上土羊的价格偏高于多胎羊。面对这样的窘境,迫于无奈的王太终于屈服了,2000 年夏季的一天,邻近村的羊贩子老马来到王村收羊,由王祥当"牙子"(中间人),从中撮合,王太把剩下的 11 只多胎羊,以 2700 元的价格全断(一揽子)给了老马。至此,王太最后坚守养多胎羊的"壮举"谢幕了。王太在坚守多年皮毛生意又经受炒作多胎羊的市场泡沫之后,最终选择南下杭州,在一家乐器制作厂做工,长年累月地偿还着前期生意失败欠下的烂账。

第三节 进军餐饮服务业

2000 年前后,在遭遇龙山镇皮毛市场的衰败、多胎羊养殖的失利之后,为了弥补损失，并获得相对好的发展，人们纷纷将目光转向了餐饮服务业。当地人所经营的餐饮服务业大体来说主要在三个领域，即开牛肉拉面馆、烧烤店和经营中小规模的宾馆。

一 牛肉拉面的盛况及困境

牛肉拉面的产生地在甘肃兰州，兰州牛肉拉面的历史可追溯至清嘉庆年间，前后有 200 多年的历史，被誉为"中华第一面"。1999 年，兰州牛肉拉面、北京全聚德烤鸭和天津狗不理包子被确定为中式三大快餐试点推广品种。改革开放之前，牛肉拉面基本上偏居西北一隅，改革开放以后，在市场经济的冲击下，牛肉拉面迅速走向全国，并享誉海外。

（一）牛肉拉面发展简况

西北有着众多的美食佳肴，其中最具市场影响力的无疑是"牛肉拉面"，牛肉拉面的产生地在甘肃兰州。据说，在清嘉庆年间（1800 年前后），甘肃东乡族人马六七到河南怀庆府（今河南省博爱县境内）的陈维精处学做小车牛肉老汤面，将其制作工艺带回兰州。后经过陈氏后人陈和声和回族厨师马保子等人的改良，形成了兰州牛肉拉面的基本制作工艺。

民间通常认为，马保子对兰州牛肉拉面有着原创性贡献。说是 1915 年马保子为生活所迫，模仿别人，挑着担子沿街叫卖"热锅子面"，担子一头的"浅子"里是用木盘装盛的面条，另一头是装有热牛肉汤锅的火炉子。若有人购买，将面条放入碗内，用铁勺舀汤涮烫面条，撒上牛肉丁，调上作料，一碗热锅子面便成功了。1919 年，马保子用走街串巷积攒下的积蓄，在兰州市东城壕北口租了一间低矮的铺面，开始了自己的创业，他对热锅子面进行了改良，逐渐提炼成"一清（汤）、二白（萝卜）、三绿（香菜蒜苗）、四红（辣子）、五黄（面条黄亮）"的做食标准。[①] 兰州牛肉拉面自从创立起，便以"制作简捷""物美价廉"而著称，成为中国十大面食之一。改革开放以后，牛肉拉面迅速走出西北，在东南沿海落地生根，近年来

---

① 陆春鸣. 金城面道——兰州牛肉面［M］. 北京：光明日报出版社，2016：41.

更是成为东南亚、日韩等国民众喜爱的日常饮食。当然在牛肉拉面市场扩展的过程中，由于经营规范没有及时跟进，单一的"赚钱理性"主导了对外部市场的拓展，这使得国内牛肉拉面发展面临诸多困境。

（二）拉面经营的盛况及困境

虽说牛肉拉面创始于甘肃，但改革开放后，率先将牛肉拉面馆大规模开向东部沿海地区的却是青海海东人。这可能存在两个方面的原因：一方面，甘肃牛肉拉面经营者满足于偏居西北一隅，思想观念保守，市场经营理念淡薄；另一方面，青海海东地区更为落后，改革开放初期，部分人的"非法生计"事件对大家有着深刻的教训。基于这两个方面的原因，青海海东人为了获取平顺的生计，率先到东部沿海地区开设起了牛肉拉面馆。

就在龙山镇人在家乡的生意受挫之后，欲要纷纷加入餐饮服务业之时，青海人开设拉面馆的经验无疑值得借鉴。笔者在化隆县进行田野访谈时，当地人说早在1980年代，青海化隆人就开始将拉面馆生意推向了全国。他们起初在外开设拉面馆时也叫过一阵子的"青海拉面"，后来看到兰州拉面名气更大，索性就换上了"兰州牛肉拉面"的牌子。当然当时大家仅仅是为了谋生，基本上没有商业经营的"品牌"意识，后来随着这门生意越做越大，"兰州牛肉拉面"逐渐走向了全国的大街小巷，之后甘肃人拉面店在外地更大规模地加入，引发了两地持续至今的冲突。[①]

2000年初期，是甘肃人在中东部地区开设拉面馆的初始阶段，当时似乎并未对青海"拉面经济"带来实质性的冲击，然而随着后期甘肃大批群众成群结队地涌向中东部地区做拉面，拉开了两地人激烈竞争的序幕。

事实上，2010年可以说是牛肉拉面发展的分水岭。2010年以前，虽说牛肉拉面在全国遍地开花，但大部分店铺沿袭了传统上的家庭作坊式经营模式，主要目的在于养家糊口，这在青海同行早期开设的餐馆里表现得更为明显。餐馆对就餐环境不重视，店铺空间相对狭小，一到用餐高峰，便拥挤杂

---

① 张玥 . "兰州拉面"凭什么走向全国［J］. 中国中小企业，2015（09）：32-36.

乱、餐桌油腻、餐纸乱扔，服务人员多为进城务工的流动人口，服务质量不佳，等等。这造成了牛肉拉面品牌传播的负面效应，并且处于竞争力弱小的尴尬局面。2010 年以后，随着"兰州牛肉拉面"商标的注册成功及授权予一批大的餐饮企业，牛肉拉面产业逐渐升级、改革，行业经营步入正规化渠道。①

通过对地方发改、工商等部门的走访，事实上，拉面经营呈现出族群圈子经济、族群行业经济的特性。由于受传统社会"人情、面子、关系"行事逻辑的影响，龙山镇人在外开设的拉面馆主要在武汉、北京和山东烟台等地。2010 年前后，大批龙山镇人进入拉面馆行业，与青海拉面经营不同的是，龙山镇人在经营拉面的同时兼营烧烤、炒面、炒菜等附加吃食，随着经营规模的扩大，加之人们"闲余"生活的丰富，晚上的烧烤营业额超过了白天的拉面销售，逐渐成为"主业"。

为了秉持本研究"深描"的初衷，笔者将目光再次投向王村。2020 年3 月，在和赵福的二儿子赵文取得联系之后，笔者对他进行了深度访谈。赵文开的店在北京市通州区马驹桥镇，属于六环，是城乡接合部，面馆直接取名"中国兰州牛肉拉面"，白天主要经营的是面食、炒菜，晚上则以烧烤、啤酒为主。

赵文的经历在当地青年人当中有着某种"普遍性"，他在上初二时就辍学了，当时年纪还小，就先在村里帮着他父亲赵福养"多胎羊"，然而时间不长，"多胎羊"的行情就不好了，于是他跟随着村里的同龄人去江苏的轻电子工厂打工。干了几年感觉电子厂用工时间太长，人太累，也挣不了"大钱"。于是在 2013 年，他便去北京投奔他舅家的女婿王颜，在王颜帮工的店里，赵文学会了拉面的手艺。之后，他们俩一同帮店主拉了两年面，但总感觉帮人拉面，还是挣不了多少钱，不如自己开一家得了。有了这样的想法，两人 2015 年过年回家，跟家里人一合计，就立马找亲邻帮忙，筹措了一部分资金，再加上他俩这几年的积蓄，过完年回到北京，

---

① 梁妍. 兰州牛肉拉面的品牌传播研究［D］. 兰州：兰州大学硕士学位论文，2017：1.

图 5-6 赵文的拉面馆

就开了这家店。

赵文的店开在"城乡接合部",住着大量的"租户",这些租住户以打短工为主,没有时间做饭,因此经常光顾拉面馆,这使得他的馆子生意一直较好。赵文讲述道:

> 我们的这个店看起来地方偏(僻),其实人流量很大。现在的人都比较忙,一来没时间做饭,二来家里人少,尤其是年轻人感觉做饭太麻烦。因此到饭点,大家都出来凑合一下,随便吃碗拉面,再加个烧烤感觉很方便。再者价钱不算高,大家都能接受。

实际上,在北京的牛肉拉面的价格参差不齐,赵文的店所在的通州一带,一碗牛肉面13元,羊肉烤串一串是4元,这是甘肃相关饮食价格的两倍。据他讲,北京的拉面在做法上也比较粗糙,但羊肉串切得要大一些。这样一衡量,在北京开拉面馆,其总体盈利要比甘肃高得多。

之后,笔者问及赵文近年的盈利,他讲述道:

图 5-7 赵文餐馆菜单

说实话，最近几年咱们那里的人，在北京开饭馆的基本上发了，当然这的确也是个苦营生。从 2016 年到 2019 年，我个人每年能分到 30 多万（元）的红（利），总共有个 100 万。就这，也不敢把家人都带到北京来生活，北京生活的压力太重了，就只能把小孩安顿在老家的县城读书了。为了小孩念书，2019 年，我在老家县城买了一套房，加装修，搬进去总共花了 70 多万。去年（2020 年）受疫情影响，生意不太好，就保住了个本，一年下来我和王颜每人分了 10 万左右的红。

后来，笔者和赵文谈起了拉面馆的发展前景，他似乎不是很乐观，讲述道：

当前在北京的牛肉拉面逐渐转向了"规模经营"，大量的小店在"高成本""卫生许可"等因素的冲击下，纷纷走向了关门倒闭。我之前学过手的三位老板，前后都离开北京了，其中两位带着在北京多年打拼的积蓄，在银川买了房子，想着那边成本低，开个拉面馆推日子应该没问题。哪料想在北京这边开馆子把手艺给逛粗了，拉的面在咱们西北吃不开，后来没办法拉面馆就变成麻辣烫店了，但经营麻辣烫年龄大的男人还不在行，好像现在主要是他们的媳妇在做，他们躲在家里受气得很；另一位老板直接回到张家川老家，在村子里办了一家养羊场，投资了80多万，但由于不懂技术，又没有啥养殖经验，在荒山僻岭的沟里放了三年羊，最后还是破产了，这把多年在外的积蓄都给整没了，最主要的是还欠了一屁股烂账。

二 火爆的烧烤摊

从文化人类学的视角探讨西北的烧烤，有着鲜明的"西域风情"。事实上，新疆羊肉串、罗布人烤鱼、喀什馕坑肉、和田羊肚包肉等美味对内地烧烤有着大的影响。时下，随着人们闲暇时间的增多，烧烤的市场需求量也在逐步增大。

（一）西北特色烧烤

烧烤是一种古老的吃食方式，烧烤的制作因地域不同展现着不同的特色。西北的烧烤大多选用课桌大小的烤炉，炉膛里装有无烟煤，上有烧烤架，通常用钢钎子将食材串起来，放在火上烤。具体烧烤过程中，需要将烤串分把子拿在手中间断性地进行颠簸、翻动，一把子通常为20串。这种颠簸、翻动看似很随意，其实有较高的技术含量，火候得当、翻动适时、调料适中，烤出来的串味美鲜嫩，否则要么生硬，要么干枯。因此可以说烧烤师有其专业技能，用心经营非常重要。

西北的烧烤以羊肉为主，追溯烤羊肉的历史，大致从人类发现火以后，就开始用火烧炙各种野兽吃，当然那时没有调料，也没有什么辅助工具，只是借地形进行烧制。从考古资料来看，早在1800年前，中国就已经有了烤羊肉串的做法，这在《汉代画像》全集中有相关石刻图像的记载。

烤羊肉不仅味美爽口、营养丰富，而且能增进食欲。在西北地区，烤羊肉通常会选用鲜嫩的羊后腿和上脑部位，之后剔除筋膜、压去水分、切成薄片，然后将羊肉片用卤虾油、酱油、大葱末、香菜段、姜汁、白糖和辣椒油等十几种佐料浸泡好，最后再用火烤制。

现在国内的烧烤店以烤羊肉为主，通常还附加一些素菜，主要类型有烤羊肉串、红柳烤肉、烤板筋、烤羊腰、烤全羊、烤面筋、烤土豆片、烤年糕，等等。

大体来说，烧烤从业者有其显著的族群行业经济和族群圈子经济特性。从全国范围来看，甘肃兰州的烧烤店铺数量最多，生意也最为火爆。兰州市的主城区主要是城关区、七里河区和安宁区，就这三个区的烧烤经营分布来看，城关区烧烤的经营者主要是白银市会宁县、西海固地区和临夏州康乐县等地的穆斯林群体；七里河区烧烤的经营者主要是临夏州的穆斯林群体；安宁区以张家川人居多。

（二）毛平的烧烤生意

安宁区是兰州市的"大学城"，在开学季，这里大学生人数众多。大学生年轻、朝气勃发，他们通常会在晚上或节假日聚在一起，男男女女、三五成群，美美地吃上一顿烧烤，再喝上几瓶啤酒。为了洞悉龙山镇人在兰州开设烧烤店生意的具体情况，笔者定期走访了十几家烧烤店，并对一家"尕羊烤肉"店做了深度访谈。

图 5-8　尕羊烤肉店门面

"尕羊烤肉"是由张家川人牵头于 2010 年注册的加盟店，在兰州市有多家分店。笔者选取访谈的这家店在三所大学的交会地带，人流量大，生意较为红火。店主毛平是一个热心肠的人，笔者每次到店里时，他总会笑脸相迎，捧上一杯香香的红枣茶。

毛平生于 1978 年，家在龙山镇向北 10 里路的王坪村。他每每谈起自己少年时吃过的苦，眼泪便会禁不住流下来。

我们家弟兄三个，小的时候家里太穷。我大哥出生没多久就被过继给我大达（大伯）了，我是老二，还有一个弟弟。我记得那是 1992 年，当时我小学毕业要到乡里的中学上初中，村里离乡里要走 1 个多小时的山路，太远了。我们村里的小孩上初中都住校，住校就得自己做饭。当时做饭用的是煤油炉子。那些家庭情况好的学生用的都是新炉子，我们这些家里穷的，就借人家淘汰不用的。哎！我用的那个炉子上面顶钢精锅的"爪子"都掉完了，就拿几块石头顶着。就这，家里每周给的钱不够买煤油的，熟一顿、生一顿的，坚持到初二第二学期，我实在坚持不下去了，就索性跟家里人商量不读了。

1994 年春上，我达（爸）就把我送到县城的车站，买了一张到兰州的汽车票，颠簸了八九个小时到了兰州。刚到兰州时，我跟着大姨家的儿子在一家牛肉面馆学手艺。每天起床很早，主要是挑菜、洗菜和打扫卫生。半年后，就开始揉面、捞面了。我力气大，学得也比较快，不到两年，拉面的活就基本拿下来了。

学会拉面后，总感觉兰州的工资太低了，就去了北京，北京不太适应，又去了武汉。这样晃荡了几年，钱也没挣上。1998 年冬上，回到老家，通过亲戚介绍认识了现在的媳妇。当时订完婚，媳妇娘家要 3 万多的彩礼，这一下子给人把负担加上了。

那年刚一过完年就不敢逛了，就和我一个远房表哥去了新疆昌吉，我们俩合开了一家牛肉面馆。那儿的牛肉面馆一般只经营早餐和午餐，到了下午 3 点左右就关门了。当时娶媳妇急用钱，咋办了？这整个下午关门乱转也不是个事。最后，我们决定下午准备烧烤，到晚上烧烤，这样就可以多做一茬生意。

在传统的西北吃食店铺经营里，面馆和烧烤是分开的。通常情况下，牛肉面馆只经营拉面，而烧烤则是傍晚时分以移动的露天摊位形式经营的。然而传统"泾渭分明"的经营方式在市场盈利的冲击下，悄然发生着变化。毛平接着讲述道：

自从我们改为白天做拉面、晚上做烧烤后，累是累了许多，但利润翻了两番。一年下来我们两个每人分了5万多。到1999年腊月底回家，我拿着这些钱很宽松地把婚结了。2000年时，我就带着媳妇一起去了新疆。媳妇在店里干了一段日子感觉不习惯，肚子里又怀了我们家老大，于是就在附近的一家化工厂找了班上，我继续开馆子。但是这种合作做生意，时间一长，矛盾就出来。我和远房表哥合作到2006年时，矛盾实在太大，再加上我们家老二也出生了，我也没心思干了，最后就把馆子打了（转让），每人分了不到20万。我当时拿着这些钱一个人不敢乱投资，就和媳妇在化工厂上班。2008年时，我感觉厂子上班虽然活不累，但人不自由，就和媳妇商量着再开个馆子。最后咬着牙在昌吉又打了（转让）个馆子，但这个馆子最后把我亏了。

我自己在昌吉开的那个馆子，自从接手，生意就没好起来。直到2010年时生意才有些转机。后来我坚持到2013年，正好有个接子手（想转让的人），我就以10万的价格给打出去了。干了5年最后搭进去了10万，这把人给弄伤心了。最后我和媳妇一商量，先回老家吧。

2014年春上，我们重新来到兰州，我给黄河北一家馆子拉面，媳妇在临近摆了一个烧烤摊。结果一个月下来媳妇比我挣得多，而且还自由。最后我们干脆自己开了一家烧烤店，这运气一下子好起来了，两年挣了50多万，完了我们就在城关的一个老小区买了房子，这有了房子，小孩上学问题也就解决了，日子总算安顿了下来。

2017年，有几位亲戚找我说想合开一家档次高的店，一来有发展，二来挣得也多，就这样我们开了这家连锁加盟店。

笔者问道，你现在这个店的生意咋样，毛平答道：

> 现在，我总算是熬过来了，我们几个人合开，收银台账目透明，有风险大家共同承担，干活的人都请的是年轻人，自己平常操操心就行，反正一年下来一个人怎么也能分个二三十万。

（三）烧烤店的火爆生意

近年来，随着人们经济收入的普遍提高以及闲暇时间的增多，消遣生活逐渐成为一种时尚。晚上娱乐之后的夜宵越来越受到喜爱，其中烧烤似乎有着得天独厚的优势。烧烤一方面烤制方便，将食材串在钎子上，经过短时间的翻烤，便可食用；另一方面，食材种类齐全，能符合各种口味者。特别是到夏季的晚上，许多人都喜欢约上三五好友聚在烧烤摊上，吃吃串、喝喝酒、谈谈心，似乎一天的工作压力即刻消失了。面对这样旺盛的市场需求，大量从业者加入。

喜欢吃烧烤的人增多，为经营者带来了可观的收入。2020 年 5 月，笔者走访了在兰州市城关区张家川人开设的部分烧烤店、烧烤摊，了解到一年中生意最好的时期是 4~10 月间，一家小型烧烤店通常在一个夏季能挣到十多万元。在城关区雁滩开小店的马老板靠着烧烤生意在 5 年内赚到了近 100 万，在附近的一个小区买了楼房，将两个小孩接到兰州上学，日子过得很是顺心。

马老板的烧烤店"小马哥烧烤"，店内面积 50 多平方米，屋内有 6 张桌子，屋外还有 2 张，共有 8 张。他们两口子，加上两位服务员和一位烧烤师傅，总共 5 个人在经营。马老板讲述道：

> 我们餐饮行业大概的毛利润是（营收的）三分之二，扣取房租和人工工资，大体的纯利润在三分之一。就拿我这个店来说，每天一大早我就得骑着电动车到菜市场选购一天的菜和肉，一般花费是 500 元左右。如果生意正常，全部卖出去的话，我就能收回 1500 元，赚了 1000

元。还有啤酒，一箱赚 30 元，我的店大概每天能卖出去 10 箱，能赚 300 元。面食的利润比较薄，一天也就挣个 200 元。这样下来，我每天的毛利润是 1500 元，一个月 45000 元，一年下来平衡一下淡季，可能毛利润是 50 万左右。再除过房租和发工资，我自己就能落个 25 万。说实在的，确实好着了，咱们就个农民，没读多少书，也没个啥本事，就做个烧烤，投资也不大，一年下来能挣二十几万，真的就不错了。

相比之下，开烧烤店摊本低，赚钱快，但经营起来很熬人。马老板说，"我们都快成夜耗子了"。通常情况下，烧烤店是白天关门歇业，晚上开门营业。一般在每天下午 5 点钟左右，经营者会打开店门，打扫屋内卫生，准备接待客人。6 点钟以后，客人陆续进入店内消费。大概在晚 8 点到 12 点之间，是烧烤店生意最火爆的时候。晚 8 点以后，路上的行人和车辆逐渐少起来，经营者会在靠近店铺门外的马路一侧摆上桌椅，从而解决高峰时段顾客对桌位的需求。凌晨 1 点以后，烧烤店的生意会逐渐冷清下来，但是许多喝酒聊天的客人一般会拖较长时间，到凌晨 3 点以后客人才会陆续走完。大致凌晨 4 点，经营者才能简单收拾一下店内的各种器具，之后回到住处休息。

事实上，受近年来高端化、规模化经营的冲击，传统的小摊位烧烤生意大不如从前。马老板说："我们这个小街道前几年有好几家烧烤店，自从前面路口那家'尕羊烤肉餐厅'开起来之后，其他的生意明显感觉到（受）挤压，现在这条街上小的烧烤店就剩下我们三家了，其他两家好像生意也不怎么好，在往出打（转让）。我主要在这开的时间长，做的质量也高，回头客比较多，生意还算稳定。"

规模化、连锁经营使得烧烤生意走上了高品质发展之路。当笔者走进路口处的"尕羊烤肉餐厅"时，店内有着明显的"杂货铺"特征，即烧烤店兼营面食、炒菜和啤酒饮料等，应有尽有。

这家尕羊烤肉店是由三个出资人共同开设的，总投资 200 万，其中大股东出资 100 万、二股东出资 60 万、三股东出资 40 万。由于两个较大的股东还接手其他生意，这家烤肉店的实际经营者是三股东。三股东姓王，大家都

图 5-9　汆羊烤肉店内

叫他王总。王总大概 35 岁的样子，穿着时尚，收拾得很利索。王总对他们店的经营状况是这样讲述的：

我们这个店能开，说起来比较偶然。当时（2018 年 6 月）我在我表哥的店里当烧烤师傅，有一天我小舅说是这儿的一家川菜馆在往出打（转让），转让费不高，要价 100 万。这一听，我感觉路段好，就过来看了一下，真的不错，店内面积大，店铺外廊檐宽敞，很适合开烧烤店。但当时关键性问题是我的本钱不够，于是就找到了其他两个合伙人，其实大家都沾亲带故，他们过来一看，也觉得很好，主要是单位的房产，房租要价比较低。就这样，我们和川菜馆原店主第二次见面就签订了转让合同，完了对店内重新装修花了 70 万，又交了 30 万房租，总计开业时的花费是 200 万。

我们这个店自打开起来，生意就一直很好，一晚上毛收入在 1 万左右，前两年我们已经把转让时的花销赚回来了，现在已经开始盈利了。现在店里加上我，总共有 9 个人，我们都是青壮年劳动力，旺季时还会请一些钟点工。反正说实话，生意是好，但压力很大，其他两个股东信任我，把店交给我经营，一天跑上跑下，累得很。一年下来要卖出 200

165

万的东西，这都得从我们的手上过呀。

相比较，在餐饮服务业中，烧烤生意投资小、见效快。一些前期投资于开宾馆和拉面馆生意受阻的龙山镇人，看到烧烤店火爆的生意，个个有些眼红，都想找机会加入。殊不知，火爆的烧烤生意后面也存在规模化市场竞争的挤压。

（四）烧烤店的经营困境

烧烤经济不仅给龙山镇人带来了高的经济收益，而且催生着一系列的社会效益。事实上，这一产业有着非常好的市场前景，值得从地域文化、产业链延伸等多个维度加以发掘。然而现实当中的烧烤店铺由于经营理念保守、市场监管缺位等因素其发展面临多重困境。

1. 粗放式经营

烧烤店的生意主要在夜间经营，一到傍晚时分，有些烧烤店为了招揽客人，就将烧烤架置放在店外进行露天烧烤，更有甚者，一些店主在店铺外的人行道上摆放桌椅进行占道经营，这便催生了油烟、噪音扰民和污染环境卫生等诸多问题，不仅严重影响所在地的市容市貌，也影响了周边居民的日常生活环境，从而引发多方投诉。

2. 市场化运作能力偏低

现代经济形态的市场化运作主要是指准确定位市场、进行市场营销、以市场为导向打造品牌，以及构筑核心竞争力等环节。龙山镇人对现代市场化运作的意识不强，难以适应日益激烈的市场竞争，实际经营大多处于家庭作坊式层次，在面对同行之间规模化连锁经营的挤压下，劣势地位明显。

3. 市场监管缺位

近年来，烧烤行业可谓乱象丛生。为了牟利，一些业主在选材上大做文章，往往选用劣质食材，以次充好。更有甚者，一些黑心业主直接从事着"挂羊头卖狗肉"的行当，用鸭肉、鸡肉等材质通过"鲜味剂""羊油"等的调和，做出高仿的羊肉串来。对于这样的行径，市场监管部门应当积极介入，依据相关法规及时整治。

4. 缺乏高质量产品和高品质服务的打造

2000 年以后，国内逐渐从"产品紧缺"转向"产品过剩"时代，呈现出"消费社会"的诸多特征。与此同时，人们开始普遍追求高品质的生活，这在一定程度上对餐饮服务业提出了更高要求。然而龙山镇人的烧烤经营仍停留在传统的"尝鲜"状态，从材质的选取到服务员的聘用各环节都讲求"低价"原则，赚到钱之后就先想着购买房产等进行"保值"投资，而对扩大规模经营和提高服务品质的投资则考虑不周。

三　遍地开花的宾馆

"开宾馆"是王村人从事服务业的主要领域，事实上较早涉及中小规模宾馆经营的是清水河下游的创业者，即秦安县陇城、五营镇一带的"小包工头"。20 世纪八九十年代，清水河下游群众"搞副业"主要是从事建筑业，每个村庄基本上有包工头，大的村庄有十几号包工头。这些小包工头早年带领家乡的青壮年劳动力在兰州、银川等地从事建筑业，凭借着吃苦耐劳攒下了"第一桶金"。2000 年以后随着建筑业大型机械设备的进入，规模化经营发展迅速，加之政府对相关从业资质的严格管理等，使得小型建筑队走向衰败，小包工头被迫转型。受"裙带关系"影响，清水河下游的小包工头纷纷进入兰州开设经营中小型宾馆。通常的模式是租赁二十几间房屋，将其装修为住宿宾馆，进行经营。

笔者通过走访调研，发现早期"开宾馆"的人绝大多数暴发了。"开宾馆"之所以能暴富，这与 2000 年以后国内"消费社会""旅游经济"的快速发展密切相关。随着到城市办事、旅游等人数的增多，城市住宿赶不上实际的需求。正是基于这样的商机，清水河下游的包工头率先进入，随着逐年盈利的增加，上游的龙山镇人也开始"眼红"，纷纷加入"开宾馆"的行列。

为了对王村人"开宾馆"有较为深入的探析，笔者自 2017 年 12 月起追踪调查了王海的"挑担"窦军。王海老丈人有 4 个女儿，其中大女婿是窦军，在窦军的撮合下，几个"挑担"家前后都加入过开宾馆的生意。窦军生于 1975 年，家在王村东北方向的 5 公里处的窦家庄。他 16 岁初中毕业后就出门打工了，刚开始在银川做过几年建筑工，后来学做皮鞋，在张家川县城开了一家皮鞋作坊店，规模不怎么大，只有他和他媳妇，外请一名帮工，三人做活。窦军回忆说：

> 我在张川做皮鞋是 2004～2008 年，刚开始我和媳妇两个人干，后来主要是我还会装潢（装修房子），接的活也多，做皮鞋忙不过来，就请了一个帮工的，那人也是一位老把式，做活精细，我们的生意一直还算好。到 2008 年时，我攒了 40 多万，拿出 20 多万把村里的房子重新翻修了，还剩下 20 多万。

> 后来做鞋的生意慢慢地也不行了，当时听人说到兰州开宾馆能挣大钱，我就跟村子里的二喜商量一起去兰州开宾馆。通过一位亲戚在城关区秦安路找了一家转让的（宾馆），转让费 50 万，加上一年房租和一些修补，每人出资得 40 万。当时我个人的钱还不够，就找亲朋借十多万（元），凑了 40 万。2008 年底转让到手，做了些小的装修，2009 年初，就开始营业了，这样我们的第一家宾馆就开起来了。

> 说实话，当时的生意真的好，一年光分红，每人就能分到 20 万。但是咱们那里的人不成，一挣钱，矛盾就起来了。我们两个争争吵吵两年多，实在弄不成了，就分开单干了。2011 年，我在火车站附近重新转让了一家，生意跟我们那个老店差不多，最主要是自己说了算，这个气顺了。

窦军于 2011 年后半年起，开始了自己单个开宾馆的创业，到 2014 年底的时候，已经回笼了 100 多万的资金。当时一心想着要把事业干大，就用这 100 多万又转让了一家中等档次的宾馆，就是这家宾馆给他带来了挫折。这家宾馆位于兰州市东西走向的主干道上，房产属于部队。在刚转让到手不久，兰州市的地铁开始施工了，严重影响宾馆的生意，本来想着先熬一熬，待到地铁修成了，生意会好起来。然而到了 2018 年，部队大力整顿房屋租赁，窦军的新宾馆用房最终被收回了，这一次他大体损失了150万，可以说把前期开宾馆的绝大多数盈利赔进去了。

雪上加霜的是，窦军在火车站附近的宾馆房产属于单位公产，在单位清理"小金库"时也被收回了。就这样，到2018年底，窦军落入"无业可经营"的尴尬境地。最后迫于生计，窦军翻出了50万的老底，在城关区天水路北出口位置的"宾馆村"转让了一家小宾馆，勉强度日。近期笔者专程去了一趟窦军的小宾馆，该宾馆所在地民间称之为"宾馆村"，属于城中村。有大小宾馆60多家，价格低廉，主要针对低收入群体。

图5-10 兰州宾馆村

在"宾馆村"，窦军经营的宾馆总计22间房屋，每间房屋大概15平方米，一年房租15万。客房分两种类型：一种屋内陈设两张单人床，名曰"标间"；另一种屋内陈设一张大人床，名曰"大床房"，均带有卫生间。2019年这家宾馆的收益较好，获得了20万的盈利。然而2020年受"疫情"影响，"宾馆村"关闭了整整4个月，窦军亏损近3万。现在随着"疫情"的平稳，宾馆生意也逐渐正常化了。窦军讲述道：

最近我的生意还行，基本上每晚住满着了。现在日子就这样先往前推着，看疫情全面结束了，能更好一些不。去年确实把人愁死了，眼巴巴的四个月，一分钱都没挣，还要往里面搭房租，最后我们这个宾馆村有好几家直接关门倒闭了，我是硬撑下来了，但是生意不好，害得我连打扫卫生的（人）都打发走了。今年生意慢慢地好起来了，现在我们两口子（经营）人手比较紧张，得想办法再找个打扫卫生的。

四　同行之间的恶性竞争

近年来，张家川县的民间经营在转向餐饮服务业之后，开面馆、开宾馆逐渐成为当地的主要收入来源，全县有近三分之一的人从事餐饮服务行当。为了进一步促进"新产业"发展，地方政府于 2016 年提出了"百千万工程"，规划在 2017 年底完成当地人开设 1 万家餐馆的目标。实际上该目标于 2016 年底已提前完成，但是处在一边快速开设、一边迅速倒闭的尴尬境地。特别是在和"青海拉面"的经营竞争中，产生了诸多纠纷，以至于大打出手，伤人、死人的事件也是频频发生。这引起了笔者极大的关注，因此找向导苏大姐帮忙，想了解一个相关的真实案例，这就有了"马二在 Y 市被打身亡"的事件记述。

2020 年 4 月 3 日上午，在苏大姐的引导下，我们到达马二家。刚到时只有马二母亲（以下简称"马大妈"）坐在炕上，在说明来意之后，马大妈开始诉说当年马二身亡时的情况，但大妈由于受教育程度低，又多年腿部患病，对许多情况讲述得不清楚。后来，大概过了 40 分钟，马二父亲（以下简称"马大叔"）背着一个黑色的提包回到了家。通过近 2 个小时的访谈，马大叔基本讲清楚了当年的大致情况。

事情发生在 2015 年 11 月 13 日，当时马二和他大哥及两人的媳妇，还有几位帮工正在山东省 Y 市装修一间门面，打算在此地开设牛肉拉面馆，突然一群青海化隆籍的同行冲进面馆，说是马二家的面馆开设有问题，离同行所开面馆太近，不足 500 米。于是把里面刚装修好的陈设推倒在地，完了把马二一家人赶出门，并用链锁锁了门面。马二一伙看到同行人多势众，便选择到附近的派出所报案，接案民警让马二先不要管面馆被砸的事，等公安去处理。马二一伙从派出所出来后，想着再也没啥事，先去面馆看一下情况。然而当他们刚走到面馆所在街道的上坡位置时，一位青海籍女性同行便打出暗号，之后从停在附近的一辆面包车里冲出一群青年人，手里拿着砖头和钢制管件朝马二一伙人奔来，一阵乱打，最后导致马二一伙 3 人受重伤，其中 2 名帮工在医院的及时救治下，没出大碍，但马二经抢救无效身亡。此消息一出在 Y 市牛肉拉面经营行业和张家川县内引起了较大震动。一些人直接到 Y 市政府门前请愿，要求依法处理，并要求对"500 米以内不准开设第二家牛肉拉面馆"的霸王条款予以清除。

马二身亡之后，相关部门的电话通知了其父亲马大叔，说是建议先将"人（尸首）"存放到殡仪馆去，要不然难处理（因为身体多处破伤）。由于马大叔是一位年近 70 岁的农村老人，据他讲，自己平生没听过"殡仪馆"，还以为是医院的什么病房，也就满口答应。之后，找到村里的书记和几位比较得力的亲友，包了一辆小车赶向 Y 市。到 Y 市之后，一看二儿子已经身亡了，马大叔一下子晕厥了过去。之后青海同行那边找到马大叔，打算通过协商，私自赔钱处理。

在征求家人意见和咨询老乡的基础上，马大叔提出了 500 万元赔偿费的要求，通过和同行那边的数次沟通，对方答应赔偿 300 万元予以私了。正在协商期间，张家川县在 Y 市的几家规模较大牛肉拉面馆经营者和地方商会找到马大叔，建议对马二的身亡进行依法处理，要求一定要"把打死人的人给枪毙了"，大伙儿答应通过募捐的方式给马二一家赔偿 100 万元。目的是通过这件事将"300 米、500 米之内不准开第二家牛肉拉面馆"的"霸王条款"彻底取缔。

最后马大叔接受了老乡们的建议，通过法律程序解决事件。主要参与打砸的 6 名青海同行分别受到十几年不等的有期徒刑处罚。"马二在 Y 市被打身亡事件"最终得以解决，与此同时，Y 市"500 米以内不准开设第二家牛肉拉面馆"的行业霸王条款也得以取消，当然过程中却付出了血的代价。

通过对"马二在 Y 市被打身亡事件"的追踪调查，可以发现，张家川县的主要产业在从皮毛业转向餐饮服务业的过程中，本身并没有些许创新，只是步了"前人"们的后尘，以家庭作坊式经营为主，遇到激烈的市场竞争，同行试图用"霸王条款"限制竞争对手，便出现上述流血冲突。事实上，餐饮业发展过程中并没有从打造产业链、推进连锁经营等理念出发，也就没有建立起现代规模化经营模式，最终陷入濒临倒闭、关门回巢的困境。

近几年，一些在外打拼受挫返回家乡的经营者，拿着手中留存的一部分积蓄回乡"兴办"牛羊养殖场，表面上看"热闹非凡"，然而从前期的资金投入到后期经营中的现代养殖技术，他们都不具备。这导致所谓的回乡创业者更倾向于"紧盯"国家"脱贫攻坚""乡村振兴"的相关款项，最终导致域内牛羊养殖产业发展仍存在较大风险。

事实上，改革开放以来，皮毛贩运加工、餐饮服务、牛羊养殖"三大产业"交替兴衰的发展困境，不仅存在于张家川县内，在整个黄河中上游流域民族地区都较为普遍。鉴于此，本研究的实证分析将对张家川县龙山镇、广河县三甲集镇和化隆县群科镇的特色产业做多点民族志的田野对比，梳理其发展"脉络"，进而为破解其发展困境提出有益探讨。

五　群科镇的"前车之鉴"

本研究对地方发展模式的反思始于笔者对 2015 年 11 月发生在山东的"马二被打身亡"事件的追踪调查，当然对事件本身的情况，上文已做了详细交代，这里不再赘述。本部分主要是对事件之所以发生的社会文化因素作进一步探讨。事实上，马二的身亡有着偶然中的必然。其必然性是近年来"青海拉面"和"兰州牛肉拉面"之间的重重矛盾及其激烈的市场竞争。矛盾的焦点在于青海拉面人对自己亲手开拓的市场无法"掌控"而生发"困惑"，由"困惑"进而发展为对竞争对手的"恐吓"，当然他们对市场的"无情"又怀有些许的"恐惧"。

为了忠于"场域"的分析范式，更为了便于行文，笔者的第三个田野点选择了青海海东化隆县的群科镇。化隆县处于河湟民族走廊的中心位置，有着典型的河湟文化特色。① 在中华文明史上，河湟地区的开发已有 6000 多年的历史，这里不仅是中国西部的要塞，还是丝绸之路南道、唐蕃古道的重镇，频繁的商品流通使得化隆县成为区域性的商贸中心。

群科镇位于化隆县西南面，人口 26857 人（2017 年），域内以回族为主，占到总人口的 85% 左右。群科镇又名古城，该地在《水经注》中早有记述，即"石城羌"，意思是为居住在石城的羌人部落所建。1950 年，当地乡镇建制时，确定名称为群科镇，"群科镇"的词源出自藏语，意为黄河回旋之处，当地人称为"背水处"，即"迎风则寒，背风则暖"。通过上述历史文献梳理，可以说群科镇确实是一块风水宝地。

就餐饮美食而言，在早些时期，群科镇主要以"手抓"美食闻名，"群科手抓王"在青海可谓家喻户晓。然而到改革开放以后，群科镇人迫于生计，成群结队地加入"拉面"行业，将"兰州牛肉拉面"开向了全国。

（一）"拉面经济"发展概况

在传统社会，人们在农业生产之余兼做一些买卖、手工副业。改革开放以后，在市场经济的剧烈冲击下，当其他地区率先发展之时，这里曾出现"倒卖枪支""贩卖羚羊"的不良事件。穷则思变，自 1980 年代末开始，群科镇的一些不甘贫穷的人走出了家门，到东南沿海去讨生活，其中有人在福建的厦门开起了"兰州牛肉拉面"馆，生意十分火爆，这引发了乡邻之间的纷纷效仿。之后，群科镇的青壮年通过亲帮亲、邻帮邻的方式，在中东部大城市开设起了数以千计的拉面馆。经过 30 多年的摸索和打拼，形成了独具特色的"拉面经济"。

2000 年以后，以群科镇为主的化隆县在打开"拉面经济"局面的同时，也对周边地区起到了示范带动作用。临近的循化、民和、平安和乐都等县区的群众也纷纷加入其中，外出开设了数量众多的拉面馆。通常情况下，一家

---

① 河湟是一个地域概念，它泛指湟水和黄河汇合处以上的黄河上游地区、湟水流域、大通河流域，涵盖了青海省东部地区，古代曾称作"三河间"，是黄河流域古老文明发祥地之一，也是各民族相互交流、融合、发展的重要地区之一（转引自李成虎. 化隆行旅［M］. 西宁：青海人民出版社，2010：序一）。

小型拉面馆的年纯利润基本上在 10 万元以上，甚至高达几十万元。通过走访海东地区某商会的主要负责人，截至 2016 年，由海东人经营的拉面馆已达 3 万家，从业者有近 20 万人，而海东地区总计约 55 万劳务人员，超过三分之一的人在从事"拉面经济"。其可谓发展势头强劲，从东部沿海的城市逐步向全国城镇和乡村拓展，部分经营者还成功打入国际市场，正像当地人说的"拉面之花"开遍世界。

梳理群科镇"拉面经济"的发展经验，可得出以下启示。

1. 穷则思变，创地方特色

当地群众有吃苦耐劳、不畏艰辛、走南闯北、善于经营的传统。群科镇属于高海拔地区，土地贫瘠，可耕地少之又少，农村劳动力过剩，再就业问题困难。正是基于这样的现实，劳务输出与转移农村剩余劳动力成为地方经济发展的必然。1990 年代前后，就在"兰州牛肉拉面"还"偏居"西北一隅之时，群科镇人迫于生计，率先将拉面馆开向了东南沿海城市，闯出了一条独具地方特色的经济快速发展之路。

2. 抢先发展，勇毅创业

笔者到群科镇走访时，当地人无不自豪地说："不要小看一碗小小的拉面，它不仅解决了咱群科人的生计困难，更是带动着海东地区 20 多万群众外出务工创业。"毋庸置疑，"拉面经济"的起步是分散的、家庭作坊式的经营，但是通过群科镇人的不懈努力，由当地人开设经营的拉面馆已遍布全国，获得了极大的经济收益。

3. 地方政府积极作为

群科镇"拉面经济"的发展壮大，一个很重要的原因是地方政府的高度重视、积极引导和大力扶持。群科镇的实践表明，发展壮大地方经济，既要选择适合本地实际、具有竞争优势的特色产业，更要有一个富有远见、善于科学决策的地方政府的推动，双向聚合发力，继而不断增强区域发展动能。

以群科镇为代表的海东"拉面经济"的发展，不仅迅速增加了农民的收入，更是加快了当地脱贫致富的步伐，有效改善着群众的生活水平。探析群科镇经验，可以得出这样的结论："因地制宜、抢先发展"。正是基于这样的发展路子，抓住特色、抢先发展、联帮带动，加上地方政府的积极作为，通过各方的不懈努力，共同成就了群科镇"拉面经济"的奇迹。

（二）"拉面经济"的发展困境

在群科镇创造"拉面经济"奇迹的同时，事实上其发展过程潜藏着诸多弊端。应当注意的是，群科镇从事拉面生意的人大体可分为两部分：少部分人是"老板"，是经营者，他们的收入通常每年在数十万元；而大部分人是"打工仔"，是工资较低的农民工。① 因此坊间听到的在拉面馆能挣大钱，其实只属于少部分人。

2019 年 8 月，笔者到群科镇做田野调查时发现，这里是化隆回族的主要聚居地，也是"拉面经济"的主要开拓地。然而当地近年来有一大批常年在外经营拉面馆的业主返回到了原地，说是"回乡创业""助力脱贫攻坚"，其实是在外经营受阻，欲转回本地谋求生计。因此可以说，近年来群科镇"拉面经济"看似繁荣，其实也是困境重重。具体分析如下。

1. 难于应对激烈的市场竞争

群科镇人打造的"化隆牛肉面"其前身为"兰州牛肉拉面"。1990 年代之前，"兰州牛肉拉面"的主要经营者无疑为甘肃人，以兰州为主阵地进行经营，去外地拓展业务的意识不强。然而群科镇人迫于生计，外出创业开设拉面馆，事实上起初只是为了"糊口"，是一种迫于生计的无奈选择。然而到后来群科镇"拉面经济"的发展壮大，确实有着"无心插柳柳成荫"的行动逻辑。

2000 年以后，甘肃民族地区地方经济在遭受传统皮毛产业衰败等的冲击下，大家将目光转向了热火朝天的"牛肉拉面"。当甘肃兰州、临夏、张家川等地大批从业者进入中东部地区的"拉面"行业之时，对化隆"拉面经济"造成了极大冲击，化隆人一时难以应对，便拿出了"500 米范围内不

① 刘纯彬，张晨.天津市回族外来人口就业与生活状况调查报告［J］.广西民族研究，2008（02）：154-160.

能开设第二家牛肉拉面馆"的帮会性"霸王条款"。这在短时间内或许能暂时保住化隆"拉面经济"的"个体"利益，但从长远来说，势必会激起双方的"流血"冲突，冲突过后逐渐走向"妥协"，最终服从于规范化的市场经营。

2. 民族属性对就业者的影响

对群科镇一些经营拉面不力的从业者进行访谈，当问及"能否考虑去其他行业就业"时，多数人的回答是，"我们少数民族有个生活习惯的问题，总想在餐饮业里创（业），一方面方便，解决了自己的吃饭困难，另一方面能较为轻省地赚到钱。话说回来，其实我们的文化教育水平都比较低，不做个牛肉面、烧烤、手抓，还能做啥？其他啥也做不了"。这在一定程度上说明，民族属性对当地人的就业转型起到了阻碍作用。[①] 既然大家都不想转向其他行当，务工创业者持续流向"拉面馆"，使得"拉面经济"效益下滑，呈现"内卷化"发展趋向。更有甚者，在收益降至很低的时候，则会出现质量下滑、以次充好和恶性竞争等事件。

3. 家庭作坊式的经营理念

群科镇"拉面经济"最大的困境是经营理念落后。随着当前国内餐饮行业"产业化规模经营"的迅猛发展，群科镇人前期亲邻之间搭帮经营的方式严重受挫，许多经营不善者不断被挤出。基于此，可以说"拉面经济"目前的发展已经到了一个大的转折点上，所呈现出的格局就是要么仍然以现在的模式发展，等待被市场自然淘汰；要么发展自己的连锁经营，整体改变模式，走规模化、品牌化、连锁化经营道路，进而取得整体的转型成功。[②] 总之，不管选择怎样的路径，"拉面经济"的发展势必要摒弃"家庭作坊式"经营理念。

（三）"个体化"社会对"拉面经济"的影响

依据前文梳理分析，"拉面经济"的最大困境是经营方式陈旧，"家庭

---

① 刘纯彬，张晨．天津市回族外来人口就业与生活状况调查报告［J］．广西民族研究，2008（02）：154-160.

② 陆春鸣．金城面道——兰州牛肉面［M］．北京：光明日报出版社，2016：88.

作坊式"的经营模式难以适应现代市场经济的发展趋势。这促使笔者探析当前西北民族地区家庭结构的变化。

与中东部地区"个体化"的社会结构相比，2000年之前的西北民族地区保留了较好的"家族"观念。这里的人们经营买卖往往是由家族中精明能干的一位长辈做"掌柜"，其他家庭成员遵从"掌柜"的决策，待生意选定之后，家族内部共同出资经营，其他家庭成员成为主要的"伙计"。平常花销均在"掌柜"处领取，遇到婚丧嫁娶等"大事"，其花费由长辈出面，从家族总账中支取。然而2000年以后，西北民族地区"家族"式的"联合家庭"逐渐式微，受区内市场经济的冲击，联合家庭逐渐解体，向核心家庭转变。这一"个体化"的变化趋势直接促使原有的大家庭经营买卖的方式受到挑战。

在传统社会，家庭制度以父权制为基础，家庭成员人际关系的维系方式只能在家庭内部遵从相应的行为规范，然而在面临转型社会的冲击之后，家庭内原有的人际关系、家庭规模和家庭结构发生着显著的变化。[①] 随着这一发展模式的演进，父权制衰落，西北民族地区的"家庭"式经营方式也受到挑战。2000年以后，当地人开始探索"合伙制"经营，但其合伙人通常限于"七大姑八大姨"范围，这一亲属之间的合作方式，没有科学的"股红"约定，往往在经营一段时间后，由于利益分配不均，最终矛盾重重，继而走向不欢而散。

群科镇的马建章老板讲述了其家族生意面临的困境：

> 我家在青藏高原的边缘地带，1980~2000年之间，我们的生活过得那是一个好，根本没有缺过钱。刚开始，老父亲用架子车拉着小商品到藏区换皮毛、虫草，攒下钱之后，我们家买了一辆东风牌卡车，两个哥哥都不敢开，我胆子大就直接上去开了，反正那时人法治意识淡薄，连个驾照都没有。在兰州、西宁、临夏等地拉上日用商品进藏区做生意，

---

① 张海东. 理解中国社会［M］. 北京：社会科学文献出版社，2019：200.

当时去拉萨是个随便的事。到后来，我们村子里的人都外出开饭馆了。那时，我二哥正好在福建开学（清真寺当阿訇），二哥联系那边的人，给我们找了一个门面，我就和我大哥、两个侄子，还有我媳妇，我们几个人到福州开饭馆去了，做的是牛肉拉面。刚开始我纯粹不会拉，我大哥会，天天打着让（我）学，一个月后，我也就慢慢会拉了。

我们在福州的馆子是1994年开的，那时每个月的收入都要寄给老父亲，生意好时每个月的收入都在十几万，钱稍微寄得迟一些，老父亲就会发火。后来，老父亲不行了（生重病），就把我们几个兄弟叫到家里，安排着要分家。本来我们兄弟那几年闹得关系不好，分就分。最后老父亲把福州的馆子给了我二哥，让二嫂经营；家里的一摊子（东西）给了我大哥，给我分了80万。我拿着这80万先是开宾馆，结果宾馆里死了人，停业整顿了好长时间，最后宾馆生意就失败了。之后想借精准扶贫政策在老家办养驴场，但是运气更差，养驴场修好，就从山东进了一批驴种，不到半年，好多驴由于水土不服最后病死了。养驴场前后投资了200多万，其中银行贷款120万。现在银行的人天天催着还款，吓得我家也不敢回，就只能在兰州做个卖鞋的生意，混着往前推哩。

哎！现在的社会是坏（变复杂）了，我们家的亲戚都知道我烂了（生意赔了），现在躲着面也不见，就连我大哥、二哥，一说倒（借）两个本钱，就说生意是侄子看着了，他们做不了主。其实是明摆着不借嘛，老父亲还说让他俩照顾着我，现在这还是照顾吗？

当然黄河中上游流域民族地区家庭经营方式衰落的另一个原因是，这些年来基本教育的普及。当地绝大多数孩子接受了学校教育，在少数民族考试加分政策的推动下，一大部分年轻人更是上了大学。上学之后的年轻人逐渐走出了当地传统的生计模式，转向了现代都市生活，这也在很大程度上冲击着"家庭作坊式"经营的基础。

第六章　市场影响下的生计策略

　　1978 年的改革开放正式开启了当代中国农民市场化的进程，特别是1985 年部分农产品价格的放开，迎来了农业市场经济的时代；1993 年全国粮食价格放开，使得农产品被全面推向市场，至此农民的命运被全方位卷入市场。事实上，当前的农民已不是费孝通先生笔下的"捆绑在土地"之上的人，而是精于"利益"算计的"市场人"。在从传统农副业转向"个体户"经营的过程中，农民一直在探索"市场"的获利途径。

　　站在社会建构论的视域里，市场本质上是一种社会制度，具有两个层面的基本内涵，即产品交换的"场所"和产品交换所遵循的"规则"。在传统社会，农民的交易行为近似于波兰尼笔下的"地区性市场"或者布罗代尔所谓的"第一种交换"，在这样的交换逻辑里，市场的"场所"和"规则"通常是一致的，或者说农民的交换行为与"地方性知识"密切关联。然而随着市场化的不断推进，市场的"场所"意义变得不确定了，其"规则"层面的意义更趋向于超越"地方性"。鉴于此，可以说农民在被卷入市场化的同时，又陷入自身不能完全参与市场的尴尬境地，使得他们不得不承受市场化带来的种种风险。①

第一节 "返乡创业"的行动逻辑

改革开放在乡村社会是以"发家致富"的形式呈现出来的，在40多年的致富进程中，王村人摸爬滚打，所谓时代的"弄潮儿"也是几经沉浮。到最后，真正发了家、致了富的仍然是少数，大多数人还是感叹世事艰难、生活实属不易。当然随着时代的变迁，那种缺吃少穿的绝对贫困年代已经一去不复返了，然而一代人又一代人的生活辛酸，综观村民的生计策略，应当说反映了既相近又殊异的人生轨迹。

一 村庄的现状

当前王村的创业者主要是"70后"、"80后"和"90后"，他们谈及儿时的村庄，俨然是一幅"草木青青、生机盎然"的多彩画卷。王永是1979年出生的，他回想起自己的童年总是洋溢着灿烂的笑容，他说自己年少时，刚分产到户，只要不挑剔，吃饱穿暖是没问题的。父母亲基本上在村里种地，陪伴着子女，有爷爷奶奶的家庭，小孩会过得更幸福。然而现在的村庄是一片凋敝，村里的留守者基本上属于老弱病残，即便是逢年过节，青年人回来的也不是很多，甚为冷清。偌大的村落多半是人去屋空，院子里杂草丛生，大片撂荒的地里更是野草滋生。王永说：

> 现在的人咋说了，连清明都不回家上坟了。这几年植树造林的规模正在增大，再过几年，估计山上就变成树林了，这经常不上坟，山林里的许多坟茔可能都很难辨认了。不上坟也可能只是对老一辈人的遗忘，现在最主要的问题我们村里的小孩互不认识了，这就很麻烦。前年村里

---

① 侯婧. 生计过程中的农民行动逻辑 [M]. 北京：社会科学文献出版社，2019：116-117.

就发生了一件可笑的事，听说一个冒失的小伙子在烧烤摊喝酒打了人，被打者一定要"讨个说法"，就扯到派出所了。后来家里人赶过去处理，结果一问是同村的，就赶紧办了"谅解"手续出来了。还有更荒唐的事，我们村是同一个王家，村里王家人是不能通婚的，前几年村里有位在外地打工的年轻人说是谈了一个对象，是网上认识的，结果一打听是村东头的。哎！现在村里人都四散到外地创业、打工，真的很难再找到以前的那种"村里人一家亲"的感觉了。

现在村子里给人唯一的欣慰似乎是生态优化了，然而"空心化"的村落现状难免又使人有些伤感，油然而生一声叹息。随着市场化、城市化、工业化的全面推进以及户籍制度的松动、个体化社会的发展，等等，村民已成为完全的自由谋生者，并被赋予了一系列新机遇，这使得他们得以将自己发家致富的冲动尽情挥洒。然而与此同时，"中国农民的人生发展轨迹被彻底改变了，其经济行为、观念、伦理、精神均受到了全面冲击"。[①] 毋庸置疑，这种冲击在带来正面效应的同时，在一定程度上也裹挟着些许负面效应。这引发了笔者对中国农民和农村未来命运的思考。

随着乡村社会的急速变迁，维持上千年的稳定、不流动状态转向了不稳定、快速流动状态，在这样的进程中，乡村社会结构的瓦解以及乡村文化的式微似乎成为不可逆的趋势。当我们对诸如此类的问题进行思考时，受反思"现代性"思维的影响，可能会掉入"现代性的后果"这样的对立窘境中。事实上，通过历时性维度的观察，中国乡村一直处在国家与乡村、传统与现代等复杂的流变关系网络之中，传统与现代并非完全对立，村里人常常说出诸如"你以为自己穿上个西装，就是城里人了吗？"之类的话，这样的讥讽在一定程度提醒着世人，不应忘记我们的"初心"，当下的中国人往上翻三代都可能难以逃脱农民的"影子"。然而当前急速的市场化进程并不代表乡

---

① 周永康. 流动的莲花——中国乡村社会的伦理、精神与情感 [M]. 济南：山东人民出版社，2020：30.

村已然超越了农业社会，当代的中国农民在经历快速"流动"之后，又被个体化社会带来精神层面的伤痕累累，因此渴望找到一个可以安顿灵魂的地方，当然这绝不意味着简单的回归村落，而是需要重建一个能够与"现代性"充分接轨的乡村共同体。

二 永久的"乡村精英"

依据前文的历时性考察逻辑，王村人生活在大陇山延伸段的大庙山梁西南坡处，世代以务农为生，并由于当地土地贫瘠、人多地少等条件限制，人们不得不在农闲时节兼营多种副业。恰恰就是这些副业形态，使得他们在改革开放初走在了市场的最前沿，相比周边地区抢先一步富裕了起来。自改革开放以来，王村人在致富的道路上主要经历了皮毛贩运加工、牛羊养殖和餐饮服务三种业态，这三种从业形态使得村里多数努力肯干的人走出了村庄，在城市获得了一席发展之地。然而时至今日，有许多人竟然打起了"返乡创业"的主意，说是要回报家乡，其实是"反话正说"。实质上是为"晚年生计"所迫，出于无奈的选择。

近年来，笔者对王村几位主要"返乡创业"者进行了追踪调查，尤其是通过个人生活史的访谈，发现在村子里一直折腾创业的也就那几户人家及其亲属。基于此，笔者将他们界定为永久的"乡村精英"。

乡村秩序的维护者或乡村治理的实施者历来都是乡村研究中的核心议题。近代以来，中国乡村治理的主要推动者发生了一系列转变，先有传统语境中的"士绅"转变为政治国家语境中的"精英"，在当前主要是转向了市场国家语境中的"能人"。对于士绅的探讨，通常将其置于国家与农民的关系之中，是两者之间的"中间层"，费孝通和吴晗将传统中国的政治结构梳理为"国家—士绅—农民"的三级架构，就传统社会的政治权利而言，包含中央集权和地方自治两层，被称为"双轨政治"，而士绅充当着沟通之间的中间层。① 士绅在地方社会一方面是国家科层制的自然延伸，另一方面也

---

① 费孝通，吴晗. 皇权与绅权［M］. 上海：华东师范大学出版社，2015：38.

是地方社会的代言人。到了晚清民国时期，社会的整体性结构发生着急剧变化，士绅阶层本身也在分化，乡村社会的秩序获得重新调整，主要代言者既有旧士绅，也有宗族首领，还有随着国家政权深入基层而产生的"干部"，更有各类经济生活中产生的商人、企业家等。为了对这一综合性群体进行统摄界定，学界称之为"乡村精英"。在当代市场国家语境中，乡村持续产生着"非体制精英"，他们多才多艺、头脑灵活、吃苦耐劳，早年是市场经济大潮的弄潮儿，现在又是乡村发展的致富带头人，学界将之概括为"乡村能人"。

本研究主要关注的正是王村的"乡村能人"，他们大多数是在改革开放的进程中，迫于生计的压力，依靠祖辈传承的副业，在逐渐放活的市场中获取利润。起初可能只是为了"讨生活"，但是后来他们在市场日趋开放的过程中实现了"致富"。这些乡村能人的发迹史，在一定程度上是在"突围"体制，他们急促的市场行为在过往的特定时空场域中是不被允许的。然而他们一方面是过够了苦日子，想在市场中"冒险"；另一方面他们也渴望出人头地，想活出自己的精彩人生。在这样的多重逻辑下，他们好似"打了鸡血"，在市场的更替中，游走于多个行业形态。

三 赵平回乡办养殖场

赵平是马关镇一带最早学会拉面手艺的人，因为邻近的许多人都是通过他而进入拉面行当的，因此大伙都叫他一声"师傅"，在当地可谓小有名气。赵平家所在的村子与王村毗邻，他舅家又在王村，王村人对他都比较熟悉。在赵平的引荐下，1995 年前后王村有一批年轻人学会了拉面。

赵平生于 1971 年，小学毕业后就开始打工了。赵平的父亲赵娃早年当过兵，为人耿直、乐于助人。1991 年冬季，在一次前往龙山镇赶集时，邻村（马堡）的马翔在皮毛市场上受人欺负，当时赵娃站出来解了围，就因为这事，马翔一直记着恩情。

1991 年腊月，马翔到赵娃家串门，听到赵娃家的大儿子赵平在新疆干建筑活比较累之后，就推荐赵平跟着他儿子马东去北京学拉面。赵娃仔细一想确实是个好主意，这样儿子既可以轻松挣钱，又能学一门好手艺，之后征得赵平的同意，赵平于1992年开春就去了北京。赵平讲道：

> 我刚到北京时是在丰台区，当时马爸（马翔）家的儿子马东带着我，那时的北京没有像现在这样繁华。我们干的那家馆子老板姓李，是兰州人，听说他家有亲戚在北京当官（在政府做行政工作），看到牛肉拉面有好的市场前景，就让李老板到北京开馆子。李老板选的店面正好对着两家单位，上下班时间吃饭的人比较多。当时牛肉拉面在北京走得好，主要原因有两个方面：一方面，出饭速度快，客人不需要等太长时间。当时北京的饭馆大多是传统做法，一碗饭基本上要10分钟左右才能出来，但牛肉面一般一分钟就能吃得上。上班的人为了赶时间，更愿意吃牛肉面。另一方面，牛肉面比较便宜，价格大概是同类饭食的2/3，因此选择的人就更多了。
>
> 当时的拉面师傅把手艺看得紧，我刚到馆子的前三个月没有碰过"面"，只是帮忙打打杂。后来大概到5月份了，到北京办事、做生意的人增多了，生意也更忙了，恰好一位兰州的学徒有事回家，这缺人手，没办法，老板就让我过去帮着和面，这一下我接触到了面。说实话，这拉面其实不难，是个窍门活，只要掌握了几个关键的窍门，一把就拉成了。我这个人悟性算比较高，好像前后三个月就会拉了。到1992年国庆节时，我已经成为专门的拉面师傅了。

赵娃谈起儿子赵平的拉面经历，可谓喜忧参半。在赵娃眼中，1992年赵平学会了拉面，家里的经济收入立刻得到了改观，而且亲朋好友也都找到他们家请求带徒学手艺，那时候他自我感觉在村子里腰杆特硬。就在第二年（1993年），赵娃的二儿子赵新也辍学跟着哥哥去北京学拉面。1995年，兄弟两人在北京找了一家铺面，开起了自己家的拉面馆。后来王村的王红、王福、王兵和赵文也都是在赵平兄弟的馆子里学的手艺。2000年以后，赵平和赵新分家，各自开起了新店，生意比以前更红火。2004年的时候，赵娃看到儿子们的光阴都很好，就要求两兄弟共同出钱，他要在自己家里建当地最气派的房子。当时儿子们也是二话不说，就给父亲筹起了资，到 2006 年，一院纯木结构的房子在赵娃家院子里落成了，周围的邻居都投来了羡慕的眼光。

让赵娃忧愁的是，自己的儿子"守不住财"。据赵娃说：

> 我的两个儿子你说没本事吗？那几年其他人家都穷着过年小孩连个新衣服都穿不上时，但我们家过年全是大鱼大肉，正月里到家里拜年的人特别多，一直到二月二都不消停。但是后来挣了几个钱就压不住"福"了，起先是老大爱上了赌博，赌到跑到天津一个月都不回来，你说就个开馆子的生意，自己亲力亲为地干，挣钱养家是没问题，这长期地做"甩手掌柜"，并且把挣的钱都拿出去赌，那肯定好景不长。真像我预见到的，到 2007 年老大就烂（亏损）了，后来到 2012 年，老二也烂了。哎！真的把人气死了。你说现在我也老了，也帮不上啥忙，两个"哈怂"（不懂事的人）没几年就把几百万给败了。2013 年过年，我们"爷父子"坐在一起喝酒，弟兄两个都后悔着不行，你说还有啥办法？主要是在北京还欠了好多款，因此北京暂时是不敢去。最后我们商量要不就在老家办个养羊场，自己亲自养，生意估计不会差。但年后在我们村选场址，没个合适的地方，最后就到王村他舅家那的地里办起了养羊场。

2013 年春节后，赵平兄弟就开始张罗办养羊场了。在他们本村选址不成后，来到了邻近的舅家所在的王村选址，舅舅家比较配合，让出了几亩地，通过"合作养殖"的名义征得了当地村委会的同意，之后办理了相关经营手续。他们首批进的羊种是 150 只，这在当时当地来说，算得上较大规模的养殖，后来在 2014 年时规模增加到了 200 只。但是由于他们没有养殖经验，效益一直没有好起来。赵平的三舅王祥说道：

我的两个外甥办养羊场那真是开玩笑了，拿了几十万扔在我们村的沟里就结束了。刚开始人家也跑来叫我加入，一起合作着养。当时我一听，就感觉有些悬，他俩一直在做拉面，没养过羊，以为养羊是个简单的事。我放了一辈子羊，知道里面的圈圈道道。你看嘛，那羊是个牲畜，出着一口气，好的时候，你就是用鞭子抽死都没啥问题，这一得病，它又不会说话，那真是急死个人。尤其得上"口蹄疫"这些传染病，半圈羊卧在地上不起来，那真是要人的命，把不准一圈养就死光了。再者我们这些居家户养羊，也就十几只，看管得精细，病疾子要少一些。办养羊场，养的羊多，人手少，顾及不到，这在换季时，稍有不注意，传染病就染上了。染上病，发现得早，还有办法医治，一旦发现得迟，那就麻烦大了。

　　我外甥的养羊场（烂了）说是不会经营，那其实是一个方面，主要是要办养羊场最起码要找一位兽医吧。我之前给他们早就说过，他们把事情看得简单，说是镇上的兽医随叫随到。哎！说实话，镇上的兽医水平确实一般，现在年老的都退休了，新进来的都是年轻人，这些年轻人可能在学校学了许多东西，但没放过羊呀。2015年刚入秋，他们羊场死了几只羊，二外甥说是秋伏天热，得了热感冒，过几天就好了。我过去看了一下，死的就算了，但还有十几只羊没精打采，不吃草，我就随便拉（牵）过来一只草羊（母羊），撬开羊嘴一看，满是"口疮"，蹄子上还有"蹄癀"。我说现在问题大了，可能是传染性"口蹄疫"，果不其然，没几天羊群开始大量死亡。

　　赵平兄弟的羊场经营了两年也不见起色，到第三年逐渐有规模了，但天不遂人愿，又碰上了比较严重的"口蹄疫"传染病，死去了大半。听王祥说，最多的一天有11只羊没几个时辰就死了，当时兽医卫生部门查得比较严，他们只能找一处较为偏远的山沟，挖下深坑，整只整只地把死羊往深坑里填埋。

　　赵平兄弟的养羊场在苦撑近三年之后换来的却是羊不断地病死，这给他们的打击太大了。据王村小卖部王永的母亲回忆，那时老大赵平不见个人影，老二赵新每天晚上来小卖部，骑着嘉陵摩托车，一买就是几盒烟、两箱啤酒，整宿整宿地在羊场里抽、喝。

赵平兄弟回到家乡办养殖场，对外宣称是"返乡创业"，实则是在外经营失败、迫于生计的一种无奈选择。他们在老家养了三年半羊之后，最终由于经验不足、经营不善等原因走向了破产。破产后，他们再次陷入生计困境，本来想着在老家办养羊场，能安享几年日子，哪料想养羊不成，反而再次背负了几十万的债务。迫于生计的赵平兄弟再次背上行囊，踏上驶向北京的列车，在一位亲友的介绍下给一家单位食堂做饭，也算是重操旧业了。

四　返乡创业的逻辑

类似赵平兄弟以前在外打拼、近几年选择回乡创业的人在王村一带还真不少，他们回到村里说是带资金、带技术等返乡，有人还说自己要"回报家乡"，事实上却是一套自圆其说的说辞。在他们眼中，近几年国家脱贫攻坚、乡村振兴的利好政策似乎更具吸引力。

（一）在外经营受挫，迫于压力回乡谋生计

进入 2010 年以后，国内建筑业和第三产业的机械化、电子化运行明显加速，以往主要靠体力运营的许多行当在逐渐减少人手。对于餐饮服务业来说，规模化连锁经营冲击着家庭作坊式的商贩们。在这样大的产业转型升级面前，许多早年在外打拼的"小包工头""小老板"自我感觉很难在外坚持下去，特别是在遇到一些经营挫折之后，就愈发不想再"冒险下去"。赵平说道：

> 2013 年春节期间，我们兄弟给老爸讲了这几年馆子亏损的事，我爸的第一反应是再不能干下去了，得赶紧抽身。他当时抽着烟，眯着眼睛，若有所思地对我们讲："娃娃，咱们打不下粮食，要让口袋别弄丢。你俩再这样烂（亏损）着下去，就把咱们前几十年挣下的全搭进

去了，要不然就不开馆子了。现在收手还来得及。"当时就是听了我爸的话，再加上我们那几年干得确实不顺，受了好多苦，一合计真就算了。过完年，到北京把馆子一转（让），处理了一些其他物件，凑成本钱就回家养羊了。

通过走访调研，近几年在王村及邻近村落类似赵平兄弟有小产业者，由于在外经营受挫，陆续回乡创业的人不在少数。这一人群大多是 60 后、70 后，他们是 20 世纪八九十年代较早出门打拼的一批人，属于第一代农民工。在青春年少时，这一批人来到城市谋生计，由于手脚灵活、吃苦耐劳，他们起初在城市站住了脚，成为村里人眼中的"小老板"。然而到了今天由于受到电商销售、连锁经营、机械化作业等的冲击，他们的经营方式显然是落后了，特别是经营理念赶不上时代的步伐。因此相比他们早年经历过的缺吃少穿的生活，记忆起当初的辛苦，冒险创业的想法便荡然无存，正像上文王尚姨夫所讲的，"没啥羞的，我们当初上银川时，就只背着一卷铺盖来的。现在虽然没老板当了，但有楼房住着，现在在城市里闯荡已经不适合我们了，但回到村里养个牛羊、种个药材还是可以的"。

（二）紧盯项目款，兴办各类合作社

近年来，随着国家脱贫攻坚和乡村振兴战略的持续推进，一系列扶持项目在农村实施。正是基于这些项目的"诱惑"，一些早年走出村子、在外经营取得成功的人士也回到了村庄，他们想借助"项目制"下的利好政策，在村子里大显身手，以便使自己的事业在家乡大放光彩。这些人员不仅有较为雄厚的经济资本，而且具有广泛的社会关系，更重要的是他们具有个体经营的经验，因此他们的加入在一定程度上解决了基层组织选择"致富带头人"的难题。在这样的地方社会寻求"共赢"的策略下，村庄里的各类合作社往往都由这些"乡村能人"牵头建立。

王村的王海生于 1975 年，由于母亲过世得早，他在早年吃过许多的苦。他谈起自己的童年，经常戏称"家里四光棍！"因为在他出生不久，母亲就过世了，那时家里留下了父亲、两个哥哥和他，父亲为人老实忠厚，拉扯大他们确实不容易。王海上过几年小学，完了就辍学在家里帮着务农，等长大一些后，就随村里人在建筑队上搞副业了。2000 年前后，王海在秦安县城开起了一家车辆维修部，生意比较火，慢慢地他在秦安县落住了脚，老婆孩子也都跟了过去。2018 年王海回到村里，说是秦安那边村里的合作社发展得比较好，自己想要在王村办一家，找到村委会一商量，这事也就敲定了，并于同年 6 月取得了营业执照。

图 6-1　惠农养殖合作社

王海的合作社取名叫"惠农养殖合作社"，出资金额为 300 万元，业务范围包括：牲畜饲养繁殖与销售，中药材种植与销售，经济农作物、马铃薯、饲草的种植加工与销售等。在取得营业执照后，他和几位出资人以及村干部商量了一下，邻近村子里的合作社都养的是牛羊，他们打算养驴。其缘由在于：一方面能躲开产业重合带来的"内卷化"竞争；另一方面，在当地养驴可谓"特色产业"，更容易获得相关政策扶持。商定之后，他们就积极筹资，第一批从外地引进了 120 头驴。起初他们以为随便请个庄户人，养驴都不成问题，然而很快他们就碰到了"聚集"养殖的技术困境。王海说道：

　　　　当初我在秦安那边看到，人家村子里能把种（植）养殖合作社办得那么好，咱们好好办，应该问题不大。但后来事实证明，我还是想得简单了。一是咱们没经验。这个办场养殖与居家户养殖那纯粹不一样，过去的居家户一般只养一两头驴，而且买的驴都是咱们本地的，这个脾性大家都掌握。而我们合作社一下子进了上百头驴，并且这些驴种都是从较远的外地赶来的，存在"水土不服"的潜在风险。二是太依赖于项目扶持了。本来2018年我们办合作社时，计划整个前半年要好好搞基建，把养殖设施建好后，待10月国庆节过完再考虑进驴种的事。但当时（6月份）听说县上要在7月份检查当年合作社的经营状况，合格的将能取得相关项目扶持，7月份还没投产的，相关扶持就推到下一年。听到这样的消息，当时我们的脑袋就开始发热了，非要取得当年的政策扶持。就这样7月中旬就赶紧把驴种给引进来了。你想，当时正值三伏天，我们的养殖设施又不齐全，驴种一到，没几天就有病倒的，后来就开始持续死亡。这为我们后面养殖场的倒闭埋下了伏笔。

王海自己诉说了他办养殖合作社失败的一个主要原因：太依赖于相关项目的政策扶持了。在笔者深入村民中间访谈时，村民尤其是贫困户对村里的合作社意见比较大，"百事通"田平大叔说道：

这几年，村子里办合作社的大多是"目的"不单纯，合作社只是个幌子，套取国家的各种项目扶持款，才是他们的真正目的。表面说是要做"致富带头人"，而且还拉着贫困户形式上加入了合作社，但贫困户真正受益了吗？这值得大家怀疑呀。

（三）上了年纪的"打工族"跟风式盲目参与创业

所谓上了年纪的"打工族"主要是指村里以前常年在外务工，现在由于年龄、身体和技能等方面的原因，不得不返回家乡重新谋生计的人员。随着时间推移，这个群体越来越庞大，他们的生计状况关乎脱贫攻坚成果的巩固和乡村振兴战略的有序推进。在当前，村里的"90后"、"00后"成群结队拖着拉杆箱、哼着网络歌曲进城寻梦，一些上了年纪的务工者却陆陆续续扛着标志性的蛇皮袋"解甲归田"。但这绝不是衣锦还乡，更不是荣归故里，而是一种无奈的选择和苦涩的回归。他们之所以打道回府，要么是年龄大，干不动了；要么是自身技能落伍，不能干了；要么是疾病缠身，没办法干了。[①] 这一大群体的回归，让他们重新务农似乎又不甘心，因为他们自认为之前是村里的"能人"，有手艺、脑子活，因此回到村里，他们总想着要折腾着做点啥。近年来又碰到脱贫攻坚和乡村振兴的各种政策扶持，于是他们也是跃跃欲试。

第二节　村民事实上的失业

随着高科技的发展和生产的日益自动化，当前在农业、制造业和服务业之中，机器正在迅速取代人的劳动，这迫使我们重新思考人类在社会发展过程中的作用。[②] 杰里米·里夫金（Jeremy Rifkin）认为这将意味着"工作的终结"，事实上这样的现象在当前国内的一些偏远山区已然较为普遍。

一　农民的失业问题

失业是现代社会中普遍存在的问题，既涉及综合性的经济问题，也牵涉复杂的社会问题，在特殊场域甚至还会酿成激烈的政治问题。[③] 如若对失业问题的关注、处置不妥，势必会导致个体在物质、心理上付出沉重的代价，影响社会治理的有序推进。

改革开放四十多年来，随着各项经济、政治制度的重新设定，农民的身份、职业特征也悄然发生着变化，在市场化的冲击下，"农民失业"已然成

---

① 刘奇. 贫困不是穷人的错［M］. 北京：生活·读书·新知三联书店，2015：71.

② 〔美〕杰里米·里夫金. 工作的终结——后市场时代的来临［M］. 王寅通等译. 上海：上海译文出版社，1998：1.

③ 刘艾玉. 劳动社会学（第二版·重排）［M］. 北京：北京大学出版社，2006：296.

为一个现实性问题。国内农民失业经历了一个由"隐性失业"到"显性失业"的过程，进而在当前产业结构急速调整的大潮中呈现为"普遍失业"，这一过程是基于众多因素的综合影响而产生的。

（一）隐性失业

隐性失业对西北内陆的农村而言更多地呈现为传统的季节性失业，即在春夏秋三个季节，农民主要在田地里从事耕种收割等农活，叫作"农忙"时节；而在冬季和早春时分，由于天寒地冻，对于大多数村民而言，只能过"闲暇"生活。

按照中国既定制度的设计，通常情况下认为农民有了土地就不会存在失业的问题。新中国成立后，农民逐渐拥有了"属于自己"的土地，从而实现了劳动力和生产资料的结合，人们的生产积极性被较大程度地激发了出来，农民自认为自身一直有活干；另外在政府看来，当农民拥有了一方土地，就自然实现了就业。因此，土地承担着农民的就业和生活保障的功能。

在这种大的制度背景下，农村大量劳动力被束缚在土地之上。特别是在改革开放前，意识形态上认为社会主义是不存在失业的，农村实行的集体劳动、低效率的"大锅饭"使得农民表面上实现了人人就业，然而其真实写照则是"两个月过年，三个月种田，七个月休闲"。并且在通常情况下，农民在从事农业生产之余，还要从事国家安排的大量修路、挖河、建桥等无偿"义务劳动"，这些因素掩盖了农民季节性失业的事实。①

（二）显性失业

改革开放以后，随着农村家庭联产承包责任制的施行以及城市生产经营形态的变革，大量农村剩余劳动力向城市转移。事实上，当代中国劳动力城乡间的流动经历了这样一个过程：从严格控制流动到有序引导流动、从限制性流动到鼓励流动，进而推动城乡统筹就业，实现了城乡劳动力市场一体化的发展。在这一进程中大量的农民季节性失业开始显性化发展，农民失业显性化的成因主要基于三个方面。一是经济体制变革激活了农村劳动力的流

---

① 马丽敏. 我国农民失业问题成因探析［J］. 知识经济，2013（21）：56-57.

动；二是非公用工的发展吸收着大量的农民工；三是农业生产的机械化进一步释放着大量的青壮年劳动力。

改革开放以前农民是被牢牢地拴在土地上求生存，而改革开放以后，随着土地、户籍和用工制度的变化，大批农民自愿或非自愿地脱离土地、远离农村，到城市追求发展。基于土地、家庭对农民保障功能的弱化，农民的"个体化"趋向逐渐显现。

当前农民失业的显性化主要表现在城市化的加快、农业生产机械化的持续推进等层面。这使得一方面，农民可耕种的土地面积在减少，特别是城郊农民成为失地农民，当他们在失去土地的保障功能之后，如遇到经济不景气的年份，则加剧了失业风险；另一方面，市场经济的冲击，农业生产效益明显下滑，迫使更多农民走出土地、离开农村，致使农村劳动力供给持续增加，从而加剧了全国劳动力市场的失衡。

（三）失业的普遍化

随着近年来经济产业化的大力发展，西北内陆的农民失业逐渐由之前的显性失业转向失业的普遍化。导致农民失业普遍化的主要原因在于：一方面是国内产业结构的快速调整和农民就业结构的变化，从而引发对用工高素质的倾斜；另一方面是经济发展方式的转变，由粗放型转向集约化，由外延型向内涵型增长转移。当然其中一个更为重要的因素是经济全球化下资本流动和金融危机的波及，这在一定程度上加剧着农民的失业问题，使其更为严峻。

面对城乡劳动力市场一体化的冲击，农民在城乡间择业的转移，使得他们更需要相关的劳工保障。因为在转型期农民面临着来自市场竞争中更为复杂的社会风险，仅仅依靠农民自身力量不足以应对。因此关注和探讨转型期农民的失业问题，将其纳入社会保障的角度综合考究，或许能为破解"三农"问题、实现脱贫攻坚与乡村振兴的有效衔接等重大议题提出有益探讨。

目前，我国的农民在外务工数量大约为 2.9 亿（2019 年底），他们的就业去向基本上在"非正规部门"，主要分布于建筑业、制造业、批发零售业、住宿和餐饮服务业等领域，这些行业本来就不稳定，如若遇到经济下行时期，很多人只能被迫转向零散工作岗位，从事摊贩、小店铺、家政服务等业态，或者在一些个体工商户（如餐馆、发廊等）处无证打工，甚至被非法雇用从事不良职业。这类人的社会组织化程度偏低，其中不少人的就业处于不稳定状态，在一定程度上构成社会不安定因素。[①]

二 王兵的接济生活

王兵是笔者在王村做田野工作时的主要向导，其家庭及个人40多年在市场实践中的"沉浮"历程成为村里人摆脱生计困境的"缩影"。

图 6-2 个体生意摊

王兵生于 1982 年，上过高中，离异单身，家有 70 岁老母亲。现从事个体买卖，在兰州有一套楼房、一辆小型货车。受近年来经济下行压力的影响，其所经营的小生意大不如从前，当前在经济拮据时经常受到哥哥和姐姐的接济，过着"接济式"的生活。王兵讲述道：

> 我们家几辈人都是做生意的，这为啥要做生意呢？就是咱们庄稼地里挖不出个值钱东西。说起我父亲（王禄），前些年在我们万马关也是个响当当的人物。我父亲是 1953 年出生的，总是不安生种地，一辈子摸爬滚打过许多生意行当，后来是 2010 年去世的。我妈娘家是庄浪朱店镇早年的大户，后来由于是地主成分受到许多批斗。1960 年前后，

---

① 袁方，姚裕群. 劳动社会学 ［M］. 北京：中国劳动社会保障出版社，2003：271.

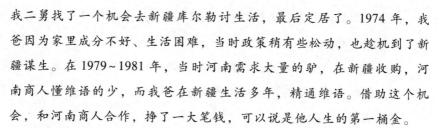

我二舅找了一个机会去新疆库尔勒讨生活，最后定居了。1974年，我爸因为家里成分不好、生活困难，当时政策稍有些松动，也趁机到了新疆谋生。在1979~1981年，当时河南需求大量的驴，在新疆收购，河南商人懂维语的少，而我爸在新疆生活多年，精通维语。借助这个机会，和河南商人合作，挣了一大笔钱，可以说是他人生的第一桶金。

1982年回到家乡，我爸开始做起了日用品个体买卖，起初做的是服装生意。1986年在龙山镇开百货批发部和农副产品收购站。1990~1996年在梁山集市上做布料生意，积蓄了一笔钱。1997年，我们举家搬迁到新疆库尔勒创业，主要销售床单、被套，之后是蔬菜，之后又是承包工程带人干活。2003年由于经营受挫，全家又回到了老家，但我姐嫁到了库尔勒，就留在新疆发展了。

我是2003年高中毕业的，当时原本可以上个大专，但我当时认为上大专也没啥出息，就没上，选择走向社会开始打拼。可是老母亲在2004年得了结核脑膜炎，病情一度非常严重，三年下不了床，我就一直守在床前照顾。等到2007年，母亲病情才有所好转，从那时起，我才开始考虑个人婚姻问题。

2007年农历十月，我再次前往新疆库尔勒谋生，2008年春季在亲戚的帮衬下承包了50亩地种棉花，但当时赶上金融危机，受影响较大，一公斤才售价3.5元（正常年份在5~6元），这样一年下来亏损了2万多。

2009年春节，我回到了老家，当时家里介绍了好几个对象，可能缘分不到，最终都没成功。2010年，我老父亲突然发病过世，我又在家里守孝几个月。当年10月自己又得了肾积水，只能前往兰州动手术，但手术不是很成功，就回家休养了一段时间。

2011年，我哥资助了3万元，我就在附近集市和村子里做起了贩卖皮毛、牛羊的生意。这倒牛羊，一个人不行，我的合作伙伴是村里的老杨，后来还有五方村里的回族生意人。由于经验不足，生意一直亏损，断断续续维持到2015年4月，所有的本钱折掉了，这样就被迫停止了牛羊倒卖生意。接着又是旧病复发，迫于无奈，只能再次前往兰州看病做手术。

2016 年 3 月，在兰大二院做手术期间我认识了甘南籍王姓离异女性，我们俩初次见面，相互感觉较好，很快就确定两性关系，后于当年 11 月成婚。

2017 年春节刚过完后，我们俩来到兰州创业，起初拿家里凑的积蓄首付按揭了一套楼房。之后经过多次从业选择，最后确定开宾馆。当年 5 月份在和平镇的兰州财经大学校区附近通过熟人关系转让到了一家小型宾馆，转让费是 21.6 万。但只苦撑经营了半年，一则自身没有经验，二则家庭不和，导致生意一直无起色，最终只能以较低的价格转让了，转让费是 11 万。总体下来，半年自己亏损了 13 万多。

2018 年实在无事可干，通过熟人关系认识了做安玛品牌鞋的马总，起初在我的加入下，马总生意拓展得相当好。在 2019 年夏天时生意达到鼎盛，在甘青宁藏都有加盟店。然而到年底，由于马总的资金链断了，甲方不供货，最后终止了合同。马总鞋业生意的破产，迫使我再次择业。

2020 年，我购置了一辆二手小型货车，花了 3.2 万。单身一人做起个体零售积压库存鞋的生意，其间由于夫妻关系走到了尽头，最终在当年 4 月底协议离婚，房产归我个人，但女方家不退还彩礼。在和我前妻的交往和结婚彩礼花销中，我总共花出去了 20 多万。

现在的疫情迟迟不过去，导致我的生意一直不怎么好，有时候糊口都困难。你说我都 40 岁的人了，还时不时向哥哥、姐姐和老妈伸手，这让人的脸往哪儿搁呢？

王兵家庭及个人为谋生而打拼的生活史"折射"出王村人在市场进程中的生计变迁轨迹以及从业选择，当然更多是一种无奈，因为随着国内市场的渐趋成熟以及城乡劳动力市场一体化的逐步推进，他们从业形态以及经营方式往往处于市场链条的底部，市场稍有波动，就受损伤，轻则影响基本生计，重则倾家荡产。

当然对王村人具体生计行为的分析，应当联系他们所面临的市场环境。随着全面深化改革的不断推进，村民的生产生活被不断地卷入市场。然而由于种种因素，村民面对的是一个相对不完全的市场，或者说他们只是部分地参与市场，市场为村民带来多样化的商品、服务以及现金收入增多的同时，也为村民的生活带来了诸多的不确定性。特别是在一些偏远山村，由于对市场认知的滞后性，当地人在追求"利润"的过程中处于相对边缘的位置，承受着来自未知风险的压力。

第三节 "内卷化"的婚姻市场

改革开放以来王村人的市场实践，一方面改变着当地的经济社会生活，另一方面也对当地的日常生活造成了极大冲击，突出地表现为婚嫁彩礼的一路飙升。

一 王村婚嫁彩礼的变迁

近年来，王村一带高价彩礼现象凸显，对当地农民家庭造成了沉重的负担。鉴于此，笔者对村子里最近3年（2018~2020年）婚嫁的21个家庭进行了走访调查，其中娶媳妇的12家、嫁姑娘的8家、外出入赘者1家。此次调查设计主要关注三个问题：（1）对婚姻市场要价理论的回应，即女方婚姻要价的基础是什么？女方的陪嫁额度是多少？有"资助"新组建家庭的取向没？（2）对婚姻支付理论的回应，即男方婚姻支付的承担者到底是谁？（3）高价彩礼是地域社会问题还是全国婚姻市场所致，抑或两者"共谋"而成，等等。

通过走访调查，笔者了解到王村的婚嫁彩礼原本也不像现在这样高，高价彩礼是近年来发生的新现象。在整理对几位长者的访谈资料之后，可从历时性的维度将当地彩礼状况大体分为三个阶段：1980年以前为低彩礼时期、1980~2000年期间为彩礼增长的初始阶段、2000年以后为彩礼高速增长期。

（一）1980年以前的低彩礼

1980年代以前，当地的婚恋方式主要为"娃娃亲"，即男女双方在年龄较小的时候由父母代为商定亲事。这种亲事属于包办婚姻，虽然定亲比较早，但双方当事人在结婚之前几乎不怎么交往，有着明显的"先结婚后恋爱"特性，事实上这种家庭包办婚姻在特定社会中是强有力的社会制度。①

笔者走访时，受访人王存讲述到，在以前的传统社会里，当地的小孩大多在未成年时，由父母出面，通过媒人介绍，以"占亲"（订婚）的方式商定好将来的婚嫁事宜。类似状况孙淑敏在邻近的赵村研究中也已指出，陇东南一带1980年代以前出生的男子主要的择偶方式是娃娃亲，定过娃娃亲的人数几乎占了其人数的一半以上。②

在过去，当地农业生产"难以糊口"，民众一年下来几乎没有多少盈余。在孩子大概处于小学学龄阶段时家长便张罗订婚，当地称之为"占亲"或"喝酒"。订婚之后男方一般要"追节"，通常在逢年过节时，拿上礼品拜访女方家。待到20岁左右的婚龄时，男方家请媒人到女方家"要婚"，女方家答应之后，便商定彩礼。彩礼要价时双方家长一般不见面，先由女方家索要额度，并告知媒人，媒人再转告给男方家。女方家的要价会遵从当地当时的行情，额度通常可能会高一些，以便为商定彩礼时留下"让礼"的人情。彩礼商定之后，男方家开始筹礼，找阴阳先生看吉日，进行"送礼"。送礼当天，男方家派出长辈和媒人一道去女方家履行仪式。送礼之后，男方家开始筹备婚事（结婚典礼）。基本事项准备好之后，由新郎"送婚书"，告知女方家结婚的日子。最后在婚礼当天早上迎娶新娘。整个婚嫁环节可概括为：说媒—占亲—要婚—送礼—结婚。

1980年代以前，当地群众整体上处于缺吃少穿状态，子女结婚所需彩礼一般不高，通常在100~300元之间，外加一担（两竹笼，约50斤）梨或苹果。结婚时，新娘有新衣，新郎的婚礼衣服大多是借的，一个村落通常有

① William A. Haviland. Cultural Anthropology（Tenth edition）. Singapore：A Division of Thomson Asia Pte Ltd.，2002：240.

② 孙淑敏. 甘肃赵村娃娃亲的研究［J］. 青年研究，2004（06）：15-23.

四五套较为时新的男式服装，大家需要时借用。

（二）1980～2000年的彩礼上涨

1980年代以后，随着改革开放的深入推进，当地的社会结构发生了深刻变化。土地的家庭联产承包责任制使民众能够自主经营，激发了生产积极性，尤其是当地群众传统的商业买卖兴起，如雨后春笋般蓬勃发展。王村临近龙山镇，该镇乘着改革的东风迅速发展，在1990年代前后，其皮毛市场一跃成为西部最大、国内第二的皮毛集散地。与此同时带动了当地皮毛加工、交通运输等产业的兴盛，附近的群众都加入这场发家致富的商贸活动之中，一时间当地民众较周边纯农经营地区，有了较为宽裕的收入。收入的增高推动着消费的抬高，随之婚嫁的基本花销和彩礼索要额度均在上涨。

1980年代初，当地彩礼讲究"三个六"，即600块钱彩礼、6套衣服、6双鞋。1980年代中期讲究"三个八"，即八百块钱彩礼、八套衣服、八双鞋或其他配饰。1990年代初，"三个六"的彩礼钱增加到了6000，"三个八"的彩礼钱增加到了8000。截至2000年，当地彩礼已经抬升至3万左右。

1995年前后，当地彩礼明显高于周边地区，被邻县的群众说成"买卖姑娘"。究其缘由，随着外出务工潮的兴起，女性的外出务工影响了村内或村际通婚的概率，以及乡村的婚姻成本。[1] 外出务工的许多女孩选择在外地婚恋，这加剧了当地男性找对象的难度，彩礼开始较大幅度攀升。

（三）2000年以后的彩礼暴涨

王村的高价彩礼是2000年以后加速抬升逐渐形成的。2000年初为3万左右，2005年为5万元左右，2010年为8万～10万元。2010年以后彩礼开始飙升，几乎一年一个价，2012～2014年突出地表现为一月一个价，跟当时当地县城的房价增幅相当。截至目前，当地群众的彩礼为16万左右，结婚总花销在25万左右。而且彩礼和嫁妆的形式都从原来的钱和物逐渐变为单

---

① 赵旭东. 城乡中国 [M]. 北京：清华大学出版社，2018：146.

一的现金支付。反观当地的人均年收入不足 4000 元（2020 年），高达 25 万的婚礼花销真是有些离谱，叫人苦不堪言，一户殷实家庭往往因为儿子成婚陷入贫困境地。邻村的刘国大叔育有五个子女，三个儿子，两个女儿。大儿子和大女儿已经结婚，大儿子结婚时的彩礼花销是由大女儿出嫁的彩礼抵兑的，现在其他两个儿子已到结婚年龄，而小女儿才上初中。想着当下两个儿子结婚的彩礼、花销，还要新建两院房子，刘国大叔说自己晚上整宿整宿地睡不着。

还有一个现象值得一提，当地女孩书读得越多，彩礼要价越高。这一现象在阎海军关于通渭县彩礼的调研中也有呈现，2013 年甘肃农村地区大专 8 万元、本科 10 万元的彩礼"价目"得到了媒体的广泛关注。[①] 王林在 H 乡做乡镇干部，他是 2018 年结的婚，结婚时女方家要的彩礼 18 万元，加上见面礼、订婚等花销共计 25 万。女方是一位小学老师，提出的要求是必须有楼房，因此他在县城购置了一套 45 万元的房屋，这样王林结婚的总花销已高达 70 万。然而王林是农家出身，姐姐早年出嫁，还有一位上学的弟弟，家庭经济负担难以承受。结婚的花销除过自己的工资积蓄和父母打工贴补之外，他背上了 40 万的债务，这使他的生活长期处于"还债"当中。

二　高价彩礼的社会影响

在现代化的高歌猛进中，市场与货币似乎正在侵蚀、破坏、解构着人们的公共生活与私人生活，理解与解释这种侵蚀、破坏的影响逐渐成为一个学术话题。事实上，近年来偏远农村的高价彩礼对当地社会带来了多重负面影响。

（一）"结婚难"的现象出现

2000 年以后，当地村庄女孩纷纷外出务工，使得一些大龄男子娶媳妇更难，最终沦为光棍（在王村，光棍一般指 40 岁以上娶不上媳妇的男子）。王村现有住户 240 户，光棍 17 人，约 14 户人家中就有一位光棍。这些娶不

---

① 阎海军. 崖边报告：乡土中国的裂变记录 [M]. 北京：北京大学出版社，2015：25.

上媳妇的光棍在 50 岁以后，通常对自己失去信心，对人生不抱有希望，且伴有轻生念头，随之带来一系列社会后果。

诚如费孝通先生所述，生育制度会影响整个社会结构，"生育制度——包括求偶，结婚，抚育——和性的关系……，我们承认人类生物基本需要是须在社会结构中得到满足"。① 地区发展的主体是人，如若个人婚育问题得不到解决，势必会影响其生产生活的积极性。改革开放初期有媒体报道了"放羊娃的故事"，其生活轨迹为"放羊—挣钱—娶媳妇—生娃—放羊"。这样的社会看似没有发展，但具备一定的稳定性，一位男子通过努力"放羊"，便可完成婚育，建立家庭。然而现在的问题是，付出与以前同样的努力，最后却找不到媳妇。

（二）扭曲的"婚介"产业链

中国传统的婚姻讲求"媒妁之言"，在过去村子里的"媒婆"基本上是临时性的媒人，随着婚姻市场的逐渐形成，尝到甜头的临时媒人，逐渐转向"业余媒人"（平时操持家务，农闲时奔走于嫁娶之间）。② 近年来，随着彩礼的一路飙升，"找媳妇"最终在王村所在的张家川县域内形成了一条完整的产业链，并由专门牟利的"媒婆"操持。

前不久，笔者到张家川县城走访，时逢周末的傍晚，在县城中心广场的西北角，一位杨姓媒婆早先联络了三位适婚女性和三位适婚男性，安排他们相亲，具体形式模仿了时下电视的娱乐节目。事先为三位女性和三位男性分别编了 1、2、3 的序号，首先让各对应序号者相见，相貌及第一印象感觉差不多，再进行下一步，如对其第一印象不满意，各序号之间可对调。第一印象过关后，直接开门见山谈彩礼，市场价"干彩礼"25 万，男方若能拿得出就接着谈，拿不出就此结束。介绍成一桩婚姻，专业媒婆将从男方家获取 1 万元（2020 年市场价）的"感谢费"（中介费）。

张家川县的高价彩礼对周边地区起着"示范效应"。远在宁夏的西海固

① 费孝通. 乡土中国生育制度［M］. 北京：北京大学出版社，1998：100-101.
② 吴重庆. 社会变迁与通婚地域的伸缩——莆田孙村"通婚地域"调查［J］. 开放时代，1999（04）：71-81.

地区近年来的彩礼也增至十六七万元。当地人索要彩礼时经常会提到，"我们这不算高，张家川那边随便20万以上"。这促使职业性的"跨地区媒婆"产生，介绍其他地区的女孩到张家川县，当然这中间掺和着"骗婚"现象。刘国大叔说，"邻近几个村前几年从外地介绍来的媳妇，最后都跑了，现在扔下孩子无人照管，把人害死了"。这样的状况在刘敏关于陇中山村社会的研究中也提到了，在一些深山农村出现的拐卖婚姻、被迫婚姻现象，造成原本幸福的家庭解体，女性重婚另嫁，男子沦为光棍。[①]

（三）影响婚姻幸福感

从"意愿"的角度考究，选择在本地婚嫁的女性有两大类：一类是自愿待在当地的农村生活，要么在当地有"心仪"的男性，要么感觉自身不太适合"远嫁"；另一类是不乐意嫁到当地，但迫于家庭压力，或者需要照顾父母，或者需要为家里的男孩结婚"换取"彩礼。对于第一类女性来说，婚姻幸福感较强；但对第二类，特别是为家里男孩"换取"彩礼的女性来说，高价彩礼限制了她们的发展前景并造成个人较低的婚姻幸福感。[②]

王香大妈讲述了她姑娘"悲情"，"姑娘上完学就去北京的服装厂上班了，就个女娃娃，一年下来挣个二三万，这就好得很。后来姑娘在厂子里谈了一个山东的对象，回来一说，她爸死活不愿意。怪就怪她那个没出息的哥哥，几年出去挣不到个钱，前年（2018年）托亲戚给说（介绍）了一个媳妇，人家一开口就要17万的彩礼。这没办法，就只能赶紧把姑娘给人说了，换彩礼。结果姑娘嫁过去不到半年，天天和女婿打仗（打架），最后就跑了。现在婆家时不时地过来要人、要彩礼，真的愁人啊，哎！"

三 悲情的王五

在中国的传统社会里，人们讲求多子多福，特别是对那些以耕种为主的

① 刘敏. 山村社会——西北黄土高原山村社会发展动力机制研究 [M]. 兰州：甘肃人民出版社，2000：103.
② 林胜，黄静雅. 农村天价彩礼对青年女性的负面影响——以莆田某村为例 [J]. 中国青年研究，2019（02）：73-79..

地区，家庭的殷实主要看"劳力"的多寡。在这样的观念影响下，王村人通常会选择多生孩子，寄希望有较多男孩。1980 年以前，男孩多的家庭绝对有其自身优势，然而 1980 年以后，在当地彩礼飙升的冲击下，男孩多的家庭逐渐显示出其不足，男孩"打光棍"的风险增加。

王五生于 1963 年，有弟兄五个，他排行老五，所以村里人都叫他王五。其实王五是有"官名"（大名）的，在他青年的时候，村里人都喊他的大名，看他年轻时的照片，也是长得很帅气。王五家在未分产到户的生产大队时，由于青壮年劳动力多，挣的工分多，每次队里分粮食，他们家的"堆"最大，因此是村里最令人羡慕的人家。但是分产到户之后，大家庭在一起生活矛盾便逐渐增多，总会因为谁是家里的"顶梁柱"、谁是"吃闲饭"的而争吵，当然其中"推波助澜"者往往是儿媳妇。

可能是出于对"大锅饭"的眷恋，王五家分家很迟，直到 1991 年王五母亲过世后的那年底才分的家。分家前，王五家共计有 16 口人，父母亲 2 人、老大家 5 人、老二家 4 人、老四家 3 人、老三 1 人、老五 1 人。老母亲去世之后，由于丧葬花销等原因，大家庭的矛盾激化了，最后走上了分家之路。当时老大、老二、老四都成家了，分户单过好说，但老三和老五是光棍，还有老父亲也健在。基于这样的现实，经过数次家庭内部商议，最后老父亲跟老二过；老三跟老大过；老四在省内的某县城做个体户，自己一小家过；剩下的老五自己在老院子单过。在问及王五当时为啥不和其他兄弟一起过时，他的回答是，"现在都是各顾各的小家，搅和在一起反而不好，再者我这人脾气又不好，一不顺心就吵起来了。这样还不如自己单过好，免得大家烦心。"

王五单过刚开始的几年，一直在外地打工，他也没啥手艺，基本上是在建筑队当小工，主要的打工点是新疆、宁夏等地。后来随着建筑行业机械化程度的提高，还有自己年岁的增长，王五很难在建筑队干下去。无奈之下，他就去北京投奔自己的外甥和侄子了。

王五的外甥赵平，家在王村东南方向的邻村赵庄。赵平是王五大姐的儿子，弟弟叫赵海，两兄弟是附近村最早外出做拉面的人，他们早年在北京帮别人做拉面，后来自己直接开拉面馆，起初生意红火，挣了许多钱，成了当地的名人。马关镇一带，现在做拉面的人都与赵平、赵海有直接或间接的关系，王村的王永、王红、王福和赵文都是他俩带出来的徒弟。

王永是王五二哥的儿子，赵平是他表哥。王永在初中未毕业时，就跟着赵平学拉面手艺，没几年，自己也在北京开了一家拉面馆，成为王村第一个开面馆的人。后来王五大哥家的二儿子王红辍学了，也在赵平店里学拉面，之后开了自己的面馆。

王五是 2001 年去北京的，刚开始在外甥赵平的店里帮工，但总感觉不是那么"自在"，后来就去了王红的店。他在侄子那总体感觉"舒心"一些，一天也就是打扫打扫卫生、招呼一下客人，一年下来也能挣个建筑队上的"小工"钱。就这样坚持到 2005 年，侄子成家了，生了小孩，丈母娘也搬到了北京住。王五感觉自己可能会给侄子添麻烦，因此 2005 年底回家过年后就再没有去北京。靠着之前攒下的一些积蓄，王五在村子里过起了"自由人"的生活，一天下下象棋、串串门。当然在 2008~2010 年，他也外出新疆、银川打过一段时间的短工，但总体上没之前打工那样"拼"了。2010 年以后，王五的生计成为问题，一则年龄大，不好打工了；二则光棍汉过日子，没啥盼头，推一天算一天。特别是在 2015 年那年，由于吃不饱，营养不良，有些许精神失常，见人就说一些"无厘头"的话。2016 年时，王五被评定为村里的"五保户"，这样他的生活总算有了着落，刚开始政府每个月给发补助 600 元，后来涨到了 800 元。按理说，推个日子没问题，但光棍有自己的心理困境。

毋庸置疑，王五的故事是悲情的，在"人多是好事，人多力量大"的那个年代，青壮年男性劳动力对一个家庭是多么的重要。然而时过境迁，在市场经济的冲击下，偏僻农村大量女性"资源"外流，致使域内男性成婚难度激增，光棍占比逐年上升。

国庆节期间，笔者再次来到王村，村子里下着沥沥小雨。由于是雨天，没人下地，男人们聚在老村部所在地的场子边下棋打牌，女人们坐在棚棚下扯着闲话，场子里面有许多小孩在玩耍。就在中午 2 点左右，王五上身穿着一件大衣、下身却只穿着一条秋裤走了过来，看上去精神有点失常，场子里的小孩将他作为嬉笑的对象，他们蹦蹦跳跳地指着王五喊："王老五，背着枪，打的野兔吃得香。"这句略带侮辱性的话语激怒了王五，他抓起路边的一段树枝朝着小孩们冲了过去，当然也只是吓吓他们，孩子们四散逃开了。旁边的"庄面子"田平大叔感慨道："哎！你看这王五，现在基本精神失常了。这人一辈子要是娶不上个媳妇，年龄一大就这下场。"这一场景触动了笔者的心，人生落魄也不过如此。

第四节　生计现状及社会影响

市场进程中，生产生活资料的商品化嵌入，引发了人们生计的转型。即便是在偏远山区，作为消费者的村民也成为市场经济的"追捧"对象，市场经济的不断发展为村民构建起多层次的消费市场，丰富多样的商品日渐唾手可得，村民的生活条件因此趋向便利、舒适，同时，生产生活资料的商品化程度逐渐加深。由此，市场作为一种"形式"嵌入村民的生计，形形色色的市场成为人们生计得以持续的关键，村民的生计形态由自给自足型转变为市场依赖型。与国内大多数乡村类似，改革开放以来，王村的经济、文化和社会基础发生了显著变化，这引发了村民多面向的生计选择，村民的生计实践，既有以家庭的富足为根本动力的共性，又有代际、角色的差异，具有伦理本位的个体主义特点。[①]具体而言：留守村民依据市场需求调整家庭生产经营，体现出以家庭生产生活为核心关切的生计策略；外出人员在逐渐融入务工地后，将小家庭的发展与务工地资源有效地结合起来，体现出以核心家庭利益为目标的生计策略；乡村精英积极探索资源转化路径，尝试以个体发展带动村落整体发展的策略方式。

---

① 贾仲益，谷妮娜．乡村振兴语境下农民生计选择与行动逻辑——基于一个湘西苗寨的田野观察［J］．广西民族大学学报（哲学社会科学版），2024（02）：86-92.

一 生计转型路径

基于社会学的视角，转型是一个复杂、动态和持续的过程。广义而言，转型是指社会从传统型向现代型的转变，具体来说，是从农业的、乡村的、封闭半封闭的传统型社会向工业的、城镇的、开放的现代型社会的转变。[①]在主体的转型发展中，不同的主体由于资源禀赋、社会资本等的不同，转型的路径也不尽相同，生计转型可理解为一种生计策略的改变。由于社会经济条件发生变化，为了适应变化和融入变革，生计主体会"逐利而行"，提升自身能力，进而优化生计策略，提升生存能力和生计质量，规避可能出现的生计风险。此外，转型可释放转型主体的发展动能，改变低效率、低质量和低产出等困境，降低风险的发生概率，从而帮助转型主体适应社会宏观环境的变化和市场需求。

（一）面向市场，逐利而行

在商品经济的冲击下，王村人的行动逻辑更趋向于"理性小农"。2023年腊月，赵文和王颜回到老家，做起了烟花爆竹生意，这引发了亲邻的各种猜测。对此，笔者对赵文进行了专门访谈，他讲述道：

> 其实我们做烟花爆竹生意也筹划了有段时间，今年（2023年）9月，生意不见起色，我们就专门跑了一趟湖南浏阳，一问说是卖烟花爆竹还得办理相关许可证。于是11月回家看小孩时，就办了个临时的，有效期两个月。腊月的时候就联系厂家发了货，订货的钱、房租等杂七杂八合在一起将近30万元。本想着能卖完，少说也能挣20万。但不知咋的，今年做烟花爆竹生意的人突然很多，我们的货只出了一半。没办法，只能放到明年再出了，这样无形间的成本就增高了，现在就盼着明年能快些出手，大不了少赚些。

---

① 童星.发展社会学与中国现代化［M］.北京：社会科学文献出版社，2005：480.

（二）亲情网络，利小安稳

当前，随着全面小康社会的建成以及社会主要矛盾的转变，人们的需求不断向多元化、高层次转变。现实中，一些农户的生产方式、经营理念与生计策略与时下的形势发展存在一定张力。在偏远地区，许多农户的生计方式较为传统单一，生计实现过程收益低，个体能动性发挥受限，对新技术、新需求认知不足，导致生计过程潜存诸多风险。究其缘由，商品经济的冲击无疑是重要一维。

对自主经营的偏好以及对社会关系的利用，导致当代中国私营企业增速快但规模较小。对照王村人的生计策略，基于社会关系的网络进行生产是其典型特征。前不久，王尚开车从银川市去临夏州的积石山县商讨灾后重建的一项工程，途经兰州时联系了笔者，他讲述道：

> 现在感觉在建筑行业，我们这些小包工头基本没啥发展前景了。说实话，我在前几年是攒了些积蓄，不是很恐慌。但像我三叔那些债务重的老板，现在吃饭都有些困难。看着亲三叔的苦处，让人心里确实难受，年龄大，再也干不了个啥。但在宁夏那边，最近开工的建筑工地太少，没办法，只能到咱们甘肃积石山那边谈谈灾后重建的工程，有合适的，联系上，主要让我三叔先干着，把生活往前推。

市场化进程虽不断侵蚀着人们的生活，但社会交往中的"差序格局"等观念，依然维系着基层社会的有序运行。事实上，王尚对其三叔的"扶助"体现出了一定的"道义经济"含义。

（三）合作带动，规模经营

乡村振兴背景下，基于产业振兴的现实需求，域内通常有大产业和小产业之分。大产业通常由合作社带动发展，小产业则由农户分散经营。大产业发展需要提高合作社的运营能力，注重培育产业带头人，生产上注重新技术、新产品和新经验的运用，推动产品深加工。营销上强调建立地方品牌，运用电商等新模式拓宽产品销路，提高合作社盈利能力。家庭小产业方面，关注农户种植养殖困境，引导农户适度扩大规模，鼓励农户合作发展，加大金融资本等支持力度。在此基础上，强化大产业与小产业之间的连接，促进地方产业的信息、技术连接。

近年来，王村所处的张家川西部一带的合作社以养殖业、种植业为主。由于牛羊养殖的传统，加之近几年养殖业的快速发展，域内的种植业以饲草为主，兼营一些经济作物。CH 公司是域内规模最大的一家农业发展公司，业务涉猎范围较为广泛：肉牛育肥，中药材、农作物种植，饲草料种子销售，饲草加工与销售；畜牧、家禽的饲养与销售，种畜禽经营；牛羊屠宰分割，牛羊肉加工及销售；苗木培育及花卉苗木销售，生态农业观光旅游服务；畜牧技术培训及技术咨询服务，饲草料、畜禽及其产品对外贸易经营等。前不久，笔者访谈了 CH 公司的负责人 S 总，他讲述道：

> 我们公司是 2019 年注册成立的，一开始，我们的定位就比较高，筹划做龙头企业。一方面，既然选择回乡创业，就要做大做强；另一方面，也想着为家乡的发展做些贡献，发挥龙头企业对农户的带动作用。咱们这养殖业基础较好，再者气候确实适合牛羊养殖，前几年我们主打肉牛育肥，从国外引进先进的牛种和饲养技术，肉品品质高，产量有保障，市场盈利一直比较稳定。在肉牛育肥的基础上，我们逐渐拓展经营范围，通过与附近几个村集体的协商，流转他们撂荒的土地，种植饲草，这几年饲草的收益也比较稳定。
>
> 在公司的经营中，我们带动了数量可观的人就业，复耕了大片的撂荒土地，确确实实带动了家乡的发展。当然发展过程中，各级地方政府也看在眼里，在政策、基础设施等方面给予我们很大帮助。现在我们要继续做精做强产业，通过订单收购、保底分红、股份合作、吸纳就业、村企对接等形式带动农户共同发展。探索"公司+农户""公司+合作社+农户"等路径，延长产业链、完善产业链，打造地方特色产业体系。引导走现代产业化的发展路子，尽可能实现信息互通、技术共享、品牌共创、融资担保，积极推动家乡群众形成较为稳定的"利益共同体"。

二 生计现状

市场进程中，人们基于生计资本在生产生活领域形成了诸多市场联系网络，继而实现生计的持续。市场联系的建立需要行动者具备一些基本的条件，比如洞察市场的需求、生产符合市场需求的商品、将商品与具体的市场需求联系起来、在市场竞争中促成交易的完成等。人们基于生计资本的作用在生产生活方面建立和维持市场联系，王村的例证是大规模养殖牛羊、从事皮毛贩运加工、投身餐饮服务业。人们在生产生活方面形成的市场联系受到市场竞争的影响，集中反映在生计资本的比较上。对此，王村人之前从事皮毛贩运加工业的终结，以及当前餐饮服务业的衰落便是具体例证。鉴于上述，当前王村人的生计现状呈现以下特质：（1）因市场嵌入，村民的生计由自给自足型转变为市场依赖型；（2）村民基于生计资本在生产生活方面形成市场联系以实现生计的持续；（3）生计资本的作用受市场竞争的影响；（4）生计资本中的社会资本对村民形成市场联系具有重要意义。

（一）留守村民的生计现状

市场化进程中，乡村留守人员的生计问题成为社会各界普遍关注的议题。对偏远山区来讲，外出务工是较为直接的"致富"途径。伴随着城市化进程的加速，大批乡村年轻人纷纷离乡背井，前往城市寻找发展机会，面对"打工经济"的冲击，留守问题日渐凸显。前些年乡村的留守人员主要为留守老人、留守妇女和留守儿童，即"三留守"。留守老人面临身心健康、医疗、休闲娱乐等方面的问题；留守妇女面临从事农活体力不足、经济困难、孤独等困境；留守儿童面临心理健康、教育等方面的问题。对于上述困境，共识性的解决途径是，加大对留守老人的关怀、强化对留守妇女的帮扶、加强对留守儿童的关爱。多年下来，通过"精准帮扶""低保兜底"等举措，乡村"三留守"人员的基本生计问题业已解决。

事实上，近年来受"经济下行"大环境的影响，乡村留守人员的结构悄然发生变化。一些五十岁以上，之前从事建筑行业的人员，在外难以找到适合的工作，转而回到家乡谋求发展。王喜现在有55岁了，小学毕业后放过羊、养过牛、做过皮毛贩运加工生意，于 2000 年前后做了泥瓦匠，一直在建筑行业打拼，前些年在银川市发展得不错。但 2021 年春节期间回到老家，就再未外出，他讲述道：

> 我现在 50 多岁了，小的时候为了吃上顿饱饭，啥都干过。后来学了个泥瓦工的手艺，前些年在工地比较吃香，自己还能承包一些小活，多挣一些。这几年建筑行业整体不景气，我也年龄大了，干不了重体力活。前年回家，就索性不出去了。
>
> 我现在把亲邻不种的地规整了一下，地块比较大、交通便利的，种了将近 30 亩。主要种玉米，玉米一则产量高，二则秸秆量也大。有了这些，我就用之前的积蓄买了 7 头牛，育肥繁殖。细算一下，一年下来，杂七杂八也有个 10 万元的收入，跟外出打工差不多，最主要的是能照顾上家里，媳妇前些年把腰累坏了，现在啥也干不成。这我在家里，她就不再那么劳累了。

（二）外出人员的生计现状

当代中国，乡村人口的非农活动、外出谋发展，成为最具社会、经济影响的现象，这不仅大力改变着城乡格局，对乡村发展造成深远影响。[①] 尤其是近年来，大量青壮年劳动力外出打拼，在广阔的中华大地乃至境外谋生就业，开辟着新的生活空间，成为社会各界普遍关注的现象。

为了较为深入地开展本项研究，笔者对王村的外出人员进行了追踪调查。截至目前，大致 65% 的人口选择外出打拼，外出地主要是兰州、银川、西安、北京、乌鲁木齐等地。主要从事的行业，前些年以建筑行业为主，近些年主要是餐饮服务业，年轻一代学做厨师的偏多。前不久，笔者访谈了王铜，他讲述道：

---

① 黄平主编．寻求生存——当代中国农村外出人口的社会学研究 ［M］．昆明：云南人民出版社，1997：1．

我今年28岁了，之前上过中专，毕业后在南方的工厂上过班，一方面流水作业，自己感觉长时间下去扛不住，另一方面，都是年轻人，在一起花销太大，听起来一年能挣十几万，年终花得一分不剩。有一年在广州，过年回家时连个车票都买不起，偷着找我姐借钱，买了票回的家。

　　前年（26岁）过年回到家，我哥说别再晃悠了，得收心踏实学个手艺，挣钱娶媳妇。后来我就跟我哥到西安的馆子里学炒菜，其实以前也接触得多，半年下来，就能上手炒了。现在工资一个月一万多，我们做厨子的，吃住都管，也没啥花销，家里这几年攒了些（钱），在农村，家境还算可以。前不久，亲戚介绍对象，刚订了婚，准备年前腊月结婚了。

　　其实我们做餐饮的，得趁着年轻多挣些，随着年龄增大，手里出活慢，老板就嫌弃。我师傅前几年干得挺好，去年想到北京闯一闯，但毕竟四十七八岁了，馆子里都开不出高工资。后来有亲戚介绍了一家单位的食堂，现在在那干大厨，有节假日，听说养老保险都在交，60岁后还能领到养老金，我们都很羡慕。

（三）乡村精英的生计现状

　　乡村是社会治理的基本单元，是推进国家治理体系和治理能力现代化的重要组成部分。具体到乡村社会治理当中，治理主体包括：政府、市场、社会和个体，其中个体是社会治理最基本的元素。从乡村发展的历程来看，基于城乡差异、区域差异等结构性力量的影响，乡村精英积累了大量的优势资源，对乡村经济社会发展有较大影响，掌握较大话语权。[1]当前学界对乡村精英有诸多界定，有乡村能人、致富带头人等，更有"新乡贤"概念的导入。结合学界的相关探讨，笔者认为，西部偏远地区的乡村精英主要指致富

---

[1]　徐少癸，韩佳钰，陈换等. 乡村振兴战略下乡村精英研究进展与展望［J］. 人文地理，2023（05）：24-35.

带头人，也涵盖一些技术人员和文化人士。

在王村，从致富的角度讲，王长家无疑是排头兵。前文讲述过，王长是张家川"小尾寒羊"最早的引进者，在1990年代中期就因"多胎羊"养殖而赚了很多钱。2000年以后，他们全家搬到县城居住，慢慢与村里的联系就少了。前不久，笔者在王村见到王长的长子王存，他讲述道：

> 哎呀！还是回到咱们村子里亲切，这几年我的几个子女都陆续结婚了，儿子结婚掏钱就完了，但还得给人家看小孩，说是看孙子，我感觉我现在是"真正的孙子"了。你算嘛，三个子女，人家每家生两个，我最近十年，孙子、外孙子加在一起，总共照看大了六个。到现在，年龄小的每天上下学，还得我接送。儿子、姑娘开着轿车不接送，我得骑着电动车接送。
>
> 我这次回家主要是看看院子里的房顶漏水了没，去年这时雨下得大，我们家厨房房顶漏水，把里面的东西都湿透了。这咱们在外面混，迟早还得回村里来，房子塌了，你说到时咋办。
>
> 我们家是2003年整体搬到县城生活的，刚到县城也没个啥好营生。起初我做过五金、打印店等生意，后来我们几个兄妹合开超市，生意一直还算稳定。现在其实我们这一辈的生计问题不大，子女一代吃饭也应该不发愁，但孙子辈的教育最让人头疼，基本上都上初中了，感觉总念得不好。

三　市场行动中的地域认同

王村所在的张家川县西部回族、汉族杂居。近年来，在市场化商品经济的冲击下，外出做买卖和务工人员递增，"他者"的参照系逐渐外移，地域社会的边界凸显，"张川人"的地域认同得到了进一步强化。这种"地域认同"一定程度上夯实了族际交融的中观理论视角，为通达国家认同搭建了桥梁和纽带，增补了铸牢中华民族共同体意识的实践路径。

（一）张家川西部的地域社会

中华民族是个人口庞大、文化多元、历史久远的民族，究竟什么是中国人？这涉及民族认同的核心议题。关于民族认同，学界有诸多阐释，较为共识性的认定如下：（1）一块历史性的领土或族地；（2）共同的神话与历史记忆；（3）共同的大众性公共文化；（4）适用于全体成员的一般性法律权利与义务；（5）统一的经济体系，并且成员可以在领域范围内流动等。[1]

关于中华民族的认同，王明珂基于"族群边缘"视角，从资源竞争、历史记忆与族群认同的维度，给出了华夏民族的聚合演进历程：

> 当我们在一张白纸上画一个圆时，最方便有效的办法，便是画出一个圆的边缘线条。在这个圆圈之内，无论如何涂鸦，都不会改变这是一个圆圈的事实。相同的，在族群关系之中，一旦以某种主观范准界定了族群边缘，族群内部的人不用经常强调自己的文化内涵，反而是在族群边缘，人们需要强调自身的族群特征。因此边缘成为观察、理解族群的最佳位置。[2]

借鉴"族群边缘"视角探析张家川西部的地域社会。张家川回族自治县是陇东南唯一的民族区域自治地方，该县西部为梁山镇和马关镇，两镇邻接庄浪县和秦安县，是三县的交界地带。1953 年张家川县建置之前，该区域分属庄浪和秦安两县管辖。因此邻近庄浪县的村庄有着庄浪文化的痕迹，邻近秦安县的村庄有着秦安文化的痕迹。

以张家川西部的地域社会为例，随着改革开放的深入推进，原有的生产生活方式已然被打破，尤其近年来的大规模外出经商和务工，市场化商品经济的理念极大地冲击着当地人的观念。族群内部的祭祀圈早已弱化，宗教信仰已然不再成为地域族群之间生产生活交往交融的主要区隔因素，地域认同

---

① Anthony D. Smith. National Identity［M］. London：Penguin Books, 1991：13.

② 王明珂. 华夏边缘：历史记忆与族群认同［M］, 上海：上海人民出版社, 2020：115-116.

成为共识。换句话说，当地超越祭祀圈、信仰圈之上的地域社会业已形成。

作为研究范式的"地域社会"，目的在于以地域社会论统摄其他研究范式，强调域内人们生存方式和生活关系网络的建构性和特殊性。将地域社会的范畴运用于特定地区，可凸显其整合"地方性知识"和族际交融的效力。

（二）社会转型与地域认同

从严复翻译《群学肄言》到现在，社会学传入中国已经 120 多年了。自社会学传入之初，学界就十分关注中国的现实问题。费孝通先生将中国社会的特性概括为"乡土性"，《乡土中国》开启了中国本土化的结构功能论。马克思主义社会学的生产方式、社会交往范式更是推动了中国社会学研究的中国化实践。20 世纪 80 年代社会学重建以来，学界一直在倡导"理论自觉"，经过 40 多年的不懈努力，面对中国社会的深刻变动，中国社会学充分彰显了自身的"理论自信"。时至今日，随着中国社会的转型加速，学界一致认为，中国社会学在理论层面需要进一步的"转向"，需要归纳梳理"在地化"的研究范式，从而直面现实中的真问题。

当前中国社会总体上处于加速转型期，这种转型使得社会分化，社会结构得以重组，原有研究的范式需要重新审视。杜赞奇的"权利的文化网络"试图统摄以往的各种研究范例①，一劳永逸地解决中国社会研究的范式问题。然而中国社会的实际十分复杂，再加上近年来的激烈变动，杜赞奇的初衷必然受到诸多挑战。

改革开放以来，中国社会开启了转型期，特别是 2000 年以来，社会的转型发展加速。中国的社会转型，总体目标是建立"社会主义的市场经济"，具体是指基于经济体制的市场改革所带来的社会、政治等领域的变化。② 随之人们原有的价值观念、利益诉求也发生着较大变化。社会转型的深入推进，引发了原有阶层结构的变动，促成"地域社会"的发育和成长。

① Prasenjit Duara. Culture, Power, and the State: Rural North China, 1900—1942 ［M］. California: Standford University press, 1988: 15.

② 沈原. 市场、阶级与社会——转型社会学的关键议题 ［M］. 北京: 社会科学文献出版社, 2007: 1.

在国内社会转型的大背景下，2000年以后，张家川西部地区社会转型也较为迅速。面对市场化商品经济的激烈冲击，人们死守庄稼地的观念发生变化，年轻人越来越多地选择外出务工或经营买卖。生产生活方式上的转变，直接促使人们扩大交往范围，突破原有的社会交往边界，"在家靠亲人，出门靠老乡"的"地域认同"已然形成。

　　地域认同的建构是一个动态过程，地域内自然、地理、历史、文化传统和集体记忆是建构认同的原材料。张家川西部的外出谋生者在地域认同观念下形成一定的社会关系网络，以此来谋求和维护一定的社会资源。根据北京市张家川籍餐饮服务业经营者的调查分析，同乡关系网络及其交往方式是在原地域社会关系网络的基础上发展起来的。

第七章　市场行动中的制度因素

> 中国的问题实质上是农民问题，中国文化实质上就是农民文化，中国的现代化进程归根结底是一个农民社会的改造过程，这一过程不仅是变农业人口为城市人口，更重要的是改造农民文化、农民心态与农民人格。
>
> ——秦晖（2019：27）

当代中国农民的行动逻辑是以市场实践为主轴而展开的，而市场的本质是一种社会建构，站在市场社会学建构论的视域里，市场的社会结构有三种形态，即制度结构、关系结构和建构结构。作为一种制度结构的市场，其理解得益于对"制度"本身的考察。社会科学研究制度，通常将其划分为正式制度和非正式制度，正式制度主要指的是市场运行所依赖的国家政策、法律与规则的制定等；而非正式制度则是在市场实践中显现的如风俗、习惯、惯例以及行动者嵌入具体社会情境的反应方式等。[①] 因此可以说，市场制度是行动者依据各自利益追逐，在市场实践中建构出来的能为人们共同接纳的行事规程或行为准则。

调查发现，张家川人自改革开放以来更替经营的"三大产业"是在中国社会由商品供应短缺转向相对供应充足的过程中，在国家体制市场化的变

---

① 陈林生.市场的社会结构——市场社会学的当代理论与中国经验 [M].北京：中国社会科学出版社，2015：4.

革中，相关产品服务刚性需求旺盛，而引发的一种市场模式。为何是张家川人先做起了皮毛贩运加工生意，这与前文笔者已经分析的张家川人长期经营副业传统密切相关，当然后续的牛羊养殖和餐饮服务也是传统副业。在从集市贸易转向现代市场实践的过程中，餐饮服务业经营无疑更具现代性。

在张家川人从皮毛生意全方位转向拉面生意以后，对东部沿海的拉面市场造成了剧烈的冲击。据有关统计，截至 2016 年 12 月，张家川人在北京、上海、武汉、烟台等大中城市开设的牛肉拉面馆已超 1.3 万家。[①] 短期内这样的大规模市场扩张，使得他们频频与青海同行发生着尖锐的竞争冲突。

然而在梳理完张家川人经营餐饮服务业的盛况之后，就会发现他们与同处黄河中上游流域民族地区经济文化圈内的青海化隆人的"拉面经济"模式同出一辙，本质上仍属于"家庭作坊式"经营，只是外出的青壮年劳动力更多，做活更为"卖力"而已。在之后的岁月里，张家川人将这种社会组织模式不断地复制，使得其获得充分扩张，实质上是一种"同构性发展"。

近年来，随着全球范围内经济下行压力的影响，国内产业结构获得大幅度的重新调整，这对低端餐饮服务业造成了极大冲击。再者由张家川人开设的餐饮服务行当本身存在的内在运作模式，也决定了国家产业政策变化对其影响的程度。当前，在国内餐饮服务业迈向高端消费、卫生许可从严、劳动力市场城乡一体化等综合因素的影响下，由张家川人所经营的餐饮服务业面临"关门"的困境。

这引发了笔者对这种"家庭作坊式"经营模式何以形成，又是哪些因素致使一个个拉面馆"神话"般涌现，却好景不长草草收场的思考。显然，其中制度性因素是一个重要的考量。类似状况，陈林生在对福建周宁人经营的钢贸市场的研究中有比较到位的分析。借鉴陈林生的相关研究，笔者将张家川人市场实践中的制度性因素分述如下：第一，中国由再分配体制转向市场体制的过程中，作为方便人们日常生活的副业逐渐显示出了其市场潜力，获得了蓬勃发展。然而在当前市场深化改革之际，在规模化集群

---

① 赛炳文 . 大碗传奇：牛肉面传［M］. 西宁：青海人民出版社，2020：236.

经营面前它又为何滑向衰落，其制度层面的缘由如何理解。第二，在致富带头人的示范作用下，低水平经营不断得到"同构"，继而在特定时空中表现出经营的趋同现象，这看似充分考虑到了效率问题，实则是一次次地增加着市场的机会成本。第三，特定的有形市场本身具有一套完整的经济社会组织，其内在的运作模式不仅是经济学意义上的交易场所，更是一种地方性文化嵌入其中起着重要作用的社会机制模式。[①] 基于此，笔者认为张家川人市场实践中"三大产业"的更替与特定市场内外各种制度因素的交互作用密切相关，当前的发展困境也与其背后制度性作用难以割裂。当然基于本研究为一项发展人类学个案研究，本部分将主要探讨影响市场实践的非正式制度因素。

第一节　被忽略的社会文化因素

社会变迁抑或发展通常被认为始于经济的、结构的或科技的革命，这导致学界对社会变迁过程中发生的各种社会现象、社会问题的分析总是取决于经济的、结构的或者科技的视角，而与之相关的社会文化因素往往被遮蔽了。

追溯张家川人当前餐饮经营的困境，实质上是其步了化隆"拉面经济""家庭作坊式"经营的后尘。化隆人和张家川人所开设的"兰州牛肉拉面"面对规模化连锁经营的冲击，只能从市场核心区撤离出来，对于一些年纪大的创业者来说，为了"保本"他们直接退回老家去。因此，当下到了探讨拉面产业转型升级发展的时刻了，拉面规模经营的趋势正逐渐从东部沿海向中西部拓展。据赵文老板估算，现在北京市五分之二的拉面都由"东方宫""金鼎""兰州牛肉面大王"等几家大型餐饮集团连锁经营，他们这些小规模经营者，只能被挤到城乡接合部谋生。基于王村所在的张家川域内餐饮服

---

① 陈林生. 市场的社会结构——市场社会学的当代理论与中国经验［M］. 北京：中国社会科学出版社，2015：71.

务业发展的实际状况，结合产业发展相关理论的分析，可梳理出以下发展困境。

一 走不出的传统

为了使本研究能够取得某种普遍性的认知，笔者走访了上百家拉面馆的老板，当然他们中大多是在外地的经营者。笔者还"潜入"了几个经营圈子的微信群里，通过对相关人士日常生活的观察，勾勒出了有所成就的经营者的创业经历，其实他们刚开始都是迫于生计的"无奈"选择，靠着吃苦耐劳的韧性取得了"第一桶金"。然而面临当前的转型发展，他们却无所适从。在 2019 年 4 月的一次访谈中，龙山镇的李喜老爷子讲述了他的创业经历：

> 我们张川人挣几个钱回到家，看起来就牛得很，好像老家还放不下他。特别是一些年轻人连他先人（祖宗）是谁都忘了，他娃还是年轻。哎！我起初做生意那真是难，当时（改革开放初）政府管得比较严，我们偷着从马鹿坡（张家川最东边的一个镇，属关山林场地带）贩木头，白天不敢走，晚上一家弟兄几个合起来拉上架子车就是个跑，有时木头重，把车轮胎压爆了，走也走不动。后来市场慢慢放活了，龙山镇的皮毛市场生意好，我达（爸）带着我和我弟就开始跑皮毛了。刚开始我们和几家亲友混（合）在一起主要跑的是内蒙（古）的阿拉善右旗，我弟在阿右旗那边守着收皮子，我主要在两地跑运输，我达（爸）平常在龙山市场上守着看行情。大概到 1990 年时，家里有钱了，两院房子都翻修了。可是到 1998 年以后，明显感觉皮毛生意不好做了，但不做，一家老小吃啥了。没办法又坚持了 3 年，到 2001 年亏损了好几万元。这整得我达（爸）的掌柜（家长）没法当了，就只好分家单过，我单独分了出来，我达（爸）和我弟在一起。

> 我当时分家时，分到了 7 万块钱，最后就跟着大阳乡我姑姑家的儿子到武汉开饭馆了。当时我去武汉是去对了，我达（爸）和我弟在家

里继续做皮毛生意，最后把 10 万元给亏完了。

前年（2017 年），我感觉自己身体不好，就回来了，把生意交给儿子和（儿）媳妇。回到家闲也闲不住，现在养着 6 头牛，也好着了，一年能寻（挣）个五六万。关键最近几年我们周围几个村子里回来一些掘不住的"二杆子"（为人冒失），拿着几个苦命钱说是要办养殖场，最后都搭（赔）了进去。

哎！咱（我们）张川人也干不成个啥事，我都 60 岁的人了，把啥没见过，不能胡折腾，能把日子推前去就好着了。

李喜老爷子的一番话道出了改革开放以来张家川人所从事的主要经济活动，归结在一起无非是皮毛贩运加工、餐饮服务和牛羊养殖。其实这些都是祖辈们传承下来、在种地之余所兼营的副业，只是在现代市场经济条件下，这些副业形态在特殊的"场域"中变成了"主业"。从这个层面来理解，事实上是并未走出传统，而当前所谓的"返乡创业"，兴办起了大批养殖场则更是一种对传统的回归。

毋庸置疑，当前偏远地区的农民确实站在了"现代性的十字路口"，他们可能必须对"大传统"和"小传统"有一个明确的界定。事实上，进入农民的日常生活，由于不同地区之间在传统价值观和生活态度上的差异，以及他们各自所经历的不同的历史发展过程的洗礼，使得当前他们的价值观和生活态度变得非常的根深蒂固。①

特定地域的文化传统从广义上来说，通常包括当地人全部的生产生活方式以及与之相适应的思想观念、宗教信仰和风俗习惯等。具体来讲，特定人群的耕种收成、饲养放牧、衣着住房和婚丧嫁娶等都属于文化传统的范畴。本研究专注于黄河中上游流域民族地区的发展困境，着眼于非经济因素对地方经济社会发展的深刻影响，因此引入文化传统的维度显得尤为必要。当前

---

① 〔美〕罗伯特·芮德菲尔德. 农民社会与文化：人类学对文明的一种诠释［M］. 王莹译. 北京：中国社会科学出版社，2013：159.

黄河中游流域的民族地区处于从传统农业向现代农业、从自然经济向市场经济的剧烈转型中，这不仅变革着当地人的生产生活方式，而且造成了观念形态领域的重大变化。一方面，绝大多数文化传统通过相应调整适应了现代性的发展潮流；另一方面，一部分文化传统却趋于保守，与现代性潮流发生着"抵触"。鉴于此，笔者认为应当在充分调查研究的基础上，全面了解特定文化传统在当前所呈现出的新形态，明确其各种表现形式以及性质和特点。正是基于这样的考究，在新的发展阶段，充分考虑地域社会文化环境的影响，将对调整地方产业结构、评估发展市场经济的适应能力和承受能力提供切实的依据。

二　"家庭作坊式"的经营理念

张家川县相关部门于 2015 年提出了"百千万"工程，旨在引导和推动当地餐饮服务业快速发展，以期到 2018 年本县人开设的饭馆达到 1 万家。事实上，这样的愿景已经提前完成，2016 年 12 月张家川籍人开设的餐馆已达 1.3 万家。然而通过追踪调查，发现其现实是一边在热火朝天地开设新的面馆，一边却频频传出"倒闭"的音讯。在北京开"兰州牛肉拉面"馆的赵文老板说：

> 现在的饭馆不好开，我是和我表姐夫合着一起开的，我们现在有两个店，生意都还行，一年下来能分个五六十万。但这都是我们还年轻着了，过几年不知道咋样，其实店里的活都是我们两口子和表姐两口子忙里忙外，叫的人才不操心了，一天混到黑就行了。
>
> 哎！之前带过我的三位师傅都是因为年纪大，前几年实在混不住了，就回去了。干我们这行，年纪一大就干不动了。

通过赵文老板的讲述，我们得知，张家川人在外开设的饭馆主要是亲戚、邻里之间互帮互带做起来的。通常在大城市偏僻的小巷子里，找个小一点的门面，一家人就干起来了。这种"家庭作坊式"的经营方式，架不住现代规模经济的剧烈冲击。

马林老板在兰州市七里河区的小西湖开了一家规模比较大的宾馆，生意一直很好，当然他还在兰州市和省外入股了其他生意。由于他经常参加张家川县工商联的活动，并且很是积极，因此笔者和他平常的联系、交谈也就比较多。2020 年 10 月 20 日中午，笔者路过小西湖想顺便拜访一下马林，但不巧他有事外出了，他媳妇马叶在营业。进到宾馆服务大厅在和老板娘马叶寒暄几句之后，她说到饭点了，要请笔者吃饭，笔者推辞几遍之后，还是拗不过，就只能客随主便了。马叶喊上附近也做宾馆生意的同乡苏兰，带笔者一同到达一家临夏人开的农家乐小院里，点了手抓羊肉及一些其他菜品，我们就边吃边聊了起来。她主要讲述了自己和马林的创业史：

你能听出我的口音不？其实我老家不在张（家）川，我是湖北人。25 年前（1995 年）马林到武汉打工时我俩认识，最后结的婚。1998 年初，我和马林都在一家中等规模的餐馆里上班，但挣得太少，实在看不到希望。因为马林会拉面的手艺，所以我们就合计着开个拉面馆，这开面馆首先得有个店面吧，但当时手头的确没几个钱，就只能央求餐馆老板，在餐馆的小拐角处搭个简易棚，最后老板答应收取一些费用让我们经营。就这样我们借着人家餐馆楼拐角处的位置用钢筋架撑起了一间小房，顶子上盖了一片铁皮，就算有了门面，完了在日杂市场上购置了一些做拉面用的锅碗瓢盆，再在简易棚前支起两张桌子，这拉面生意就做起来了。

你不知道，我们武汉的雨要比兰州多得多，尤其每年六七月的"梅雨"季节，一下就是半个月，每天阴雨绵绵，还时有大暴雨。1998 年那年的 6 月，估计你在电视上也看到了，长江沿岸爆发了特大洪水，武汉的那个雨大得特别吓人。当时我们的馆子开业不到两个月，刚有了些稳定的顾客，因此雨再大也不敢停。

你想想雨下得那么大，我们搭的简易棚顶上是一块铁皮，封闭不是很好，雨一大，就整个漏了下来。没办法，就在铁皮顶子上又盖了一块大塑料，这塑料招风呀，大雨往往伴有强风，一不小心，棚顶的塑料就被刮掉了。塑料一掉，就得赶紧停下手中的生意，搭梯架重新铺塑料，每天淋得像个泡汤鸡。

听了马叶老板娘讲述他们在武汉创业的艰辛过程，真是心酸多多。但在另一个侧面也反映了张家川人"家庭作坊式"经营的状况。马叶继续讲道：

其实说实话我们湖北的气候环境要比甘肃好多了，但人到啥地方你得挣钱养家呀。从1998（年）到2008（年）这十年，我们中间换过四次店，确实吃了许多苦，但挣了一笔钱。2008年那年下半年，金融危机逐渐影响了国内，我们在武汉的生意逐渐不好做了，所以就合计着干个其他生意。当时马林二达（二爸）在兰州开宾馆的生意越来越好，就叫着让我们到兰州来发展。就这样，我们把武汉的馆子转让了，拿着手头的200多万回到了兰州。虽然这几年宾馆的生意也不怎么好，但前几年好的时候，我们抓住了机会挣了一笔，所以现在即便再不景气，我们也是可以维持的。

因为我娘家在湖北，每年我总是要抽时间回去一趟，顺便看看在武汉的那些张家川老乡开的馆子。你一看心里就难受，都啥年代了，还是我们二十几年前的那种经营方式，在偏僻的巷道处找一个破旧的门面，支着几张桌子，也没个啥帮手，就两口子干着。去年回去，我在一个远房亲戚家的店里坐了一个上午，也没见几个吃饭的客人。亲戚家的女人偷着给我说，他们家的生意越来越不行了，她的意思就（是把它）转让了干其他的，但娃他爸死活不愿意，一直要守着。

马叶对张家川人在外开设餐馆现状的讲述，再次让笔者陷入深深的沉思当中，用一句话概括就是"讲着今天的故事，却唱着昨天的歌谣"。这种典型的"家庭作坊式"的经营模式在早期的确为张家川人开拓市场解决了经济资本欠缺的问题，然而到了今天还有许多人持守这样的经营模式：偏僻地段一间破门面、几张桌子一口锅、男人拉面女人端，这势必会遭到市场的淘汰。

三　未形成现代产业化发展的思路

张家川人的经营最大的困境是如何走出传统、走向现代产业化发展之路。纵观当地的发展历程，当地人之所以能把皮毛生意做起来、把饭馆开起来，其实是一种"抢先市场"发展的行动逻辑，本质上是一种"无心插柳"的作为。然而到了今天，大面积的"关门回巢"现象则值得我们警惕。当前，张家川人的经营进入困境的问题，表面上看是"个体经济"发展的问题，其实背后深藏着厚重的社会文化因素。

现代经济发展的基本指标是"市场竞争力"。因此，一个地区发展经济必须以区域优势条件为依托，发展具有竞争优势的产业和产品，形成特色经济。当前的中国谈到"特色经济"，可以说遍地开花，然而谈到特色经济的发展却往往"苦大愁深"，困境重重。究其根本，是因为没有实现产业化发展，"家庭作坊式"的加工生产难以形成竞争优势。因此从实现比较优势的角度考虑，地方社会需充分彰显社会文化因素，走特色经济产业化之路。

当下，对地方社会发展而言，需要首先明确哪些行业属于特色产业。通过相关文献梳理，可知所谓特色产业是指特定区域内，以独特的资源禀赋为基础，以特有的生产技术、生产工艺、生产工具、生产流程、管理组织方式等为支撑，制造或提高特色产品与服务的部门或行业。[①] 反观张家川餐饮服务业的发展契机、困境及转型，到目前还是未切入产业化发展的主题。

事实上，一个地区经济社会发展的主要指标是产业化发展水平，但现实当中，地方产业发展通常受区位环境、社会文化等因素的影响。鉴于此，对于特定地区的经济社会发展而言，势必要重新审视本土经济元素与产业化经

---

① 郭京福，毛海军．民族地区特色产业论［M］．北京：民族出版社，2006：152.

营之间的关系。在现代市场经济条件下，就产业的表现形式而言，产业是企业和市场的中枢。然而就执行产业的行动者而言，产业是社会与政府的纽带。因此对地方发展而言，一方面，应当立足地方实际，选择符合自己要素禀赋结构的产业，优先发展比较优势产业；①另一方面，健全地区产业发展的政策支撑体系，这一方面至关重要。

现代社会的典型特征是专业化程度逐步提升，分工、协作成为生产生活的必需环节。随着分工的精细化加深，各种产业组织应运而生，产业社会得以最终确立。以往社会科学对产业的研究重心在于"正式制度"层面，形成了"产业经济学"的"经济人"理性分析框架的"独揽局面"。社会学关于产业的研究，旗帜鲜明地关照产业及产业社会的"非正式制度"，强调社会文化因素或非经济因素对现代产业的重大影响力。在产业社会学的视域里，人们的生产生活和日常交往总是处于特定产业的网络之中。一方面，人们的生产、交往建构着产业社会；另一方面，产业社会形塑着人们的生产、交往。可以说，现代社会是典型的产业社会。将产业社会学的分析视角引入民族地区发展研究，特色经济产业化发展的"合法性"便得以凸显。

回到"被忽略的社会文化要素"探讨的主题，中国农业文化源远流长，时至今日，我国不但大多数人口仍是农民，即便城市居民也多是农民的亲属。中国的城市似乎没有形成独立的市民文化传统，而是长期处于城乡一体的农民文化氛围中，所谓的"城里人"心灵深处具有一种深藏不露的"农民心态"。正是由于这种浓厚的"农民心态"，在农村，最受尊重的是干好农活、通情达理以及遇事低调的人。这在一定程度上影响了农民的市场实践，即自主经营、网络生产、派系竞争，其困境则是通常会走入"低价竞销"的怪圈，难以摆脱被锁入低端产业的命运。②

---

① 张友.民族地区产业经济发展研究［M］.北京：民族出版社，2012：189.
② 汪和建.自我行动的逻辑——当代中国人的市场实践［M］.北京：北京大学出版社，2013：21.

第二节　"项目制"下的养殖业

从"正式制度"的角度探究当代中国农民的市场化实践，"项目制"无疑有着深层次的影响力。正如上文所梳理出的，近年来王村一带在外经营的小老板之所以纷纷"返乡创业"，其背后的行动逻辑在于紧盯各类下乡的项目款。

近年来，学者们在探讨中国国家治理的制度逻辑时，提出了一个共识性的结论，即项目制。在计划经济时代，国家的治理主要依赖的是"单位制"，而自改革开放以来，更多地在强调"项目制"。随着从"单位制"向"项目制"的转型，大规模的市场化、私营企业兴起，以及经济体制从"指令性"的经济计划向引导性的经济"规划"转变。① 这期间，在社会层面呈现出越来越高的流动性，农民大批进城务工，催生着"打工潮"。然而粗放型打工经济最终还是在科技进步、产业升级等进程中走向衰败，其中一些从事"落后产能"的务工者最终面临着被"淘汰"的结局，而被"出局者"的"回乡创业"，将目光投向各类项目"中标"也就成为一种现实性需求。

"项目制"的核心在于国家通过"项目"的奖励来引导、调动和激励民间力量积极参与项目承包。当然对于地方政府来说，"项目制"也是中央进行财政"转移支付"的主要手段，与"招商引资"一道成为地方政府工作的两大主线。

一　畜牧养殖业的发展缘由

通过笔者近年来参与国家精准扶贫第三方评估工作的实地调研，产业扶贫是国家和地方关注的重点，再结合笔者不间断的 20 余次对张家川、广河、化隆三县的田野观察，牛羊养殖成为近年来黄河中上游流域民族地区兴办产

---

① 黄宗智. 实践与理论：中国社会、经济与法律的历史与现实研究 [M]. 北京：法律出版社，2015：534.

业的主要目标。究其缘由，与国家脱贫攻坚、乡村振兴战略当中发展产业项目相关，更与这一地区的民族社会文化因素密切相关。

由于篇幅所限，基于行文方便，笔者在这一部分将主要呈现张家川县发展畜牧养殖业的相关案例，分析其背后的逻辑演进。

（一）张家川县发展畜牧养殖业的条件

张家川虽然地处农耕区，但由于海拔较高、山大沟深，并且由于人口数量相对较多，因此在传统社会，人们为了"糊口"，在农业生产之余，兼营畜牧养殖业。因为当地少数民族喜食牛羊肉，所以养殖牛羊者偏多，当然也与当地适合畜牧养殖的自然条件相关。

1. 适度的海拔

畜牧业是传统农业生产的重要组成部分，其规模化经营需要特定的自然条件。张家川县的最低海拔约 1486 米，最高海拔约 2659 米，平均海拔约 2011 米，这样的海拔生态环境，气候较为温凉，水草肥美，非常有利于牛羊养殖。

2. 充足的草料

张家川地处陇山西南麓，这里在清同治年间以前，居民较少，耕作土地较少，域内大多是未开发的森林草地。随着同治年间大批回民的迁入，许多山地才得以开垦。到现在张家川的人口主要居住在中西部，东北部大量森林草地仍然保持着"原始"状态。当地的气候状况一年四季分明，东部关山地带多雨雪天气，非常有利于草料的生长，这为当地传统的牛羊养殖提供了基础的"吃食"。

3. 农牧结合的经济结构

畜牧养殖对偏远地区群众有着特殊的生计意义。从地域分布上看，我国的畜牧业可分为两种方式：中部地区的农舍养殖和西部地区的草原养殖。[①]而张家川处于国家的几何中心位置，是农舍养殖和草原养殖的过渡地带，兼有两者生产经营的优势。具体而言，由于山势海拔走向的缘由，张家川东部

---

① 施正一．民族经济学教程（第二次修订本）［M］．北京：中央民族大学出版社，2016：
268．

是典型的草原畜牧区，而西部则是典型的农区畜牧区。

前文多次提到，张家川境内大面积开发的历史较短，随着清朝后期大量移民的进入，人们才大量开垦土地。但是由于山大沟深的地理条件，专靠农业耕作，不足以养活张家川日益增加的人口。于是大家在农耕之余，兼营畜牧养殖，形成了传统的农牧结合的经济结构。

（二）张家川县发展畜牧养殖业的传统

张家川县境内土地耕种开垦的历史虽然比较短，然而其发展畜牧养殖的历史却是非常久远，据历史文献记载，可追溯到先秦时期。

1. 周王牧马之地

张家川境内草场辽阔，牧草旺盛，早在西周时期就有养马的历史记载，周孝王八年秦非子为王室"马于汧渭之间……邑于秦谷"。据《陇州志》（清康熙版）记载，汉武帝元狩和元鼎年间，大将卫青、霍去病北击匈奴，一次出征战马 14 万匹，多征集于陇山一带（张家川、清水和陇县一带）。唐高祖武德年间，在陇山一带设牧马监，牧马数十万匹。明代时，这里茶马互市交易繁盛。晚清民国时期，张家川骡马集市发达，每年有大量马匹输出。[①] 当然张家川的畜牧业不仅仅是牧马养马，随着境内人口的激增，牛羊养殖开始逐渐兴盛。新中国成立以后，张家川农畜结合经营走向了新阶段。

2. 民族传统的生计方式

回族在日常饮食中，对牛羊肉的需求比较大。自大量回民迁至张家川以后，当地可耕种的田地不足以养活激增的人口，于是养殖业成为生计的必然补充。由于自然地理的缘故，当地传统上养的牛基本上以黄牛为主，之后对黄牛进行改良，又引进了"秦川""西门达尔"等优良品种。1960 年代在白石嘴牧场曾引进牦牛，但产量较低，现在主要养殖的还是黄牛，基本上以居家养殖为主。在养羊方面，传统上养的是黄土高原上的绵羊和山羊，1956年以后对羊种进行了引进改良，曾引进细毛羊、高山细毛羊和美利奴等，近年来以小尾寒羊为主，小尾寒羊当地人叫"多胎羊"，以高产著称，可迅速

---

① 张家川回族自治县志 ［M］．兰州：甘肃人民出版社，1999：420.

提高养殖户的经济效益。

3. 深嵌于当地的皮毛贩运加工业之中

张家川畜牧养殖业发达的另一个主要原因是，当地的皮毛贩运加工业兴盛。在早期交通不便利的时候，张家川的皮革加工主要靠的是当地自产的皮张，这在很大程度上刺激着当地人经营牛羊养殖。一方面，可以满足当地群众对牛羊肉的大量需求；另一方面，皮毛可以制成皮革产品，拿到集市上卖个好价钱，进而补贴家用。

（三）近期张家川县兴办养殖业的缘由

近年来，张家川境内掀起了一股兴办养殖场（大多是合作社）的热潮，其缘由是多方面的，相比较而言，解决当地人生计困境仍是主要原因。

1. 着眼生计，重操旧业

张家川当地虽然地域面积较大，但在自然地理方面突出地表现为海拔高，山大沟深，又由于这里以回民群众居多，回民生活中需要大量的牛羊肉。这些缘由致使张家川人有着浓厚的牛羊养殖传统。这种传统在"文革"时期曾被迫中断，改革开放以后，在百业兴旺及皮毛市场的推动下，牛羊养殖再次兴盛起来。当然在很长时间内总体上仍停留于"居家户"个体养殖层面，截至 2010 年之前当地基本上没有形成规模化的养殖场。最近几年在国家脱贫攻坚相关政策的推动下，一些在外打拼受阻的创业者纷纷回到家乡，兴办起了许多牛羊养殖合作社。

2. 脱贫攻坚相关项目的"诱惑"

近年来，脱贫攻坚政策的实施深刻地影响着当地的乡村社会。当地属于深度贫困区，具有贫困程度深的一般特征，即"两高、一低、一差、三重"，具体来讲是贫困发生率高、贫困人口占比高，人均可支配收入低，基础设施和住房差，低保五保贫困人口脱贫任务重、因病致贫返贫人口任务重、贫困老人脱贫任务重。[1] 既然是深度贫困区，在前期国家脱贫攻坚的推

---

① 陆汉文，黄承伟.中国精准扶贫发展报告（2018）［M］.北京：社会科学文献出版社，2019：6-7.

进中，获得大量的政策扶持，并且为了取得脱贫的长效机制，产业扶贫成为首要选择。然而当地的产业扶贫在现实层面面临多重挑战，归结在一起主要有自然资源挑战、地理区位挑战、基础设施挑战和人力资源挑战等。为解决这些困境，地方政府通常会出台扶持"龙头企业"的举措，吸引着许多在外打拼者"回乡创业"，说是助力脱贫攻坚，事实上含有"套取"项目款的目的。

3. 寄希望于"乡村振兴"战略

精准扶贫政策的稳步推进，其力度前所未有，这使得当地群众已然顺利脱贫。当然全面脱贫并不代表"三农"问题获得彻底解决，为此国家规划在脱贫攻坚的基础上实施乡村振兴战略。乡村振兴旨在从根本上解决乡村发展的不平衡不充分问题，[①] 其实现的基本目标为产业兴旺、生态宜居、乡风文明、治理有效、社会富裕，其中产业兴旺是重点。在当前巩固提升脱贫成效之际，各地纷纷提出"精准扶贫和乡村振兴无缝对接"的设想与举措。在这样的时代背景下，在外打拼受阻的创业者深感中东部大城市生活的艰辛，继而决定拿着手头现有的一些积蓄回到家乡，本着"保本"想法，积极投身于牛羊养殖业当中。

总的来说，近年来张家川县充分利用草地资源优势，大力发展畜牧养殖业，全方位地开展畜牧养殖方面的技术指导和经营培训，这给当地民众带来了一定的收益，然而也存在诸多发展困境。以牛羊养殖为例，其规模较小、数量少，难以满足农民增收的需求，同时张家川县境内的牛羊肉产品大部分仍是初级产品，缺乏品牌意识，缺乏深加工的牛羊肉产品，市场竞争力较弱，发展后劲不足，缺乏辐射带动力强的龙头企业 。

二　畜牧养殖业的发展困境

正如前文所讲，当前张家川兴办养殖业有着"凑热闹"、紧盯"项目款"的行动逻辑。虽然在短时间内兴办了一大批养殖场，几乎每个村有一

---

① 林峰．乡村振兴战略规划与实施［M］．北京：中国农业出版社，2018：34.

个养殖合作社，但是真正取得经济收益的为数不多。其发展困境可概述如下。

（一）规模化、集约化程度不高

当前，张家川的养殖业主要是居家养殖。就养牛而言，通常一户人家在自家的牛圈里或"麦场"（以前碾麦子的地方）盖一栋简易的牛棚，养一到几头牛。在传统时期，养牛主要是在农忙时用作耕种或拉车，现在种地都用拖拉机、收割机了，养牛纯粹是为了育肥，取得经济收益。对养羊而言，域内有规模的养羊场没有几家，通过在村子里的走访，笔者了解到养羊的那些家户通常都是"祖辈相传"。也就是说，一个村落里，养羊的一直就是那几户人，很少有新的养羊户加入。在1995年前后，当地兴起养"多胎羊"（小尾寒羊）之风，刚引进时价格偏高，一只羊种均价在1500元左右，由于市场需求旺盛，大家一哄而上养"多胎羊"。村里人现在回想起来总是说，那时的"多胎羊"太金贵了，有人家羊死了，家里人都急着哭出来了。为了把羊养活、养好，部分群众给羊脖子拴上绳子，拴在大树下面，砍树枝叫羊吃，人们常戏称"多胎羊"是"县长"，因为当时一个县的正县级干部也就七八百块钱的月工资，而一只羊价值县长近两个月的工资。随着2000年以后小尾寒羊的普及，一哄而上养羊的时代结束了，村庄里又回归为老羊户养羊。

近年来，随着精准扶贫、乡村振兴等政策的实施，当地养殖业从散养向规模化经营转变，但与发达养殖地区的完整养殖产业链相比，集约化养殖的进程太慢，这使得当地的养殖收益不高，并且经不起瘟害灾难和市场波动的冲击。

（二）养殖成本偏高，市场效益不好

由于张家川当前总体上仍处于家庭养殖模式，通常一家养殖户必须有个年长且有养殖经验的劳力专门搞养殖，而仅养少量的牲畜，本来就在浪费人力资本。再者，早期养殖用的饲料都是自家庄稼地里产的麦秆、玉米秆等，不怎么花钱，但现在大家种地的亩数不多，且收割机收割以后的粮食作物秆不能直接用于牲畜喂养，还得通过打草机进行深加工，即便这样可能数量还不够，需要从外地购入。所以现在搞养殖，草料部分也需要较多花费，这使得当地养殖成本逐年提高，经济效益相对下滑。

（三）特色养殖形态没有形成

虽然张家川本地有着良好的畜牧养殖传统，但普遍的家户养殖难以形成市场竞争优势，在当前市场化规模经营的冲击下，其收益越来越被压缩。依据现有的一些畜牧养殖业发达地区的经验，张家川未来的畜牧养殖必然要走产业化的发展道路，产业化养殖通常要经历"地方优势养殖—规模化养殖—地方特色产业化养殖"的循序渐进过程。然而张家川的养殖到目前为止，还没有找到或者说未形成自己的地方优势养殖，第一个阶段的开局工作未能较好展开，后面两个阶段更是困难重重。

三 "项目制"对农民行动的影响

1949 年新中国成立以后，国家的治理体系有着明显的"单位制"特点，并通过城乡二元结构的"区隔"，使得城市"单位制"下的社会保障措施较为完备，而农村则缺乏相应的基本保障。然而到改革开放以后，"单位制"逐渐被打破，城乡劳动力市场一体化进程逐步推进，特别是进入 2000 年以后，在市场效益原则的推动下，"项目制"逐渐取代着"单位制"。

（一）国家治理体系的"项目制"

"项目"是"二战"之后兴起的一种组织运行形式，原本指的是一种事本主义的动员或组织方式，即根据事件本身的内在逻辑，在限定时间内以及限定资源的条件约束下，利用特定组织形式而完成的具有明确预期目标（针对某一特定产品或服务）的一次性任务。在国内，改革开放以后，诸多经济运行采用"项目"的形式，或者借用"项目"的名义来加以运行，这使得项目的内涵有着"泛化"的倾向。近年来，在脱贫攻坚和乡村振兴战略相关政策大力推进的过程中，"项目制"成为热点话题，也因此，学界对"项目制"的研究有了较多关注。需要指出的是，当前学界关于"项目制"的讨论仍处于学科分支阶段，其中经济学、管理学和政治学的发声较多，而从社会科学综合视角讨论的成果较少。

在社会学"制度—行动"的视域里，项目制是指分税制实施之后，中央对地方的一种财政转移支付形式，具体来讲是国家资源有限，通过"列项目"的形式，鼓励地方做规划竞争项目。因此现行中国的政策环境中，"项目制"下的项目有三个基本特点，即临时性、明确的目标导向性、重在新规划。虽然项目是以单个的形式出现的，但特定项目在制订、申请、审核、分配、变通、转化、检查和应对等一系列环节和过程中，早已超出了单个项目所针对的"事本主义"特性，而成为整体性的社会体制联动运行机制。①

事实上，项目制下地方政府或地方社会呈现出明显的"锦标赛"行动逻辑。在具体运作环节，上级部门通过"项目"奖励来引导、调动、激励下级政府与项目承包者。近年来，在脱贫攻坚、乡村振兴战略相关政策的实施当中，项目制的作用得到了较大发挥。诚然，作为一种新的国家治理制度，项目制既有学术层面韦伯所强调的"理性科层制"的理想类型，更有着中国特色的时代特征。综合而言，当前国内对项目制的"共识性"理解是，通过"一系列的配套，包括由上而下的项目制定、审核、分配、监督、检查和再次'发包'，以及由下而上的申请、竞争、变通、应对等内容，都被等同于现代化、专业化和'合理化'。"② 在具体运行中，项目制也存在诸多争议，比如"真伪合作社""抓包""扶贫""土地财政"等等。

（二）H 养殖合作社的行动逻辑

2020 年 4 月初，笔者借着清明节小假期再次来到了张家川县进行田野工作，这次的主要目的是了解一下当地养殖业及养殖合作社的现状。通过豹哥的介绍，笔者联系到了在 L 镇政府上班的兵哥，他是当地人，在张家川县西部的两个乡镇工作近 20 年，对当地的基本情况很是熟悉，又是驻村干部，对村上兴办养殖合作社比较了解。

① 栾旭兵．项目制资源入村对国家与民族关系的影响［D］．兰州：兰州大学硕士学位论文，2019：3.

② 〔美〕黄宗智．实践与理论：中国社会、经济与法律的历史与现实研究［M］．北京：法律出版社，2015：535.

4月3日的上午，在L镇政府兵哥的办公室笔者见到了他，寒暄几句之后就开始探讨当天怎样入村的事，首先兵哥介绍了L镇合作社建设的基本情况：

> 我们镇（L镇）地处张家川县西部，当前有12个行政村，其中8个贫困村，4个非贫困村。由于我们这地势较高，气候温凉，所以兴办的合作社基本上是养殖合作社。所有行政村落实了"一村一社"，这是甘肃省农业农村厅主导规划的项目，"一社"政府的扶持为10万元，主要是带动贫困群众增收的，通过相关"注资"，由"乡村能人"带头，贫困户入股，开办牛羊养殖合作社，最后贫困户参与经营并分红。由于张家川县是深度贫困区，近年来政策倾斜扶持力度较大，从2019年5月以来，由县委组织部牵头搞贫困村"一村两社"，其中"一社"即加强之前贫困户增收的合作社，另一社主要目的在于增加村集体财产，解决村一级办公、创业资金困难的问题。贫困村增加村集体财产的政策支持是40万元，分为两部分，各20万元，一部分用于建设合作社的基本设施；另一部分用于后期产业"上马"生产。

了解到L镇合作社建设和发展的基本情况之后，我们俩到集市的饭馆里吃了中午饭。之后兵哥用摩托车带着我到达X村，我们走访了两个合作社，其中在带动贫困户增收的M合作社停留的时间较短，总体感觉与其他贫困县乡镇合作社的运营状况差不多，每个贫困户每年能分到600元左右的红利。最后我们到达H养殖合作社，这个合作社新建不到一年，在H养殖合作社笔者做了深度访谈。

H养殖合作社规划养殖黄牛，法人代表是X村主任，于2019年下半年建设运营。其场地建修是当年7月"20万前期基础建设费"到账之后开工的，到10月基础设施建设基本完毕，但牛种迟迟不能到位，主要原因是后期用于生产的20万元到账较迟，且几个主事人对牛的品种和数量的选择方面争议较大。后期在县主要领导的亲自督察下，第一批牛种（9头黄牛）进

图 7-1　H 养殖合作社

入养殖场，由两位有经验的老年人喂养。在 2020 年春节后开始发生的新冠肺炎疫情的影响下，其他牛种迟迟未能购入。单就目前的情况来看，笔者认为 H 养殖合作社存在以下困境。

单靠政府注资，没有其他融资进入。该村几乎没有筹集到其他资金用于 H 养殖合作社的投资发展，仅仅靠的是政府的注资。笔者询问了两位受雇的饲养员，他们说："我们已经到 H 养殖合作社上 7 个多月的班了，但只发了前 3 个月的工资，一月 1500 元，自春节后就发不出来了。"

规模较小，难于形成较大经济效益。到目前为止，H 养殖合作社仅有 9 头牛，并由两位饲养员喂养，平均一人不到 5 头，这种规模和村里其他散养户的规模大体一致。问题是政府引导注资的 40 万元已基本花完，如果再没有其他渠道筹集到发展资金，H 养殖合作社最终的规模就相当于两家散养户的组合，难于取得规模经济效益。

没有产业化养殖的发展思路。H 养殖合作社的主要经营者说："咱们这里的养殖合作社就是先养着，到底咋办上面也没有明确的思路，只是说必须运营起来，这个牛种的选择也是普通的黄牛，不是啥特色品种，现在政府再不增加资金扶持，到最后只能把现有的牛种卖了，要不然就连饲养员的工资都发不出来。"通过对该经营者的访谈，不难发现，当地养殖合作社并没有形成持续有效的发展思路，只是"走一步算一步"，大家对合作社的未来发展信心不足。

在推进民族地区经济发展的视域里，畜牧养殖业是农业生产的重要分支，是适应特定自然条件而形成的一个产业部门。[①] 当然特定地区，在不同的历史发展阶段，畜牧养殖业发挥的作用和地位不同。在新发展阶段，张家川县要对接好"产业兴旺"的相关政策扶持和发展理念，就势必要跳出"家庭养殖"的发展思路，突破畜牧业单一发展路径，切实迈向产业化经营。

第三节　路径依赖——"龙山模式"的困境

"二战"以后，新兴民族国家普遍要求发展，"发展研究"成为国际学术界的核心议题，不同领域的学者高度关注与人类命运攸关的全球性和地区性发展问题，一系列的发展研究机构纷纷设立，"发展类型""发展风格"成为热点话题，在对"西方中心主义"发展观批判的基础上，笔者着重探讨民族（地区）发展的独特性。1980年代以后，形成了一种综合发展观，认为发展应以民族、历史、环境和资源等条件为基础，发展是经济增长、政治民主、科技水平、文化价值观念变迁、社会转型、自然协调、生态平衡等多方面因素的综合。

2000年前后，随着中国经济社会的快速发展，学界针对国内"发展模式"的梳理总结成为新的热点话题。本研究基于"区域经济"模式的对比分析，但不拘泥于一个县区内部的发展研究，而是在对比分析的基础上，得出较大区域的发展困境和缘由及在此基础上探讨破解发展困境的路径。事实上，早在1990年代中期，温州模式、苏南模式和珠江模式已然响彻全国，当然这些发展模式的出现无疑有着特殊的时代背景。回到发展社会学的学理层面，韦伯给出的"理想类型"无疑有着强的解释力。基于此，学界将各

---

① 施正一.民族经济学（第二次修订本）[M].北京：中央民族大学出版社，2016：268.

种不同的发展模式归并为"先发内源性"和"后发外源性"两种理想类型。① 依据上述学理支撑，本部分将试着总结提炼黄河中上游流域民族地区的一种典型发展模式——"龙山模式"。

一　"龙山模式"的提出

黄河中上游流域民族地区的发展模式可以溯源到 1986 年费孝通先生提出的"东有温州，西有河州"，即在自然禀赋较差、人多地少的地区大力发展小商品经济。具体提出"龙山模式"这一概念的是孙振玉教授，孙振玉于 2004 年编著的《回族社会经济文化研究》一书中将"龙山模式"界定为一种复合型经济，具体是指从传统的农牧业中分化出商业，商业促进了资本积累和人力资源的提升，进而转向手工业，出现了"农业—商业—手工业"分化而又共处一体的复合重叠的产业结构模式。② 2010 年，靳晓芳在其博士学位论文《张家川回族行店研究》中对"龙山模式"做出了进一步提炼，认为对传统路径的依赖，造成强调以商贸为重，却忽视了加工制造业的发展，最终使得大多数所谓的"加工业"仍停留在"家庭作坊式"的手工业阶段。③ 在其 2015 年发表的《回族经济发展的模式固化与困境转型——基于甘肃张家川"龙山模式"的研究》一文中，靳晓芳对"龙山模式"展开了深入的反思，认为这是一种西北民族地区普遍存在的"被转型"，未能认识到"内发型"发展的重要性。④ 基于上述学理分析，从社会变迁的角度考究，"龙山模式"的终结似乎成为一种必然，因为当地自我更新的能力存在很大欠缺，地方社会的发展往往仅依靠外界因素的刺激。

回到当地发展的现实场域，为了应对日益凋敝的发展形势，2015 年前后，地方政府提出要大力发展"三大支柱产业"，即餐饮服务业、皮毛业和

① 童星. 发展社会学与中国的现代化 [M]. 北京：社会科学文献出版社，2005：254.
② 孙振玉. 回族社会经济文化研究 [M]. 兰州：兰州大学出版社，2004：78.
③ 靳晓芳. 张家川回族行店研究 [D]. 兰州：兰州大学出版社，2010：173.
④ 靳晓芳. 回族经济发展的模式固化与困境转型——基于甘肃张家川"龙山模式"的研究 [J]. 北方民族大学学报（哲学社会科学版），2015（02）：112-116.

畜牧养殖业。反观现状，皮毛业显然已经不是当地的基础性的主导产业了，"龙山镇要发展，满世界开饭馆"的宣传标语倒是格外引人注目。由于社会文化因素的影响，当地人传统上重"亲缘"，在亲邻的带动下，出现了"地缘"餐饮经营的形态，主要在武汉、北京和烟台等地开设着小型餐馆。为了适应和鼓励域内青壮年劳动力到外地开餐馆，县级相关部门提出了"百千万"工程，即到 2018 年当地人开设的饭馆要达到 1 万家。据相关统计，截至 2016 年末，由张家川县人开设的餐馆已超过了 1 万家。但是之后由于受国内外市场形势的影响，餐饮业向卫生、便捷等高品质方向发展，而当地人的经营仍处在"家庭作坊式"模式下，从而导致"关店回巢"现象频发，这些退回老家的经营者带着在外赚到的一些盈余资本开始兴办牛羊养殖，大多是在自己家的田地里围上墙，养上几头牛或者多则几十只羊，总体上仍处于家庭零散养殖阶段，既没有科学养殖的技术支撑，也未形成规模化经营。遇到病疫传染，或市场供给波动，个体养殖户往往处于破产的边缘。

龙山镇的"内卷化"发展还突出地表现在当地离谱的"高价彩礼"方面，当前龙山域内一位青年男子结婚的总花销在 40 万元左右。这对儿子多、女儿少的家庭来说，其困难不言而喻。龙山镇一带的高价彩礼对周边地区起着"示范效应"。远在白银的会宁县和宁夏的西海固地区近年来的彩礼也增至十六七万。当地人要彩礼时经常会提到，"我们这不算高，张家川龙山镇那边随便三四十万。"这催生了"跨地区媒婆"这样的职业，从宁夏的西海固介绍姑娘嫁到龙山镇一带，这中间掺和着"骗婚"现象。

综上所述，"龙山模式"及其社会影响可表述如下：改革开放之初，龙山镇经济发展迅速，成为西部最大的皮毛交易市场，一度跃升成为甘肃省内最大的镇域经济体。然而进入 2000 年以后，当地皮毛产业走向衰落，经济发展被迫转型，随之诉诸餐饮服务业和畜牧养殖业。然而到目前为止，龙山镇的经济发展仍是起色不大，与此同时，一系列社会问题凸显，特别是"高价彩礼"，不仅严重困扰着当地人的生活，并且对周边地区起着负面的"示范效应"。

二 反思"龙山模式"

从"模式"的角度研究经济议题是社会学的一大特长，社会学考察"模式"有着不同的层次，从乡村社会发展来看，有华西模式、南街模式、大邱庄模式等；从区域社会发展来看，有温州模式、苏南模式、珠江模式等。① 一种发展模式之所以被提出来，必然具备自身的"独特性"，相比较之下，本文所探讨的"龙山模式"其"独特性"更为明显。

（一）"发展模式"反思

龙山镇的明天到底会怎样？民众在回忆往昔皮毛市场的辉煌时颇感失落，然而真正的问题还在后面，即当地时下的经济转型策略事实上又在重蹈"被市场淘汰"的覆辙。由于全球化视野的缺失，地方政府倡导的振兴计划仅考虑经营"数量"的增加，而缺乏"质"方面的提升，未能充分考虑当地的社会结构和文化背景。展开来讲，龙山镇改革开放以来的"兴衰"其实是当前黄河中上游流域民族地区发展的一个缩影，同样的场景也在省内临夏州的三甲集以及宁夏、青海等地上演，这种现象可概括为"龙山模式"的生发。

近年来，国内学界关于发展模式有较多探讨，通常是在总结成功经验，然而"龙山模式"的提出显然是在梳理经验教训。"龙山模式"的发展轨迹说明，当地过去短时间的快速发展其缘由在于改革开放初期传统动能"累积"所释放的动力，然而就因为这种难于"脱嵌"的传统因素，在面对激烈的市场竞争时却无从发力，在快速转型发展的进程中，逐步走向瓦解。究其缘由，可归结为外部市场的挤压和对传统路径依赖两个方面，在"模式化""被转型"的困境中，"龙山模式"的转型路径应当切实关照"内发型发展"的重要性，将之置放于经济社会整体发展的框架下进行深入反思和筹划。②

① 童星. 发展社会学与中国现代化［M］. 北京：社会科学文献出版社，2005：251.
② 靳晓芳. 回族经济发展的模式固化与困境转型——基于甘肃张家川"龙山模式"的研究［J］. 北方民族大学学报（哲学社会科学版），2015（02）：112-116.

探讨"龙山模式"不得不提"临夏模式"的生发机制。1986年，费孝通先生在甘肃考察时提出"东有温州，西有河州"的发展思路。在费老看来，改革开放之后甘肃临夏和浙江温州有着相似的发展基础：（1）地少人多、山大沟深；（2）有着浓厚的经商传统；（3）当时的小商品交易已有相当规模，等等。然而30多年过去了，浙江温州在些许波折中的确取得了较大的发展成就，形成了自身的发展模式，值得其他地区借鉴学习。但临夏的发展却不尽如人意，近年来临夏的人均GDP在甘肃省内一直排名靠后。临夏的发展并没有按照费老的意愿进行，事实上是走向了"内卷化"，呈现出"有增长而无发展"的状况。

其实早在2000年初期，学界就已经开始关注"临夏模式"的困境，"临夏模式"主要是依赖于商贸经济和以皮毛加工为主导产业，在前期获得了较快发展，然而发展后劲不足，其缘由在于区际贸易的低水平均衡陷阱把其经济发展限制在了一个狭小的范围内，不能使地区实现经济起飞。因此，如何通过市场规模的扩展形成需求效应，是当地实现区域经济现代化的基本路径。[①] 这显然指出了"临夏模式"的最大弊端，即只专注于"商人艺术"的"中间差价"的获取，先进的工业生产加工却被忽略了。

反观"龙山模式"，事实上其是黄河中上游流域民族地区经济社会发展的一个典型。该模式是基于地域社会的传统生计和对现代市场经济适应过程中发展起来的经济文化类型，从某种程度上讲，无论时代如何演变，这种类型都会保持其相对的独立性。然而在全球化逐步加快的当下，特定经济文化类型的民族特色、历史传统等在市场竞争的剧烈冲击下显得无所适从，势必面临着发展模式转型和升级的重大挑战。

在当今经济全球化和中国特色社会主义市场经济快速发展的大背景下，"龙山模式"的发展困境显而易见，无序竞争、集体无规则意识、创新不足、集聚不经济和内生动力缺失等问题突出。那么当地经济社会发展到底该如何转型？首要的是打破小农经营的发展模式，走出以往模式的"路径依

---

① 王必达，赵伟. 临夏模式：形成、发展与转型 [J]. 经济地理，2005（05）：698-701.

赖"和"代际传递"的"贫困文化"效应，主动融入"一带一路"建设和国家"向西开放"战略当中，以市场为导向，适时调整产业发展结构，走规模化经营之路。正是基于此，本研究希冀在"新发展格局"的视域里，为民族地区的转型发展提供有益探讨。

（二）基于反思发展社会学模式研究的分析

在社会学的研究视域里，发展社会学主要经历了现代化理论、发展理论和转型理论三大形态。现代化理论主要是基于西方发达国家现代化过程的经验提炼，为发展中国家提供范例；发展理论主要关注的是拉美、非洲和东亚发展中国家在 1970 年代前后的新兴发展，试图对发展给出与西方发达国家不同的解释路径；转型理论主要针对的是中国、东欧和俄罗斯等国家的转型发展。现代化理论的分析架构为"传统—现代"；发展理论的分析框架主要有依附理论（核心—边陲）、世界体系理论（中心—半边缘—边缘）和比较政治经济学理论（历时性—共时性）等；转型理论的分析框架以"市场转型"（政治—经济—社会）为主。通过上述关于发展的理论梳理，结合中国的实际状况，转型理论明显有着较强的解释力。

事实上，改革开放以来中国经济社会的基本面向无疑为"发展就是硬道理"。当然在改革开放的前期，发展的主要指标是经济层面的发展，这种发展观显然有失偏颇，因此当前到了摒弃唯经济发展的狭隘发展观的时候了。基于此，时下的新发展观强调的一种"综合性发展"，是社会整体的结构性发展。因此新的发展研究势必会逐渐形成一个跨学科的新领域，囊括发展经济学、发展政治学和发展社会学等诸多分支学科。

具体到民族地区的发展研究，近年来的相关研究偏向于实证化，且总体上以各学科分属研究为主。比如在"市场—经济"层面，认为民族地区经济发展的主要障碍有：恶劣的生态环境、保守的思想观念、落后的农业经济和人口素质较低（高新才，2011）。"制度—社会"层面，认为民族地区社会发展的结构性障碍主要有：社会结构的同质性过强，强化了地域隔离；社会经济结构的调适过慢；利益结构的差距过大（刘敏，2012）。"转型—发展"层面，"龙山模式"的成因主要为外部市场的建立和对传统路径的依赖两个方面（靳晓芳，2015）；西部社会发展的核心问题是主体动力不足，提出"二元动力聚合转换理论"（刘敏，2000），等等。

客观上来讲，现有研究成果涉及西部民族地区经济发展或跨世纪扶贫战略方面的相对较多，而专注于社会结构探讨民族地区整体发展的研究则较少。总体考察相关的研究成果，不足之处主要有：学界对西部民族地区的发展研究较为分散，大多停留在一般性的陈述层面，真正围绕西部民族地区经济与社会协调发展机制和动力等方面的研究成果较少；以现代化理论、发展理论围绕民族地区发展问题的宏观研究较多，而切实依据转型理论发展实践探讨民族地区发展困境的研究较少，等等。

基于上述分析，笔者认为对民族地区转型发展问题的研究应当结合以下议题进行综合探讨。（1）民族地区是国家的重要组成部分，应将民族地区的发展置于整体区域和国家的发展战略当中，因势利导，更新发展理念，创新发展模式；（2）"迟发展"使得西部民族地区的现代化转型面临许多困境，但只要能发挥好后发优势，着眼于长远并且将之置放于特定的社会制度和背景当中，则西部民族地区实现跨越式发展不是没有可能；（3）民族社会发展是一个复杂的系统工程，经济社会的协调发展以及社会结构的有序变迁必须得到全体社会成员"主体性"的支持，即应激发西部民族地区的发展动力；（4）西部民族地区的发展转型必须打破传统自然型小农经营的发展模式，走出以往模式的"路径依赖"，以"新发展格局"为契机，坚持市场导向，适时调整地方产业布局，延伸产业链，促进产业升级，走规模化产业集聚发展之路。

（三）如何走出传统

通过上述学理分析，"龙山模式"不仅仅是一个个案，事实上有其"普遍性"。改革开放以来，黄河中上游流域民族地区三大特色经济的交替兴衰，带有学术研究的某种共性，即在较差的自然环境条件下，当地民众将传统社会用于补贴糊口的副业转为主业经营，这在初期无疑取得了较好的经济收益，实质上是一种"传统力量"的释放。时至今日，"传统力量"已然释放完毕，但当地民众依然沉浸在传统之中，因此可以说当前黄河中上游流域民族地区的发展困境可概括为"走不出的传统"，深嵌于传统发展的模式之中而不可自拔。

事实上，现代社会演进的总体面向无疑是城市化，当然也曾有人提出民族地区保留村落方式的重要性。但有一点不可置疑，中国社会城市化的进程不会停下来，也不会慢下来。因此黄河中上游民族地区的发展，需要在"传统"与"现代"之间找到好的契合点。一方面尽可能促使地方经济取得快速发展，不至于与中东部地区差距过大；另一方面积极引导当地民众通过"地方性路径"融入现代化的整体进程。

站在"发展模式"的语境中探讨"龙山模式"，无疑是一种深陷于"挫折"泥潭的经验教训，对其进行学术提炼，显然不是用来"模仿"，而是一种"挽歌"式的警惕。依据黄河中上游流域民族地区的实际情况，选择科学的发展路径需要关注以下几个议题：强化农牧业的基础地位、推行工业资源转换对策、执行内引外联对策等。①

反观黄河中上游流域民族地区产业发展的现状，仍然处在"短平快"经营的乱象之中。一方面，没有长久的规划思维，往往受某位地方领导"热情干"的影响，快速模仿一种中东部发展较好的产业；另一方面，受特定市场短期能牟利的引导，一哄而上经营某种产业。这种发展路子实质上经不起市场经济产业化激烈竞争的考验，最终只能走向失败。

基于上述对"龙山模式"的反思，笔者专程走访了化隆县 Q 养殖合作社，合作社的韩总讲述道：

> 我以前是在海南开饭馆的，自 2014 年后饭馆生意不好做了，我也年纪大了，干不动了，就打算准备转型。其实我们亲朋之间这几年都在开饭馆，我是想找大家谈一下，我回家养牛去，完了他们馆子里用的牛肉都由我供应，这样 20 几个馆子，一年下来至少也要二三百头牛，我回家把牛养好，一头牛赚个两三千，一年也能挣到开饭馆的钱，最主要的是还能照顾年迈的母亲。

---

① 施正一．民族经济学（第二次修订本）［M］．北京：中央民族大学出版社，2016：268.

但是自从我 2017 年回家养牛以来，钱也没挣上，还把自己的老本也搭上了。因为我们这里养黄牛不行，要养牦牛。养牦牛，一方面，草料不足，得花高额的运输费从甘肃河西地区拉过来；另一方面，牦牛的产值低，通过养殖育肥速度太慢。再者之前准备给亲邻供应牛肉的事，其实是不现实的，原因还是运输成本太高。现在还能怎么样？养殖场已经办起来了，得咬着牙往下走呀。

韩总的困境其实质是当地没有形成较为系统的产业链，大伙回家兴办养殖场，一方面是凭着一股热情"回报家乡"，另一方面也有通过"一村一社"、兴办龙头企业等途径获取"项目制"红利的设想。

通过上述事例的梳理，不难看出黄河中上游流域民族地区的"迟发展"局面绝非仅凭一己力量就能改变，需要借助国家战略，从自身社会文化当中发掘有益元素，在此基础上促成其转型发展。在当前稳步推进乡村振兴战略的视域里，首要之功在于促进农村一、二、三产业融合发展，支持农民就业创业，拓宽增收渠道。实现一、二、三产业融合发展，不能仅仅依靠规模化生产提升农业附加值，事实上这样的发展之路，其力度是有限的，近几年域内苹果的丰产不丰收已然敲响了警钟。因此一、二、三产业融合发展模式的核心在于通过延伸产业链和调整产业结构来实现，即"通过二产与三产的导入，实现一产本身升级与产业综合发展效益"。[①] 基于此，黄河中上游流域民族地区的转型发展理应适时调整产业结构。第一产业方面，应以传统的粮食种植为主，转向"粮改饲"，为当地兴起的养殖业奠定基础；第二产业方面，应积极引导单一的种植养殖业经营转向深加工；第三产业方面，应切实提升现有餐饮服务业的品质，走连锁经营发展之路，从而实现规模经济效益。

三　转型发展的路径探析

"发展"是当今世界的核心主题，也可以将其视为当代社会的基本问

---

① 林峰. 乡村振兴战略规划与实施［M］. 北京：中国农业出版社，2018：83.

题，在学界看来，发展更是"欠发达"地区融入主流社会体系的必然选择。改革开放以来国内东西部差距凸显，为西部地区赢得了"后发展"的话语权。正是基于这样"发展不平衡"的现实，早在 1990 年代，国家就发起和实施了一系列促进西部发展的规划。2000 年以后"西部大开发"正式开启，随之西部地区的经济实现了平稳快速增长，基础设施建设不断改善，生态环境保护显著增强，社会建设事业上升到一个更大的平台。在肯定"西部大开发"成就的同时，当前东西部之间的发展差距仍然值得学界深切关注。从深层次探究黄河中上游流域民族地区的"迟发展"，实质上是其社会整体结构转型的问题，突出地表现在：传统小农经济的路径依赖下，发展模式已被"锁定"，糊口型经济增长掩盖了实质意义上的发展。鉴于此，笔者提出以下转型发展路径。

（一）主动融入国家发展战略的整体布局中

当前，黄河中上游流域民族地区之所以深陷"迟发展""欠发展"而不可自拔，从一定层面上来说是没有较好地"嵌入"国家全面深化改革发展的大局中，因此时下的紧迫任务是加快"脱嵌"于"内卷化"发展的传统，全方位融入国家整体发展战略中。

进入 1990 年代，随着社会主义市场经济体制的确立，民族地区在获得快速发展的同时，与东部地区的差距持续拉大。基于这样的困境，国家逐年加大扶持力度，但十八大之前的扶持往往停留于外部"输血式"的物资照顾层面，这在一定程度上虽然解决了西部地区困难群体的温饱问题，然而针对其可持续发展问题涉及得不太多，从而使得西部地区与东部的发展差距没有得到有效改善。

随着十八大以来脱贫攻坚的有序推进，西部特别是西部的民族地区在近年来获得了较大发展，尤其是精准扶贫相关政策着力于通过"发展生产脱贫一批"，由此延伸出的产业扶贫为处于深度贫困区的民族地区发展注入了新的动力。党的十九大明确了未来"乡村振兴"战略的基本规划，这为民族地区切实衔接好精准扶贫和乡村振兴战略提出了新的时代命题。

特别值得注意的是，"一带一路"倡议和国家"向西开放"战略的稳步推进，使得西部民族地区从之前的"内陆"边疆转变成为当前发展的"桥头堡"，进而将变为未来发展的"中心地"。十九届五中全会致力于构建"新发展格局"，在以"国内大循环为主体"的战略布局中，民族地区的发展必将获得更大动能。

纵观黄河中上游流域民族地区在改革开放以来所经历的曲折发展进程，破解其发展困境势必要紧紧抓住国家战略调整的有利时机。一方面，主动融入国家战略的整体布局，从中争得政策支持；另一方面，着力培植内生发展动力，从而顺利承接国家战略布局调整中的相关重大项目。

（二）着力于培植内生发展动力

在过去很长时间内，一谈到迟发展地区的发展，通常强调的是外部援助的重要性。事实上，一个地区发展，外部条件只是影响因素，内部原因也即当地"人"的主体性激发才是根本举措。通过笔者近几年参与国家精准扶贫第三方评估工作的实际调研，深度贫困区有诸多"懒汉"现象，正所谓"靠着墙根晒太阳，等着政府送小康"。2019 年 12 月，笔者在王村做田野调查时，村民讲述了邻镇一个"满地找牙"的故事，值得我们深思：

> 这几年村里搞（落实）精准扶贫也弄出了许多笑话，以前说把人打得"满地找牙"，那都是说书人嘴里说的事，然而去年我们村邻镇的 Y 村的确发生了这样的事。Y 村的贫困户小马，好像年纪也不大，但长年不出门，守在家里"吃"各种项目款。他二爸（二叔）老马是 Y 村的主任，其实每次在扶贫物资分发上总会给自己的侄子小马一定的照顾，但在 2018 年的一次种牛养殖分发上没有将牛种分配给小马，原因是当时最近一次的 2000 元现金补助已经给了小马，这次再给，怕村里人说闲话。然而等牛种分发下去之后，小马一看自己家没有分到，就冲进村委会，对着他二爸老马的脸上几拳，你想这年轻人气头上的拳头，当场打得老马嘴里做的假牙掉在了地上，听当时在场的人说，这老马也真是搞笑，让侄子打成那样，还趴在地上"满地找牙"着了。

黄河中上游流域民族地区基本上处于国家深度贫困区，理应趁着脱贫攻坚的大好机遇实现跨越式发展，然而许多地方的现实却不容乐观。究其根本，当地许多贫困群众由之前的生活没有"盼头"转向了"等靠要"的思维逻辑和行动逻辑。

最近几年笔者在参与国家精准扶贫第三方评估工作时发现部分民众对贫困户与低保户分不清，原因与基层干部"折中"处理乡村事务的策略相关。事实上，低保政策是基于保障人权而设计的，出于对老弱病残基本生活的保障；贫困户的认定，是出于开发、发掘其致富能力，使其能自主走出贫困的"帮扶"范围。然而现实当中，一些所谓贫困群众在享受帮扶资助的过程中尝到了"甜头"，最后乐于生活在"贫困户"之中，忽略了扶贫本质上的"开发"意涵，反而使其进一步丧失了"内生发展动力"，这将成为"后精准扶贫"时代乡村振兴战略推进的主要着力点。

一个地区的可持续发展理应充分考虑经济发展和社会发展的相互协调，从整体社会结构的角度着手处理其发展困境。鉴于此，黄河中上游流域民族地区要实现跨越式发展，应在破除"路径依赖"的基础上，率先激发其内生发展动力。针对这一议题，刘敏研究员在深入黄土高原山村社会二十多年的追踪调查研究中提炼出了"二源动力聚合转换理论"，即通过"区外动力嵌入性发展""内外源动力聚合型发展""内源动力扩展型发展"的层次式递进、螺旋式上升，解决欠发展地区的发展动力问题。① 将"二源动力聚合转换理论"引入民族地区发展，理应遵循这样的逻辑。

1. 借助国家发展战略，实现跨越式发展

"一带一路"倡议，特别是丝绸之路经济带建设和"向西开放新战略"的实施，使得西部地区不仅仅是向西发展的"桥头堡"，更是国家整体复兴发展的"中心地"。面对这样千载难逢的发展机遇，西部地区一定要紧抓在手，大有作为。当然黄河中上游流域民族地区处于"丝绸之路经济带"黄金段的核心地带，有着融入"新发展格局"的先天优势，只是在具体实施

---

① 刘敏. 社会发展论［M］. 北京：中国社会科学出版社，2012：107.

层面还需深化、细化。

2. 积极争取外部支持，打造自主特色产业

黄河中上游流域民族地区的"欠发展"有其深远的历史文化缘由，深居内陆、生态环境脆弱、山大沟深、交通不便等等。当前国家正在大力推进脱贫攻坚与乡村振兴战略的有效衔接，基于这样的政策倾向性扶持发展，西部民族地区一定要牢牢抓住政策"红利"，完善基础设施建设。当然在此过程中，不能一味地承接东部的过剩产能，而是要切实打造出"本土性"的自主特色产业。

3. 促成"二源动力转换"，提高内生发展动力

一个地区要摆脱发展困境，最终看的还是"当地人"本身的因素。当下西部民族地区的一些山区群众往往深陷于"贫困文化"当中而不可自拔，解决这些地区的发展问题应当走提升其内生发展动力之路。通过"二源动力转换"的有序推进，即"外源动力输入"—"内、外源动力聚合"—"内源动力扩张"，逐步解决域内发展动力问题，最终实现跨越式发展。

（三）走特色经济产业化发展之路

本研究关涉的黄河中上游流域民族地区总体上处于深度贫困区，其经济社会欠发展主要表现在以下方面。（1）低下的人均产值和人均收入，导致当地居民消费水平低下；（2）产业结构单一，且以农副业为主；（3）交通等基础设施较为落后；（4）隐性失业率较高，劳动生产率低下；（5）人口出生率较高，人口素质较低；（6）内部收入分配不均，资本积累能力较差。

长期以来，当地在制定产业发展规划时，或者过于倚重国家"优先"产业的谋划，或者"模仿"东部地区已经发展起来的产业。而对本地区的特色优势资源、要素禀赋考虑得不周到，呈现出"东施效颦"的明显特征。这既不能缩小地区之间的差距，更可能使当地丧失经济社会跨越式发展的良机。鉴于此，应当通过综合性的通盘考虑，切合实际地制订出一个能发挥本地区资源优势和要素禀赋的经济结构和产业模式，牢牢立足于发展特色经济和特色产业，以特色产业作为本地区经济发展的"增长极"，这样才有可能促进本地区经济、社会、生态的全面和谐发展。

近年来，精准扶贫政策的稳步实施对黄河中上游流域民族地区的发展有着深远影响，精准脱贫旨在坚持"五个一批"，即发展生产脱贫一批、易地搬迁脱贫一批、生态补偿脱贫一批、发展教育脱贫一批、社会保障兜底一批。其中"发展生产"被列为首要选择，据此延伸出诸多扶贫路径，从长期性、有效性角度考量，产业扶贫有其自身优势。当然在"后精准扶贫"时代，产业扶贫必须深嵌于乡村振兴战略当中。然而反观当下深度贫困区的产业发展，往往"形式"较多，"内核"却有所缺失，更有甚者意图套取各种项目款，这引发了相关部门和学术界的高度关注。

就发展特色经济而言，学界反对"一招鲜，吃遍天"的做法。借鉴大卫·李嘉图提出的"比较成本说"、阿尔弗雷德·韦伯主张的"工业区位论"、艾伯特·赫尔希曼倡导的"非均衡发展战略"等理论分析视角，其实质均表明一个共识，即培育和保持产业的特色是充分发挥区域优势和比较效益以及合理配置资源的客观要求，将是落后地区实现跨越式发展的重要途径。

基于上述学理分析，黄河中上游流域民族地区的可持续发展理应紧紧围绕特色经济产业化发展的路径展开。对于特色产业发展学界有着诸多定位，本研究立足国内体制转型对地方社会的深刻影响，赞同立足区域经济发展的分析框架，即特色产业发展是在一个县或更大区域内，基于资源、技术、人才和区位等方面的优势，以市场为导向、以特色产品为龙头、以骨干企业为依托，形成具备规模优势和规模效益的体系化生产经营形态。在此基础上进一步塑造其较强的特色、较长的产业链、较高的知名度和较好的发展前景，使得地方特色产业最终具备市场化、规模化、一体化和集约化等特性。① 鉴于此，黄河中上游流域民族地区的皮毛、餐饮服务和牛羊养殖"三大产业"有着明显的特色经济属性，然而纵观其兴衰交替的现实困境，显然是长期停留于传统经营理念当中，并未形成实质意义上的特色经济产业化发展实践。

（四）基于产业经济学的分析

为了进一步探讨破解黄河中上游流域民族地区"迟发展"困境的问题，

---

① 陈国林.西部民族地区特色产业发展研究·序［M］.昆明：云南出版集团公司，2009：8.

本部分引入产业经济学的视角。事实上，在过去很长时间内西部民族地区的发展实质上只是开发和输出资源，却没有加工制造业的配套发展，因此地方经济就难以快速发展，与东部的发展差距也就很难缩小。① 鉴于此，只有切实推动地区产业结构优化调整，才能最终实现地区经济社会的跨越式发展。

近年来，浙江民营经济发展迅猛，其着力点在于关注产业化发展。产业化发展理论强调一个地区必须搞清楚自身产业发展的生命周期，即主导产业（或新兴产业）、支柱产业和"夕阳"产业（或衰退产业）之间的关联度。② 赵伟教授在考察"浙江模式"的基础上，提出现代产业发展的"三个阶段递进"，即产业地方化、产业集聚和产业扩散，③ 这为黄河中上游流域民族地区的产业化发展提供了很好的借鉴。

1. 产业地方化

现代产业发展的基本目标是实现规模效益，产业地方化指的是地区产业集聚的初始阶段。对黄河中上游流域的民族地区来说，当前总体上仍处于传统的小农经济模式中，一些看似起步的产业，在传统社会只不过是辅助农业耕种的"副业"，皮毛贩运加工、餐饮服务和牛羊养殖"三大产业"无一例外。这些副业乘着改革开放的"春风"，虽获得了初步的产业链条拓展，但还需要在商标打造、规模化经营等方面继续发力。

2. 产业集聚

产业集聚是地区特定产业由小到大的扩展阶段。在产业化发展的视域里，产业集聚是最为核心的阶段，然而当前黄河中上游流域民族地区的特色产业发展却止步不前，没有基本的深加工生产环节，仅仅满足于商人艺术的"赚差价"、个体小作坊经营，面临产业被"夕阳"化的挑战。因此"后精准扶贫"时代，地区特色产业发展的着力点在于推动实现特色产业集聚。

① 腾堂伟. 双重视角下的西北民族地区经济发展问题研究［M］. 北京：人民出版社，2008：242.

② 苏东水. 产业经济学［M］. 北京：高等教育出版社，2015：370.

③ 赵伟. 工业化——产业集聚与制度演化：浙江模式再思考［J］. 社会科学战线，2011（01）：46-53.

3. 产业扩散

产业集聚到一定阶段，将开始扩散乃至转移，最终形成"核心—外围"的空间经济模式。随着"一带一路"倡议和国家"向西开放"战略的实施，黄河中上游流域民族地区特色产业发展需要再次提升视域，面向中亚、南亚，向全球价值链上游攀升，全面升级特色产业价值链，进一步融入国家整体经济结构的转型升级中，实现全方位的特色产业扩散。

第八章　结论与讨论

> 　　经济化模式的基本命题是成本和效益的计算以个体的满足为单位。这是一种原子化的社会观，反映了一种功利主义的谬论，即个人决策的总和等于社会决策。然而，个人决策的总和具有远远超出个人能力所能驾驭的集体影响，往往会对个人的意愿造成损害。
>
> 　　实际上，与经济化模式的思维相对照，人们可以规定一种社会学化模式，尽量以更自觉的方式判断一个社会的需求，换用过时的套话来讲，即以"公共利益"等明确概念为行动的出发点。
>
> 　　　　　　　　　　　　　　　　——丹尼尔·贝尔（Daniel Bell，2018：269）

　　王村人 40 多年的市场实践，可以说是"成也萧何，败也萧何"。由于自然条件限制所拓展出的传统副业，在改革开放初促使他们迅速走向了市场，然而当前却成了"走不出的传统"，这一行动逻辑可概括为"兴衰同源"。正是基于对上述"行动逻辑冲突"的追问，笔者以"经济社会同质性"为依据，采用"多点民族志"的方法在张家川、广河和化隆县三地收集梳理材料，并进行对比分析。在此基础上，通过经济社会学"嵌入性"理论的深入探讨，提出从社会文化等非经济因素入手，阐释黄河中上游流域民族地区农民的生计逻辑。

第一节　对生存环境的适应方式

与黄河中上游流域民族地区的其他村落相似，王村在转型发展时期经历着巨大的社会变迁。在发展主义的视域里，农村的经济愈发市场化，人们的生活方式也愈发城市化。这一过程给农村社会带来了深远影响，一方面，市场经济致使村民面临与过往不同的沉重的生计困境；另一方面，城市消费文化解构着农村的传统文化，使得农村呈现出文化认同的危机。[①] 鉴于此，本研究试着探索回应村民在生计方面的基本需求，以及在市场实践中的期望，希冀能为当下乡村振兴战略的有序推进提供相关决策咨询。

王村的经济社会环境与黄河中上游流域民族地区经济社会的发展既有联系，又具有不一致性，当然前者不能脱离后者而存在，而后者亦不能完全替代前者。简而言之，王村的发展是基于区域经济社会的地域特殊性与市场适应性之间"协调"的产物。王村在改革开放前期经历短暂的"繁荣"发展之后却趋向了"凋敝"，这与域内全国第二、西部第一的龙山镇皮毛市场的兴起和衰落密切相关。就在龙山镇皮毛产业步入衰败的同时，同一省内的广河县三甲集镇意欲取而代之，提出了打造"西部皮革之都"的设想，殊不知这也仅仅停留在"愿景"当中，受2008年金融危机的冲击，最终也难有作为。2000年以后王村人之所以涉足餐饮服务行当，也正是"龙山模式"步入困境后被迫外出重谋生计的选择。当前一些所谓的"创业精英"回到家乡兴办养殖场，事实上也是在外经营受挫后的无奈选择。通过上述村民生计逻辑的简要回顾，可以说王村经济社会发展滞后主要源于历史文化传统和地理环境双重因素的制约。因此，摒弃保守的文化传统、立足当地的地方性知识，从传统与现代整合、文化与经济互动的角度，逐步实现由传统生存型经济向现代产业化经济转型，这无疑是王村经济社会转型的内在基础和理想

---

① 古学斌. 文化、生计、妇女与农村发展——一个云南村落的实践案例［A］. 农村社会学研究（第1辑）［C］. 北京：中国农业出版社，2013：2.

目标。

在一头扎进王村做田野调查的 5 个年头里，笔者发现村民事实上被困在了"现代化"的十字路口。在全面深化改革的新时代，村里人的外出愈加频繁，各自外出的背后有着不同的考量。许多孩子在努力读书考学，以便彻底改变自己的身份；大量的青壮年劳动力涌进城市，在奋力逃离贫苦生计的场景；还有一部分个体户、创业者，他们在努力打拼实现自己的人生目标，等等。近期，时不时也有一些返乡创业者回到村里，这使得王村再也不是以前的封闭山村了。尤其是近几年国家脱贫攻坚政策的持续推进，村里的基础设施和文化氛围也是大为改观。这 5 年间，笔者见证了村民生活方式以及思维方式的转变，然而这些转变在给他们的生活带来较大改善的同时，也带来了种种困境，比如收入的不稳定、婚姻家庭的不幸福，等等。

对于农民的生计困境，学界有两种解释，即结构解释和文化解释。在结构论看来，人们的生计困境是一种客观上存在的匮乏状态，比如职业、收入、地位、权力和市场机会等的缺乏；文化解释强调生计过程中贫困群体的价值规范、行为特征、社会态度和主观心理感受等特征。总体而言，结构解释倾向于将"责任"往外推，即认为生计困境的存在是由于国家、社会、市场以及生活环境等因素的影响，具体对象可能是政府、外群体、有权者及他人，继而得出了社会制度、公共政策和市场结构转型导致了部分群体生计困境的结论；文化解释则倾向于将"责任"推给穷人，认为穷人的懒惰、价值观整合的失却、"病态"的文化等造成了贫困的代际传递。通过梳理这些理论，无论结构解释还是文化解释其理论取向不外乎三种，即缺乏、限制和选择。[①] 基于此，笔者认为对农民生计议题的科学探讨，应当实现结构解释和文化解释在具体情境中的"实践"综合，即在生计过程中探讨农民的行动逻辑。

---

① 周怡. 解读社会——文化与结构的路径 [M]. 北京：社会科学文献出版社，2004：186-187.

第二节 市场行动的逻辑

本研究的选题基于当代中国社会转型的核心议题"市场实践"，在文献部分，回顾了主流经济学、人类学和新经济社会学等关于"市场理性""多元市场""作为一种社会结构的市场"等理论的阐发。这一关于市场理念的知识社会学的"考古"，在某种程度上提升了对市场的理解。正所谓"熟悉的并非熟知，熟知的并非真知"，当下人们的生活虽然处于各类形形色色市场的包围之中，但问及市场到底是什么时，大家却茫然不知。本书给出了市场实质上是一种社会建构，并且不同的社会文化基础会建构出不同的市场形态。当代中国的市场实践明显不同于西方国家，有着显著的"市场政体"特性，正是基于此，本书提出了市场实践中的"制度—行动"分析视角，这一关于当代中国市场本质的梳理有着较强的理论意义。

中国社会发展到了今天，乡村的大部分人群面临从传统务农向现代"职业农民"或市民的转型。传统农民拥有自己独特的生计方式、生活空间、文化传承、社会结构和心理感受。当前在面临市场经济的冲击、商品交换的侵蚀，以及城乡劳动力市场一体化等相关制度安排的情形下，人们祖辈沿袭下来的生计模式终将被彻底打破，乡村中的绝大部分人经历了、正在经历或即将经历生计方式的转变。这种转变将改变人们原有的生计模式、生活空间、文化传承和心理结构，进而打破以往的认知结构，在经历复杂的心理转变历程之后，最终促成生计方式和生活空间的转变，以及对文化传承的重构，进而开创一个全新的生活场域。

本研究以张家川县王村为个案，依靠翔实的调查资料，在借鉴学界已有研究成果和相关理论的基础上，从社会学、经济学、民族学等跨学科角度出发，多维度探究民族地区乡村生计方式的变迁与民众心理调适问题。事实上，不管农民在主观上如何选择，他们的生计方式必须面对"现代性"的冲击，这与理性抑或非理性不大相关。基于此，本研究基于"扎根理论"，在田野点村民的日常生活中观察他们的行为，理解其背后的行动逻辑。

改革开放以来，中国经济社会市场化发展的大方向是既定的，这既是政府的抉择，也是人民的选择，更是中华民族屹立于世界的生存之道。然而对于乡村的农民而言，从计划经济迈向市场经济是一个煎熬的过程，农民起初的感觉似乎是自由快乐的，但过程中的艰辛则是令人痛苦的，大量的小农事实上并未逃离"生计"的追逐。① 本研究涉及的王村人在市场实践中依次更替的所谓"三大产业"，实质是其祖辈传承下来的副业形态，然而到了当下，其"家庭作坊式"的经营理念很难与现代市场经济的"集聚化"相契合，因此在规模化经营的激烈竞争中被迫淘汰出局。当下一些前期的小老板纷纷"返乡创业"，多数人的行动逻辑无非是在外经营受挫，生计难以维持，继而选择"紧盯"国家相关扶持项目的一种生存策略。

为了较好地回应时代，本研究将此议题"镶嵌"于"中国特色社会主义社会学"的视域下。2020 年 8 月 24 日，在经济社会领域专家座谈会的重要讲话中，习近平总书记强调应加快发展中国特色社会主义社会学。发展中国特色社会主义社会学势必要求学者走出书斋，进入人们的日常生活世界，研究当代中国人所面临的具体问题。时下中国人最大的实践场域无疑是市场，因此对当代市场的生发做实地的、细致的观察和理解有着莫大的现实意义。正是基于这样的时代命题，本书契合推进国家治理体系和治理能力现代化的现实需求，探讨了实现"市场治理"的重要性。

经济是社会的基础，因此经济也必然是社会学研究的主要对象。从历时性的角度而言，人类社会依次经历了传统运行的经济、命令运行的经济和市场运行的经济等多种模式，② 事实证明市场模式在当前最为行之有效。诚然市场在确保社会供给、降低交易费用等方面成效显著，然而无限制地放大"市场理性"势必会造成诸如不平等、信任缺失等隐患。因此对市场的阐释需要社会学的维度，理应在经济社会的动态结构中考察市场运行的机制。然而新经济社会学给出的市场的社会结构理论，无论是网络关系、制度安排，

---

① 潘维. 农民与市场：中国基层政权与乡镇企业 [M]. 北京：商务印书馆，2003：375.

② Robert L. Heilbroner and William Milberg. The making of economic society (13th Edition) [M]. Upper Saddle River, N. J.：Prentice Hall，2012：6.

还是市场建构的分析视角，均未走出结构主义的范式，在这些理论的阐释中，市场明显是静态的，要么结构限定了行动，要么行动规定着结构，很难看到行动与结构之间的切实互动。

事实上，关于当代中国的市场实践确实没有现成的理论，更多的是一种"摸着石头过河"的探索。在这一火热的进程中，一方面转型社会"生产"出了大量的市场；另一方面实践中形成的市场机制反过来形塑着新的社会元素。近年来，述行学派作为一个新的学术流派在欧洲经济社会学研究领域受到了广泛关注。述行学派对市场有着独到的分析，该学派认为网络分析、场域分析和制度分析等结构主义方法将市场视作超稳定的常规制度，强调了社会结构对市场的建构，却忽视了市场如何建构社会。① 基于此，述行学派提出了一个全新的经济社会学市场分析视角，即市场怎样建构社会。有鉴于此，结合前文所分析到的，当前的中国社会在很大程度上受到了市场的形塑。因此，对当代中国市场的研究有必要充分彰显行动的视角，通过现实"实践"的统摄，将结构分析与行动分析有效结合起来，从而激活中国特色社会主义社会学市场研究的动态模式。

第三节 方法论的检讨与反思

曹锦清在关注中国社会的转型过程时，提出了两个不同的"视点"，并为每一个"视点"给出了两个不同的视角。第一个"视点"的两个"视角"是"从外向内看"与"从上往下看"；第二个"视点"的两个"视角"是"从内向外看"与"从下往上看"。在他看来，学界以往的研究倚重于"从外向内看"与"从上往下看"的视角，这致使现有研究有着"先入为主"的倾向。基于此，曹锦清强调第二个"视点"的重要性，所谓"从内向外看"是从内地看沿海、从乡村看城市、从传统看现代化的实际过程；

① 杨玲丽. 欧洲经济社会学研究新流派——述行学派——评介［J］. 外国经济与管理，2009（12）：8-15.

"从下往上看"是从中国现代化进程中最艰难、最缓慢的内地与乡村来看中央与地方各级政府推动现代化的一切努力。① 鉴于此，本研究有着相似的"共识"，即中国现代化的目标、实现途径及进程受中国农民、农业与农村现代化目标、途径与速度的制约，因此应当从传统的角度看待现代化的进程。

正是基于上述学理分析，笔者首先诉诸"从内向外看"的视角。本研究是一项针对黄河中上游流域民族地区发展进行反思的社会学（人类学）研究。"二战"后，"发展"逐渐成为政府和学术研究的主要议题。在西方现代化的话语体系里，所谓"西方的发达"已然成为新兴国家发展的指针。然而近年来，随着南美等国家发展的"依附"程度逐渐加深，再加上西方国家本身的"发展乏力"，西方发展的"神话"已然破碎。因此针对国内的发展问题，仅靠西方发展理论加以阐释是明显不足的。

事实上，中国的发展问题有其特殊性。新中国成立初期，出于特殊的国家战略考虑，在规划发展的过程中，一度向中西部地区倾斜。特别是1960年代的"三线建设"，国家许多重点项目在西部得以上马，这使得在改革开放之前，东西部之间的差距不甚明显。然而改革开放以后，在市场经济的冲击下，东部发展强劲，与之相比，西部特别是西部的民族地区则表现出明显的"欠发展"。

1990年代以后，地区"迟发展"问题受到广泛关注。对于西部民族地区"迟发展"的研究，有诸多学科介入，经济学、历史学、管理学、政治学和资源环境科学等等。然而通过对相关研究成果的梳理，发现自然条件差、经济基础弱、内生发展动力不足等成为西部地区"迟发展"主要因素，属于典型的"唯经济学"分析框架，忽视了与之相关的社会文化基础因素。从而致使这么多年过去了，学者对东西部之间差距并未得到有效改善的现实给不出合理的解释，因此可以说到了检视以往研究西部地区"迟发展"范

---

① 曹锦清. 黄河边的中国——一个学者对乡村社会的观察与思考［M］. 上海：上海文艺出版社，2000：762-764..

式的时候了。鉴于此，本研究基于西部民族地区迟发展的现实，通过"类型学"的对比分析，以"经济社会同质性"为依据，选取黄河中上游流域民族地区的特色经济发展困境为切入点，最后聚焦于张家川县"三大产业"交替兴衰的实际，并通过与广河县和化隆县"同质"性产业发展的对比，运用"多点民族志"的方法提取梳理材料。在学理层面，借鉴经济社会学"嵌入性"理论，从社会文化等非经济因素入手，阐释民族地区的发展困境；在现实层面，借鉴沿海地区成功的"发展模式"，提出特色经济产业化发展的解决路径，希冀为问题的解决提供解释性的经验研究。

其次在付诸"从下往上看"的视角方面，本研究通过长时段"多点民族志"的追踪调查，抓住了黄河中上游流域民族地区转型发展的不变因素"行动者"。基于王村的案例而言，表面上看，40多年来王村经历了三次大的产业调整，事实上从事"三大产业"的经营者总是那些"乡村精英"群体。这涉及当前"精准扶贫"后续政策与"乡村振兴"战略如何对接的核心议题，未来乡村振兴战略的全面实施仅依靠农村的留守人员能否行得通？答案显然是否定的。乡村振兴毕竟不是农村振兴，因此必须跳出"三农"问题看乡村，乡村振兴的基本目标是全面实现乡村的现代化，具体包括乡村的产业现代化、生活现代化、文化现代化和治理现代化等。这要求必须充分激发"乡村能人"的作用，使其取得"主体性"地位，也即乡村振兴的关键是人才振兴，只有人才振兴问题解决了，才能更好地支撑乡村振兴。基于此，对西部民族地区而言，当下的主要任务是突破相关"回乡创业"的体制机制壁垒，使其具备规范性和长效性，当然问题的解决还得回到特色经济产业化发展的议题上来。

需要指出的是，对产业做社会学探讨，是基于经济学研究产业，过于强调"经济人"理性而偏重宏大议题，呈现明显的"从上到下"的"规划"性倾向，而"从下向上"的"主体性"因素明显缺失。换句话说，操持产业的"行动者"通常被遮蔽了，致使在很长时间内，产业似乎成为一些相关部门装点门面的"花瓶"，外表华丽、实则空洞，与现实社会有着较大张力。

现代经济发展的基本指标是"市场竞争力"。因此，一个地区的经济发展必须以区域优势条件为依托，发展具有竞争优势的产业和产品，形成特色经济。当前的中国在谈到"特色经济"时，可以说"遍地开花"，然而谈到特色经济的发展时却往往"一筹莫展"，困境重重。究其根本，是因为没有形成产业化发展的基本态势，"家庭作坊式"的加工生产，难以形成竞争优势。因此从实现比较优势的角度考虑，地方社会需要在现代市场理念与"地方性知识"之间找到好的"契合"点，进而探索出切合实际的特色经济产业化发展路径。

把市场进程中农民的生计逻辑作为一个独立的问题进行研究，并将之置于黄河中上游流域民族地区这一特殊的场域当中，是本研究对乡村社会、民族地区发展研究在内容和视角上的一大突破。此外，运用质的研究方法、采用"深描"的文本叙事方式、通过专业视角的细节缜密描述、凸显研究对象的文化个性，是笔者在研究方法上的突破。最后，不将村民追逐"项目"等行为简单地归结为"等靠要"思想，而是将之确定为在特定的自然、人口和社会经济文化结构中解决生计的策略；域内呈现出的"高价彩礼"等社会现象并不一定是愚昧落后的表现，而是在生存条件约束下适应现实的一种"理性"方式，是其生存之道，这可以看成是笔者秉持"文化解释"的努力。基于此，本研究并不谋划为王村人的生计困境给出相关的解决路径，但笔者寄希望于通过上述"深描"去更好地理解他们，理解农民行动背后的意义，并使之能为相关研究的深入推进提供佐证。

附录一　生计及从业状况调查问卷

亲爱的村民朋友：

　　您好！我们是兰州大学社会与经济发展研究评价中心的研究人员，为了了解"农民生计状况"而展开这项调查，目的在于了解农村居民的生计状况，为农民的择业形态研究提供佐证，也为相关部门提供政策建议。本次调查以无记名方式进行，您不用填写单位和姓名，并且我们将严格按照《统计法》的有关规定，对统计数据进行保密，所有个人资料仅以统计方式出现。没有特别说明的选择题均为单选题，您需要在您认为符合的选项上打"√"，若没有符合的选项，可在"其他"后加文字说明。

　　谢谢您抽出宝贵的时间参与我们的调查，感谢您的支持和配合！

兰州大学社会与经济发展研究评价中心

一　个人基本资料

1. 您的性别

①男　　②女

2. 您的年龄（按农历计算）

①18~30 岁　　②31~40 岁　　③41~50 岁　　④51~60 岁

⑤61 岁及以上

3. 您的民族

①汉族　　　②少数民族

4. 您的文化程度

①不识字　　②识字、未上学　　③小学　　④初中　　⑤高中

⑥中专、中技　　⑦大专　　⑧大学本科及以上

5. 您的婚姻状况

①未婚　　②已婚　　③单身（离婚、丧偶、独身）

6. 您的职业状况

①无职业　　②务农　　③当老板　　④合伙经营　　⑤打工

7. 您的家庭关系状况

①和睦　　②一般　　③不和睦

8. 您的家庭经济状况

①非常富裕　　②比较富裕　　③一般　　④困难　　⑤非常困难

9. 您的个人身体状况

①健康　　②一般　　③身体不佳（有残疾、长期有病、多种疾病缠身）

二　家庭生计状况

1. 您家总人口数（一起吃住）为_____人，劳动力数量为_____人，其中男性劳动力_____人；家中有土地_____亩，房子_____平方米。

2. 您家庭成员中受教育程度最高的是什么水平？

①大专及以上　　②高中（中专）　　③初中　　④小学

⑤文盲半文盲

3. 您家的年收入大概为_____万元？

4. 您家收入的主要来源是什么？

①工资性收入　　②农业收入　　③个体经商收入　　④企业主分红收入

⑤政府补贴收入　　⑥个体服务业收入　　⑦其他收入

5. 您家庭近几年年收入有啥变化？

①较大幅度增加 　②有一定幅度增加 　③与往年基本持平

④有所减少 　　　　⑤大幅减少

6. 您家一年最主要的花销在什么方面？

①食品支出 　②看病支出 　③教育支出 　④文化娱乐支出

⑤宗教活动支出 　⑥人情往来支出 　⑦其他_____

7. 您认为制约家庭收入增长的主要困难在哪方面？

①缺少致富项目 　②外出打工工作难找、钱越来越难挣

③缺少生产技术与资金 　④信息来源少，消息更新慢

⑤自身学历低不好找工作

8. 您家每年经济支出的主要项目是_____？

①老人的赡养费 　②生活费用 　③医疗费 　④盖房费

⑤教育费用

9. 您家的粮食种植面积（包括所有种植物）是_____亩？其中经济作物种植面积是_____亩？

10. 您家土地的使用情况是_____？

①有大部分闲置土地 　②有少量闲置土地 　③没有闲置土地

④不了解

11. 您所在村庄村民离地的比例大吗？

①很大 　②一般 　③不大

12. 请问您家主要饲养家畜种类有哪些？

①没有家畜 　②育肥牛 　③养羊 　④禽类 　⑤其他_____

13. 您家的牲畜数量（牛___头、羊___头、猪___头、鸡___只、鸭___只)？

14. 影响您家庭增加收入的原因是什么？

①资金 　②技术 　③劳动力 　④农产品销售难

⑤文化水平太低 　⑥外出打工机会太少 　⑦其他_____

15. 家中是否有人选择进城务工？家中有_____个人选择外出打工。

①是 　①否（直接跳到第 20 题）

263

16. 若有人外出打工，是由于什么原因？

①挣钱　　②学技能　　③脱离农村　　④养家糊口

17. 外出务工所从事的职业是_____？

①家政服务　　②装修建筑　　③餐饮服务　　④自主创业

⑤其他_____

18. 务工时间

①2 年以下　　②2～5 年　　③5～10 年　　④10 年以上

19. 工作强度

①强（12 小时及以上）　　②中（8～12 小时）

③弱（8 小时以下）

20. 您希望您的孩子将来从事什么职业？

①将来从事务农方面的工作，成为村里的种植养殖大户

②好好学习，将来有一份稳定的工作，不再务农

③入一个好行道、学门手艺

④自主创业

⑤其他_____

三　个人从业状况

1. 您是_____ 年参加工作的？

2. 您一年的总收入大概为多少？

①1 万～3 万元　　②3 万～5 万元　　③5 万～10 万元

④10 万～15 万元　　⑤15 万～20 万元　　⑥20 万元以上

3. 您近年来收入的主要来源？

①种植业　　②养殖业　　③外出打工　　④做小生意

⑤其他_____

4. 您如何看待自己目前的经济收入？

①满意　　②比较满意　　③不满意

5. 您是否愿意继续坚持种地？

①愿意　　②不愿意　　③不清楚

6. 您觉得自己老了以后养老将主要依靠谁？

①国家/政府/社会保障　　②工作单位/雇主　　③自己的积蓄

④自己买保险　　⑤子女或其他家庭成员　　⑥没想过

7. 对于自身"天生"的农民身份，您是如何看待的？

①自己命运的不幸　　②社会的不公　　③觉得无所谓

④感觉挺好　　⑤说不清

8. 您经常参加村里其他人婚丧嫁娶活动吗？

①非常少　　②很少　　③一般　　④经常　　⑤频繁

9. 您在农闲时间有哪些消遣方式？

①无所事事　　②找村民聊天　　③打牌或者打麻将　　④走亲访友

⑤读书、看报　　⑥其他_____

10. 未来几年里，您希望自己的生活在哪些方面得到明显的改善？

①吃　　②穿　　③住房　　④交通　　⑤消费休闲　　⑥其他____

11. 您认为影响您就业的主要因素有哪些？

①文化水平和技术能力低下　　②年龄和健康状况限制

③没有适合的岗位　　④获得就业信息难　　⑤工资低

⑥就业途径少　　⑦其他_____

12. 您当前的工作是通过什么方式获得的？

①亲朋帮助联系的　　②单位招工自己应聘的　　③学校毕业分配的

④其他_____

13. 您当前工作的身份是：

①正式工　　②合同工　　③临时工　　④其他_____

14. 您在当前的工作中能否感觉到压力？

①非常大　　②比较大　　③一般　　④不太大　　⑤不大

15. 您之所以选这份工作，主要原因有哪些？

①离家近　　②比较轻松　　③收入高　　④比较稳定

⑤有发展前景　　⑥社会地位高　　⑦其他_____

16. 您认为找一份好工作主要依靠什么？

①有关系、路子　　②一定的工作经验　　③个人能力强

④文凭、学历高　　⑤好机遇、运气　　⑥其他_____

17. 下列各种特性中，您觉得自己比较符合哪些选项？

①勤劳　　②有协作精神　　③有主见　　④不自私　　⑤不合群

⑥孤僻　　⑦任性

18. 您是否经常更换工作？（答"否"跳至第20题）

①是　　②否

19. 您更换工作的主要原因有哪些？

①被用人单位辞退　　②工资待遇低　　③工作环境差

④家庭因素　　⑤受到不公正待遇　　⑥其他_____

20. 您对未来工作的打算是：

①自主创业　　②继续打工　　③返乡务农　　④暂无打算

我们的调查到此结束，您辛苦了！还有什么建议和意见，请在下面留言：

_____

_____

_____

_____

再次感谢您在百忙之中抽出时间参与我们的调查！祝您生活愉快！

结束调查时间：____月____日　　　　　调查员：_____

附录二　L 镇活畜交易市场的变迁

　　当代"中国奇迹"的生发得益于面向市场取向的改革，即从"再分配"体制转向"市场"体制，从而引发社会、政治等诸多领域的变革，学界将之概括为"社会转型"。诚然，社会转型其诱致性因素为市场，那么到底何谓市场？怎样理解市场的运作机制？如何把握市场与其他社会领域的交互作用？对于这些议题的深入阐释需要重新审视既有的市场理论。文章通过田野工作的方法呈现了陇东南 L 镇活畜交易市场的兴起、转型与衰落过程，展示出生计惯习、体制推动与行动策略在这一过程中的形塑效用。鉴于此，笔者认为市场是一种制度性建构，不同的市场有其独特的社会文化基础。在此基础上，对经济学单一自由的市场观进行了检视，回溯了人类学"多元市场"、社会学市场结构论等理论范式的学理价值，进而梳理了影响特定市场运作的场域性因素，希冀为当前的"市场转型"理论提炼出一个鲜活的案例。

　　市场与人类文明的演进相伴而生，然而传统社会情境下只能自发形成简单类型的市场，较为重要的市场类型均产生于现代复杂的社会结构中。[①] 正因为此，市场成为现代社会的典型特征。时至今日，可以说是一个市场遍布的社会了，但是到底何谓市场？却仍是众说纷纭，并未形成令人信服的共识性结论。《辞海》从两个方面对"市场"做出了界定：（1）商品买卖的场

[①]　Richard Swedberg. Principles of Economic Sociology ［M］. Princeton：Princeton University Press，2003：131.

所，如商品交易所、市集等；（2）一定地区内商品或劳务等的供给和有支付能力需求间关系。① 事实上，经济学对市场（market）概念的界定起初是具体的，包含地域、买卖者等因素，然而自"边际革命"后，市场概念逐渐演变成抽象的价格机制，② 即供给与需求是市场经济运行的力量。③ 括而言之，经济学将市场界定为商品买卖的场所，反映了一定地区内商品的供求关系。④ 进而论之，在古典经济学看来，市场产生于人类的交换本性；新古典经济学则认为市场是一种社会资源有效配置的价格机制，即亚当·斯密所谓的"看不见的手"，也即价格机制决定着市场的运行。这构成了经济学关于市场的基本观点，即单一的自由市场观。在经济学自由市场论那里，市场发展的最终形态是国际市场。回到中国的现实场域，改革开放促使国内原有的交易形式迅速复活，并且"社会转型"又开拓出了大量新的市场，仔细端视"中国奇迹"的演进逻辑，与市场的兴盛紧密相关。现如今，一方面，诸多的现代大众市场、资本市场仍在涌现；另一方面，一些传统的基层市场和专门市场却在走向衰败。表面上看，这似乎印证了国际市场的"归宿论"，然而事实上，特定市场的生发有其深刻的社会文化基础，当代中国的市场转型更具制度性建构。

一　从"交易行为"到"市场行动"：一种解释的逻辑框架

约翰·希克斯在《经济史理论》一书中梳理了人类社会的三种主要经济形态：习俗经济（the Customary Economy）、指令经济（the Command Economy）和市场经济（the Market Economy）。⑤ 习俗经济指涉的是前现代社会的村社经济，即随着生产力的进步，乡村有了一定的剩余物品，需要拿

---

① 辞海［M］.上海：上海辞书出版社，2002：1537.
② 沈原.市场、阶级与社会——转型社会学的关键议题［M］.北京：社会科学文献出版社，2007：2.
③ 〔美〕曼昆.经济学原理（第7版）［M］.梁小明，梁砾译.北京：北京大学出版社，2017：57.
④ 李伯重、邓亦兵.中国市场通史（第2卷）［M］.北京：中国出版集团，2021：1.
⑤ John Hicks. A Theory of Economic History［M］. Oxford：Oxford University Press, 1969：159.

出去交易。当然传统村社的交易是偶尔的，并非经常性行为；交易的物品基本上是农副产品，并非专门商品。随着生产力的进一步发展，社会分工细化，交易物固定在特定的专门物品上，职业商人逐渐形成，并且有了固定的交易场所，这一切促成了市场元素的凝聚，渐渐向市场经济过渡。由习俗交易转向市场交易，这是市场经济形成的自发途径。事实上，命令经济中也萌发着市场元素，这一途径更关注体制推动和国际交往的效用。

（一）传统的交易行为

在过去很长时间内，人们潜意识地认为市场经济自古已然，然而事实并非如此。波兰尼的研究揭示，在市场经济形成之前，人类社会至少存在三种经济形式，即互惠、再分配和家计。① 前现代社会的经济通常"嵌入"社会整体之中，交易原则并不居于中心地位。只是到了近代以后，经济逐渐"脱嵌"，成为一个独立的部门。因此，经济学的"市场自主性论题"显然仅是一种"理想"中的愿景。

马克斯·韦伯对"经济理性"论题有较早触及，他认为传统经济与现代理性经济有本质区别，传统经济是一种追求维持现状的家计经营。② 黄宗智的研究指出，中国自秦以后形成的小农经济里，"过密化"的劳动力投入，使得收益长期处于"边际报酬"以下，呈现出"没有发展的增长"。③ 即便出现可观的商品经济，也未能超出家庭副业补贴家计的"糊口经济"形态。溯源中国市场经济，学界有不同观点，李伯重认为，自16世纪至鸦片战争，中国存在事实上的全国市场，④ 但是市场经济的发展在明代后期和清代遭受了专制体制的制约。传统社会，市场经济发展的制约因素主要来自

① Karl Polanyi. The Great Transformation：The Political and Economic Origins of Our Time ［M］. Boston：Beacon Press，2001：59.

② 〔德〕马克斯·韦伯. 经济与社会（上）［M］. 林荣远译. 北京：商务印书馆，2006：91.

③ 黄宗智. 超越左右：从实践历史探索中国农村发展出路［M］. 北京：法律出版社，2014：58-59.

④ 李伯重. 中国全国市场的形成，1500-1840年［J］. 清华大学学报（哲学社会科学版），1999（04）：48-54.

两个方面，即交通通信状况和礼法社会形态。[①] 为了应对这种约束，民间形成了相应的市场组织和制度。鉴于此，可以说近代以前中国的市场经济通常嵌入民间经济之中。

传统社会，民间经济的主要表现形式是集市。所谓集市，指的是一定范围内的人们按特定的周期汇聚于特定的地点，在约定的逢集日进行交易活动的现象。学界普遍认为，中国的集市起源于春秋战国时期，[②] 到明清时期趋于兴盛。宋代以前的集市，主要是在地方社会需求与供给的过程中自发形成的，地域内的人们在体会到集市的功能之后，会依据供求状况自觉开设集市，这种自发形成的集市往往需要较长时间的酝酿。到了明清时期，集市创建的途径渐趋多元化，尤其是官府"应民之请"而开设集市的增多，大大缩短了集市形成的时间，集市数量激增。

总体而言，某一集市之所以能发展兴盛，其主要因素有：人口的增加、农业和乡村副业的发展、政府的政策、交通条件以及乡村非正式制度等。[③]通常情况下，集市有固定集市和不定期集市两种形态。固定集市是指围绕某一市镇而设立的交易场所，一般按农历时间立集，或者是农历双日集，或者是农历单日集等。不定期集市主要指的是庙会、骡马会等，在一年中的某个特别日子，选定特定场所设集市，周边的群众前往赶集。

尽管集市有多种形态，但对于基层社会而言，直至改革开放前，集市建设仍比较落后，交易的商品局限于农户剩余物品，有些集市甚至连集日都不确定，发育程度偏低。改革开放后，基层集市快速嵌入全国市场，并在上游市场的挤压下，处于竞争的劣势地位。当前经济全球化背景下，受乡村经济结构和社会结构等转型影响，乡村集市会呈现怎样的发展趋势？这是本文探讨的主要议题。

回到传统社会经济生活的具体情境，由于一些物品在某一地域内的稀缺

---

① 彭凯翔. 从交易到市场：传统中国民间经济脉络试探 [M]. 杭州：浙江大学出版社，2015：441.

② 龙登高. 中国传统市场发展史 [M]. 北京：人民出版社，1997：26.

③ 武拉平. 中国农业市场化改革之路 [M]. 北京：经济管理出版社，2020：13.

性以及生产的不完备性，特定人群很难得到自身所需物品，于是就有了交换。交换需要一定的场所，交换场所便是集市的最初形态。交换的实质在于实现物品在时间与空间上的转移，最终使得物品易手于不同的需求者之间。事实上，交换与交易不同，交换强调以物易物，而交易关注的是货与币的关系，即通过货币完成交换。进而论之，随着生产力的发展，社会分工细化，专门进行交易的商人出现，促进了交易的兴盛。然而交易行为并不能直接形成市场机制，市场机制反映的是资源在市场中通过自由竞争与自由交易，从而实现有效配置。

（二）市场行动的形塑

在传统社会，一般农户所谓的用于交易的商品实质上是一种副业经营，主要是指家庭养殖的畜产品或农闲时节兼做的一些手工品，生产规模较小，专业化生产程度较低，很少以专门营利为目的。在陇东南，小农家户以核心家庭经营形式为主，农户经营并不符合经济学的"边际效用"原理，尤其对于贫困的小农而言，物品的边际效用基本不低，只是随季节变化有所不同而已。农忙季节，农具、种子和劳力边际效用大；农闲季节，劳力则常常被闲置起来。正是这种生产要素和物质资源季节性效用价值的改变，使得小农经济的生计策略表现为：一方面，在收成季节需要出售剩余粮食，在青黄不接季节则需要想办法借贷；另一方面，农闲季节可以兼做一些副业（商品），经过交易补充家庭开支。这些现实需求在明清以后随着全国性经济地理布局的重组以及区域市场格局的调整，小农家庭经营被嵌入市场就成为必然。市场通过有效的调节功能，主要表现在时间上的季节调节、空间上的地区调节、物品上的余缺调节，成为农户再生产过程中的必要条件，也成为其日常生活不可或缺的重要组成部分。①

改革开放以后，内地乡村在体制转轨的推动下，被"裹挟"进入市场经济，然而与传统经济、计划经济中人们对市场信号表现出的"正常"心理反应相比，随着市场机制的发育和乡村总体经济水平的提升，人们对市场

---

① 龙登高．中国传统市场发展史［M］．北京：人民出版社，1997：527.

信号的心理反应日趋复杂化，"反常"反应更为常见。① 究其缘由，一方面，由于"文化传统"的惯性，人们在进入市场经济的初期保留了传统的"非理性"；另一方面，改革开放初人们的基本生活需求尚未得到满足，需要更多的收益维持基本生计，顾不上追求"闲暇"生活。随着变革的深入推进，经济社会发展成就引人瞩目，在基本需求逐渐获得满足之后，大众的"反常"心理滋生。

"逐利而行"是市场运作的基本准则，具体可表述为：卖方寻求最大的利润、买方寻求最大的效用，价格将供求双方联系在一起，生产要素比例反映生产要素的成本。② 近年来，学界关注通过"利益"的视角来分析市场，认为对市场中利益的分割式探究，遮蔽了市场的本质属性。鉴于此，主张重返韦伯的综合性研究，重新定位利益和市场的关系，事实上，市场行动者的利益诉求，同时指向互动中他者的社会行动。③ 刘世定等人在分析既有社会规范与利益激励如何影响人们行为的基础上，发展出了"利益—规范"双重博弈范式，观照了人们在利益和规范双重互动或双重博弈中利益格局和规范格局的形成与变迁，探讨了不同行动策略与策略组合的运用特征及其引发的均衡或非均衡后果。④

鉴于上述分析，对于市场行动的考察，需要关注三方面的因素。（1）市场运作的基本规范；（2）市场行动者的利益诉求；（3）市场机制和市场行动的互动博弈。基于此，可以说传统社会的集市交易并不完全具备现代市场经济的一些基本特征：其一，集市交易属于临时性补充家计行为，并非专门性交易；其二，传统物品交易的目的在于换取其他所需，并非实现利润；其

---

① 秦晖. 市场的昨天与今天：商品经济·市场理性·社会公正 ［M］. 北京：东方出版社，2012：161-162.

② Mark Granovetter, Richard Swedberg. The Sociology of Economic Life ［M］. Boulder：Westview Press，2001：150.

③ 段岩娜，陈小鹏. 重回"利益"分析的市场社会学研究——读韦伯的《经济与社会》［J］. 云南社会科学，2022（06）：175-182.

④ 刘世定，严俊，刘玉照. "利益—规范"双重博弈——一个基础性探讨 ［J］. 社会学评论，2022（02）：5-28.

三，集市运行靠的是"熟人社会"的"信任"原则，缺乏相关违规操作的惩戒机制。

（三）市场运作的情境场域

现实当中，市场并未如新古典经济学所描绘的那样，以纯粹样式运转。从历时性维度来看，某一市场的产生受到特定文化、制度的制约，其发展演进也依赖于这些因素。从共时性维度而言，不同市场的特质也不尽相同，其"嵌入"程度差异较大。就活畜交易市场的特质而言，总体属于高度嵌入市场类型，它的运作深深扎根于传统社会的文化、政治和社会结构中，在众多因素的叠加作用下，活畜交易市场不会完全依据"市场信号"的指引而运转。有鉴于此，笔者更倾向于通过"市场场域论"的视角来分析活畜交易市场的运作机制。

通过有情境约束的"场域"来探讨活畜交易市场的运作机制，有助于从理论和现实两个层面阐释传统市场的形塑过程。理论层面，通过对活畜交易市场这一独特而又具体的市场类型的深入分析，探析其运行机制和制度基础之间的关系，进而拓展市场社会学理论。现实层面，通过对L镇活畜交易市场运作机制的梳理，澄清制度基础和市场机制各自在何种意义上参与了当代中国市场的构建，又是怎样推动着中国社会的转型，进而端视中国将何以取得经济社会的高质量发展。

作为市场社会学的一项案例研究，本文不拘泥于正式的组织和制度，更关注关系网络的剖析。当前学界关于市场的经济社会学研究，倾向于结构决定论，通常将市场理解成受政策、意识形态等因素决定的社群组织。[1]众所周知，当代"中国奇迹"的生发得益于体制的松绑，然而体制松绑之后却没有现成的理论可以"照搬"，更多的是一种市场行动者"摸着石头过河"的实践。基于此，本文章检视了以往的市场理论范式，摒弃了"唯结构"的思维范式，着力深入转型发展的火热实践中探析市场的运作机制，继而观

---

① 李林艳.关系、权力与市场——中国房地产业的社会学研究［M］.北京：社会科学文献出版社，2008：4.

照"制度—行动"分析框架,具体有三个面向:自上而下的制度推动、自下而上的行动策略、两者"聚合"发力。[①]

事实上,"制度—行动"分析范式有其学理上的"通则性",可以用来解释改革开放以来中国基层市场的复兴。考虑到每一市场的生发有其深刻的社会文化基础,本文在探析 L 镇活畜交易市场的过程中,增添了"生计惯习"的维度,形成了当代基层市场建构不可或缺的三个要件,即生计惯习、体制推动和行动策略。

二　市场的复兴——L 镇牛羊交易市场的建构过程

L 镇位于甘肃省东南部,地处兰州、西安和银川三座省会城市的几何中心位置,坐落于六盘山和秦岭两大山系的过渡地带。L 镇自古以来都是"关陇古道"的军事要塞和商贸重镇,享有"三水交界""五路总口"的美誉。L 镇因其所依之山在陇山口的要冲,突然中断,与众山不相连,故称为"断山镇",清高宗乾隆十四年(1749 年),改为 L 镇。L 镇历史悠久,境内发现的仰韶文化遗址和齐家文化遗址表明,早在新石器时代,这里就有人类繁衍生息。夏商时期,境内为西戎居住,周孝王时设"秦"地,汉武帝时设陇(县),东汉时凉州刺史治陇,西魏至隋、唐、宋代隶属陇城县,元、明、清至民国时期属秦安县辖。[②]清穆宗同治年间以前,L 镇域内的居民以汉族为主。同治年间,大批回民迁入,逐渐形成了回汉杂居的形态。1953年,为了落实党的民族区域自治政策,划属张家川回族自治区(县)辖。

L 镇居于张家川、清水、秦安和庄浪四县交界处,集市贸易发达,赶上一般县城水平。全镇辖 20 个行政村、1 个社区、106 个村民小组,总人口10568 户44652 人(2021 年底),其中农村人口 7288 户37418 人,回族6334户26760 人,占 59.93%,是典型的回汉杂居镇。全镇总面积 44.8 平方公里(城区面积 4.94 平方公里),耕地面积30904 亩,人均耕地 0.83 亩,主导产

---

① 陈文江,王雄刚."市场"的流变与"行动"的回归——中国特色社会主义社会学视域下的市场研究 [J].兰州学刊,2021 (12):104-117.

② 张家川回族自治县志 [M].兰州:甘肃人民出版社,1999:1.

业为餐饮服务业、种植养殖业、商贸流通业和劳务输出业。当地群众有着经营皮毛贩运加工生意的悠久传统，这使得L镇皮毛市场在20世纪八九十年代一跃成为全国第二、西部第一的皮毛集散地。受皮毛产业兴盛的影响，域内牛羊养殖业发达，对周边地区造成强辐射，牛羊交易市场的规模一直稳居陇东南第一。

本文个案所探讨的L镇活畜交易市场属于L镇集市的重要组成部分。调查发现，其生发运作机制主要来自三方面因素在当地场域内的叠加博弈：（1）生计惯习的形塑，域内群众为解决耕种收成不足的生计困境，孕育出良好的牛羊养殖传统；（2）体制转型的推动，改革开放后国家层面"市场"的转型发展，解除了基层市场发展的体制束缚；（3）市场行动的策略，在"有利可图"的现实利益驱使下，兼营性商贩迅速向专门性商贩转变，业务甚至扩展到相关商业链条的其他领域。

（一）生计惯习的形塑

L镇位于陇山西麓清水河上游，清水河自东向西汇入葫芦河，成为渭河的重要支流。传统社会，清水河流域以农业耕种为主，下游流域由于地势开阔，川地较多，耕种收成可以糊口。然而上游流域，多为山地，且地势陡峭，随着人口迁入的增多，单靠农业种植，不足以糊口，迫使域内群众在耕种之余兼营一些商业和手工业。清同治年间（1870年前后），大批回民迁入，[①]使得清水河上游人口大幅增长，"人多地少"矛盾进一步凸显，人们不得不在农业生产之余，尽可能多地从事一些手工、养殖等副业，以补贴生计所需。

L镇悠久的皮毛贩运加工传统，深刻影响域内的养殖畜种，早期养殖马、骡子、驴等，后来演化成以养殖牛羊为主。当地人的牲畜养殖主要有两个目的：一是耕种需求，饲养驴、骡子和牛等，以便农忙时用来耕种土地；二是补贴家庭生计，当地山大沟深，干旱少雨，农业耕种往往不足以糊口，因此农闲时节饲养一些牛、羊、鸡等牲畜，待家庭需要开支时出售。这样的

---

① 虎有泽. 张家川回族研究（1）[M]. 兰州：兰州大学出版社，2007：17.

现实需求使得域内设立牲畜交易市场成为必然。一方面,家户专门用来耕种的牲口,用到一定的年限,需要"倒换";另一方面,用来补贴家庭生计而饲养的牲畜,很大程度上需要在专门市场上才能交易。

活畜交易市场属于地方性农贸市场。地方性农贸市场在人类社会的早期就已出现,其效用在于调节特定地域物品的余缺,在人群比较集中的地方设立交易场所。几千年来,地方性农贸市场一直作为自然经济的影子或补充而存在,历朝历代相沿的各府州县镇市集,在很大程度上均属于地方性物品交易场所。到了清代时,西北地区地方性农贸市场渐趋繁荣,分工细致,呈现出牛羊市、骡马市、粮油蔬菜市等各类专门市场。① 近代以来,内地农村市场发展中的一个明显趋向是农副产品专业化市场的出现,这类专业市场源于传统集市中市场区域的分工。② 基于这样的历史境遇,L 镇集市在 1870 年前后逐渐分化,呈现为三大区域市场,即日用百货市场、皮毛市场和牛羊市场。

正是基于域内群众日常生计的现实需求,L 镇自集市设立初(当地人称"立集")就有专门的牲畜交易场所,由于交易的畜种以牛羊为主,所以被称作牛羊交易市场(当地人简称"牛羊市场")。L 镇牛羊市场位于该镇东关的河滩处,在镇老街东尽头沿着东关河西岸一字展开,呈"东北—西南"走向。东北处为活禽交易场地,主要交易鸡、鹅、鸽子、狗和猫等;中间地带主要交易牛、驴和骡子等大型牲畜;西南处主要交易羊等中等牲畜。

笔者的田野调查显示,之所以将牛羊市场选在东关河滩处,是由于早期 L 镇集市的规模并不怎么大,东关在当时处于集市的边缘地带。因为活禽、牛羊交易占地较大,且牵涉环境卫生问题,因此起初将牛羊市场定在东关河滩处实属情理之中。L 镇牛羊市场自设立起就因为禽畜种类多、数量规模大,专门商贩、"二道贩子"和"牙子"(交易中介)等齐备,成为陇东南一带最大的活畜交易市场。

---

① 李清凌. 西北经济史 [M]. 北京:人民出版社,1997:453.

② 陈争平. 中国市场通史(第3卷)[M]. 北京:中国出版集团,2021:338.

毋庸讳言，市场并非经济学家的发明，而是普通人参与其中的创造，是芸芸众生自发行为的结果。[①] 长久以来，L镇牛羊交易市场不仅活跃了陇东南一带的物流，促进了域内禽畜交易，也成就了专业商贩的"生财之道"。更为重要的是，解决了域内民众因为环境闭塞、土地贫瘠而"糊口不足"的生计困境，增加了一些大养殖家户的经济收入。

（二）体制转型的推动

据调查，L镇牛羊交易市场，在新中国成立前即已获得长足发展，成为陇东南一带最具影响力的活畜交易市场。然而1953年国家开始实行计划经济，逐渐限制甚至取缔市场交易，活畜买卖被视为"投机倒把"，列入了"非法"行列。自此一直到1978年改革开放前，这期间也曾有间断性的政策"宽松"，出现过短暂的牲畜交易，但总体而言，L镇牛羊交易市场基本上处于停滞状态。

改革开放后，国家体制政策方面逐渐放松了对市场的"管制"。一时间，各种商品如雨后春笋般充斥于基层市场。在这一宏观历史背景下，L镇集市迅速复兴，赶集人流和交易规模与日俱增，集市不断扩大，向老街北面地势开阔处整体拓展。随着境内皮毛贩运加工生意的兴盛，原清水河南岸滩地处的皮毛交易市场向南迁至西街，西街新建的"L镇皮毛市场"在1980年代中后期一跃成为全国第二、西部第一的皮毛集散地。日用百货市场也逐渐分化，老街保留了百货批发市场，新建的中街分为肉食蔬菜市场、衣帽布料市场等，北街主要为家居建材市场。到2000年前后，L镇集市一派繁荣景象，农历单日逢集时车水马龙，在陇山西麓享有盛名，可谓"兴旺发达"。

复兴后的L镇牛羊市场其交易场地仍在东关的河滩处，市场的监管部门是当地的工商所。通常情况下，逢集当天，工商所会派出工作人员前往牛羊市场管理收税，禽类一般按摊位收税，1980年代每个摊位为每次1毛，2000年前后每个摊位为每次1元。畜类一般按头（只）数收税，1980年代，1头牛（5只羊）为1毛，2000年前后，1头牛（5只羊）为1元。

① 张维迎．市场的逻辑（增订版）[M]．上海：上海人民出版社，2012：4.

1995 年前后，牛羊市场交易达到鼎盛，每集活禽的交易量达 2 万只，牛的交易量达 500 头，驴和骡子的交易量达 50 头，羊的交易量达 2000 只。

通过梳理改革开放后 L 镇牛羊交易市场的复兴过程，不难发现，起初体制的推动占据主导因素，体制层面解决了计划与市场相"对峙"的难题，政府逐渐从放松市场管制向鼓励培育市场元素发展的进路转变，这一进程形塑出了所谓的"市场政体"，即由政府协调经济行为而产生的行动者互动关系模式及市场运作方式。① 事实上，中国的"市场转型"凸显为政体连续性背景下的渐进式改革，也即在基本社会体制框架和主导性意识形态未发生变化的前提下所进行的改革。② 在这样的"市场政体"的大力推动下，一时间，国内呈现出各类型市场井喷式发展的盛况。

（三）市场行动的策略

市场行动者包括市场主体和非市场主体两大类，市场主体主要指企业、中间商、农户和合作社等；非市场主体主要指政府、行业协会、技术专家、大学和科研机构等。③ 具体的市场行动，是各主体因素共同作用的结果。诚然，现实中的市场总有诸多缺陷。究其缘由，一方面，人的智识是有限的，市场赖以运行的法治环境通常不完善；另一方面，市场总会受到各类反市场力量的干扰，尤其是既得利益者的阻挠。鉴于此，具体市场运作中，行动者的策略显得非常重要，其中牵涉集体行为的"门槛模型"，即当一个人看到多少人或多大比例的人采取一个决定时，可能才会采取相同的决定。④

近年来，汪和建深入探究了当代中国人的市场实践，在评述前人研究的基础上，提出了"自我行动的逻辑"的分析框架。在汪和建看来，"自我行动"并非"个人行动"，是一种以关系理性为约束的自我主义行动，即自我行动是一种具有独特属性的既受"自我主义"驱动又受"关系理性"约束

① 符平．市场优势与制度环境［M］．北京：中国社会科学出版社，2018：55.
② 孙立平．实践社会学与市场转型过程分析［J］．中国社会科学，2002（05）：83-96.
③ 符平．市场体制与产业优势——农业产业化地区差异形成的社会学研究［J］．社会学研究，2018（01）：169-193.
④〔美〕马克·格兰洛维特．镶嵌：社会网与经济行动［M］．罗家德等译．北京：社会科学文献出版社，2015：32.

的社会行动。[①]依照这一分析框架，当代中国人市场实践中的"自我行动"会导向"关系行动"，而关系行动将演进为小集团或派系行动。当然这一演进可能衍生出不可避免的后果，笔者将在后文给予阐明。

借鉴汪和建的分析框架，可较为明晰地呈现出改革开放初基层大众参与市场化实践、向非农领域转进的策略。长久以来，中国存在普遍的被冠以"市场"的活动，然而个中缘由，尤其相关体制机制不健全等因素的困扰，致使基层市场活动大多停留于"民间交易"层面，并未完全展现现代市场经济的运行机制。事实上，中国实质性的市场化开启于改革开放，其推进可归纳为两个方面：国内的"市场化改革"和对外的"互惠性开放"。市场化是指由非市场经济向市场经济、不发达市场向发达市场转变的过程，其中关涉市场的主体、客体及政府等多重要素。[②]市场化改革的过程中，逐渐明晰了计划与市场的关系，即两者并非根本对立，而是可以互补促进。基于这样的共识，中国市场化的实质在于建立中国特色社会主义市场经济体制。

需要指出的是，中国的市场化没有现成的理论，更多的是一种"摸着石头过河"的实践探索。这一进程中，国家倾注于"自上而下"的体制转型探索，社会力量则"自下而上"探索实现"利益"的路径。为了获得收益，市场参与者通常基于自身需求，形成相关行动策略，[③]争取在市场实践的现实场域中取得优势地位。

毋庸置疑，改革开放前，中国社会深陷于物资短缺，改革开放初的主要任务在于激发社会动能，扭转物资匮乏的局面。实质性举措是"松绑"并培育市场主体，对主要的市场客体（商品和服务）给予标准化引导等。在"市场政体"的安排下，市场行动者依据"不犯事"的规制，遵循"差序格局"的关系理性以及"有利就图"的利益原则等，摸索着市场化的实现路径。

---

① 汪和建.自我行动的逻辑——当代中国人的市场实践［M］.北京：北京大学出版社，2013：57.

② 武拉平.中国农业市场化改革之路［M］.北京：经济管理出版社，2020：41.

③ 陈林生.市场的社会结构——市场社会学的当代理论与中国经验［M］.北京：中国社会科学出版社，2015：250.

鉴于上述学理分析，L 镇牛羊交易市场复兴体现出的行动策略主要在三个方面：（1）市场主体借助"市场政体"，迅速实现了向非农领域（商业）专门化经营的转变；（2）市场行动者依据自身的经济资本、社会资本和文化资本等，积极争取更大的市场自主权；（3）在全国性市场和经济全球化的诱致下，市场行动者逐渐迈出域内，向更大市场和更大产业链拓展。

三　市场的转型——L 镇活畜交易市场的搬迁

2011 年 10 月，L 镇牛羊交易市场正式从东关河滩处搬迁至镇西南郊的南街村，新场址与老市场相隔 2 公里，名称确定为"L 镇活畜交易市场"，占地 20 亩，投资 190 万元。新市场建在一片沿南河的开阔地带，北面靠山，正门口有一条县道穿越而过，可谓场地宽敞、交通便利。L 镇活畜交易市场的法人代表是李忠（化名），他有 2 位合伙人，股东总计 3 人。市场搬迁之初，沿袭了以往的运行方式，只是税务减免后，地方政府相关部门不再干涉市场的日常经营，代之以市场的承包经营者直接向交易者收取管理费。L 镇活畜交易市场之所以搬迁，主要缘由如下。

（一）原交易场地狭小

与经济学强调对抽象市场的研究不同，社会学更关注具体市场的运作。理查德·斯威德伯格（Richard Swedberg）归纳了历史上主要的真实市场：外部市场、内部市场、商人市场、国家市场、早期理性市场、现代大众市场、国际市场、货币与资本市场、劳动力市场等。本研究关涉的基层农贸市场显然属于内部市场的范畴，内部市场实质上是本地市场，市场上供应的物品来自附近周边地带，[①] 具体交易活动的开展需要适合的固定场所。

L 镇牛羊交易市场搬迁的一个主要原因是，集镇规模的扩大挤压了牛羊交易场地的空间。特别是传统社会由专人驱赶牲畜上市的方式逐渐被卡车运输代替，东关河滩处窄小的场地显然无法满足众多车辆的停放。基于此，牛

---

① Richard Swedberg. Principles of Economic Sociology ［M］. Princeton：Princeton University Press，2003：135.

羊市场的搬迁势在必行，当然 2010 年 6 月一位受雇装卸工的不幸摔亡成为直接导火索。笔者在访谈李忠经理时，他谈道：

> 老牛羊市场搬迁的事其实喊（说）了好长时间了，从 2000 年的时候就说马上要搬，但一直拖着没搬，关键因素还是缺钱。没办法就只能将就着先交易，平常可能还好一些，但到旺季，加之再碰到逢年过节或雨雪天气，那确实能急死人，开集时，卖主牵着牲口半天进不了市场；交易完，买主又出不了市场。
>
> 2010 年 6 月，发生了一起事故，当时一位外地客商收购了一批羊，需要装车，就请了邻近的几位村民来帮工，那正好是中午的集盛时候，人流量大，装羊卡车后面的几辆车急着要过路，就不停地按喇叭催，当时卡车司机可能有些慌，想往侧面挪一下车。由于噪声比较大，卡车车厢里装载的帮工们没听清司机的喊话，这车一挪动，其中的一位帮工没站稳，从卡车车厢摔了下来，头碰破了，流了好多血。虽及时拉到了医院，但伤势过重，最终没抢救过来，人过世了。
>
> 这位帮工摔亡后，后续事宜带来了好多争执，家属索要的赔偿款很高（说是 50 万），货车司机没有偿付能力，客商说不是自己的责任，相关监管部门又给不出较好的调解，如此等等。于是事情拖了好长时间，最后的协商办法是，由货车司机、客商和地方政府共同出资赔偿，才得以解决。

自从"帮工摔亡事件"发生后，L 镇牛羊交易市场的搬迁被正式提上议事日程，经过多次协商，最终的方案是搬到镇南郊南街村的河滩处。事实上，L 镇牛羊交易市场搬迁背后也折射出市场拓展的基本逻辑，一个区域性定期市场的真正现代化必然会给周围更广阔区域中的传统市场体系注入新的活力。[①]

① 〔美〕施坚雅. 中国农村的市场和社会结构［M］. 史建云，徐秀丽译. 北京：中国社会科学出版社，1998：92.

（二）环卫许可从严

事实上，改革开放后复兴的 L 镇牛羊交易市场并非简单地对传统交易的一种复活，而是更具"操演性"，即行动者在参与市场实践的过程中，依据自身的现代性智识重新建构着市场。换言之，理想中的"自主市场"其实在现实中很难存在，市场的运行在很大程度上深受场域环境的影响，成功"操演"的市场通常符合行动者的利益。[①]

大致 2000 年以前，国家对基层市场的管理比较粗放，通常情况下，只要不触及"法律责任"，相关部门对于未引起民事纠纷的一些"不遵守规则"行为往往是"睁一只眼闭一只眼"，允许其照常运行。然而进入 2000年以后，政府对市场运营的监管力度逐渐加强。就活畜交易市场而言，相关规定明确禁止在人口密集区建设活畜养殖和交易场所，这直接引发了 L 镇牛羊交易市场在东关河滩处能否继续经营的问题。原牛羊交易市场所在地处于东关村和关泉村的交界处，两村距离很近，分界线是东关河，东关河原本不大，东西宽度 20~30 米。随着集镇规模的扩大，牛羊交易场地直接和两个村庄交界处的人居院落混杂在了一起。对于这样的现状，环保部门早些年就给出结论，活畜交易市场的设立必须远离人居 1000 米。这在事实上为 L镇牛羊交易市场的搬迁提供了法理依据，然而之所以长期没有搬迁，其原因在于缺乏相关费用。

由于新建款项迟迟不能到位，L 镇牛羊交易市场的搬迁事宜被长期搁置。别无他法，只能采取"将就"性策略在原地继续运营，这致使市场运行中存在诸多潜在风险。当然市场搬迁的呼声一直并未停息，一方面，附近的居民不堪忍受长期"脏乱差"的环境影响，积极呼吁尽早搬离；另一方面，相关监管部门为了规避责任，也力主创设条件，尽快选址新建。这些诉求在上述"帮工摔亡事件"后得到了持续发酵，即牛羊交易市场必须尽快从东关的河滩处搬离。

① 陈氚．"操演性"视角下的理论、行动者集合和市场实践——以重构中关村电子产品市场的失败为例［J］．社会学研究，2013（02）：152-172.

（三）转向"自付自收"

市场转型带来的一个后果是，原有的"获益者"可能利益受损，而"直接生产者"在获益。[①] 随着市场渗透的持续深入，在"无利可图"的现实面前，原有的部分市场参与者逐渐从市场行动中"隐退"，特别是在一些新旧机制对接的关键环节上，存在诸多"甩包袱"行为。

在环卫测评不过关和"帮工摔亡事件"等多重因素的共同叠加作用下，2010年10月，L镇牛羊交易市场正式启动搬迁预案。具体方案的商定中，有三个事项比较棘手：（1）新场地的选址；（2）所需款项如何筹集；（3）新的市场将采取何种经营方式。针对新场地的选址，当时县发改委、工商局、农牧局、卫生局、兽医站、L镇政府和涉及的基层村社以及客商代表等经过多次协商讨论，最终确定的场址为镇南郊南街村的河滩处，这里距离东关老市场约2公里，远离人居环境，地势开阔，又有县道穿越而过，不失为一处理想的活畜交易市场选址。由于建设款项的筹集与后续经营方式的选择紧密相关，于是这两项事宜便结合起来共同商谈。对于基础设施建设的款项，地方政府的筹资有限，主要用于交通、水电等公共设施的专项配备。而村民土地的转让租金、场所围墙、场地地面硬化、办公用房以及各类交易场棚的建设等资金是一笔巨大的费用，这笔费用最终只能通过"承包"经营权的方式加以解决。最终，南街村的李忠牵头邀请其他两位村民加入，成立了股东议事会，三人通过资产抵押贷款的方式筹集到了资金。之后，经过一年紧锣密鼓的建设，2011年10月，新场址基础设施得以完工，并迅速举办了盛大的开业典礼，至此，L镇活畜交易市场正式搬迁至南街村河滩处，并开始营业。

L镇活畜交易市场搬迁过程中出现了一个问题，即相关部门事实上的"甩包袱"。自2006年以来，国家免除了农业税，减免了农副产品的相关税费，并对种植养殖业给予一定的财政补贴，这使得相关部门之前在实施监管

[①] 边燕杰．市场转型与社会分层——美国社会学者分析中国［M］．北京：生活·读书·新知三联书店，2002：578.

过程中还可"收税"的目的落空，衍生出的逻辑是，既然不让收税，就索性不再管理。最终活畜交易市场的日常管理完全由承包经营者承担，为了维持正常运转，经营者便在大门口设立"收费处"，对进入市场的牲畜按数量收取交易管理费。

考察新的活畜交易市场的筹建过程，存在一定程度上的"制度缺位"，最终促成了后续的经营方式转变为"自付自收"。事实上，倘若对市场采取放任自流，将可能产生强大的分化力量，进而对社会基础造成一定程度的冲击。[①] L 镇活畜交易市场搬迁后的发展困境恰恰表明，政府在构建和维系市场中的作用不容忽视，充分发挥政府作用，限制相关"寻租"现象发生，将是实现市场有效治理的主要举措。[②]

四　市场转型困境——L 镇活畜交易市场的衰败

改革开放开启了当代中国市场经济发展的热潮，一时间形成了诸多传统市场与现代市场并驾齐驱的盛况。然而到了 2000 年前后，国内市场趋向分化，金融市场、网络平台等新型市场迅速走红，与此同时，一些传统的农贸集市却走向衰落。

（一）统一市场的挤压

现代市场经济自近代滥觞以来发展到当前，从纵向角度来讲，由简单的市场交易类型向复杂市场运作类型深入迈进；从横向角度而言，呈现出区域市场、全国市场和国际市场等多种形态并存的状况。"二战"后，经济全球化、国际一体化趋势凸显，背后的逻辑在于西方国家致力于"打造国际市场"。就当前的世界形势来看，国际市场"归宿论"似乎仅是经济学意义上的一种"愿景"，现实中此起彼伏的"逆全球化"浪潮警示世人，"世界一体化"远未到来。基于此，当前市场经济的发展依然限于"国别"市场框架。

---

① 〔法〕托马斯·皮凯蒂.21 世纪资本论［M］.巴曙松等译.北京：中信出版社，2014：589.

② 〔美〕斯蒂文·K.沃格尔.市场治理术：政府如何让市场运作［M］.毛海栋译.北京：北京大学出版社，2020：19.

在上述大的时代背景下，随着改革开放的全面深入推进，中国国内统一市场已然趋向成熟。国内统一市场的形塑无疑冲击着区域市场的运作模式和辐射效能，一些处于竞争劣势的区域市场势必步入消沉状态。L 镇活畜交易市场恰恰属于这一类型的区域市场，在传统社会，由于地域之间的天然"隔离"，域内人们或者需要不定期地"倒换"自家用以农耕的牲口，或者需要出售专门为补贴生计而饲养的牲畜，这些都助推着地方性活畜交易市场的繁荣发展。在经历新中国成立之初至改革开放特殊历史时期的一段"取缔市场行为"之后，随着改革开放推进中体制层面对市场活动的"松绑"，L 镇活畜交易市场迅速复兴。然而这种繁荣在 2000 年前后便步入萧条，从市场发展的逻辑来讲，这种萧条无疑是受到更大市场甚至全国统一市场的挤压。

据笔者的田野调查，当前 L 镇活畜交易市场的日交易量，旺季时，大牲畜（马、驴等）为 200 头左右，中等牲畜（羊等）为 500 只左右；淡季时，大牲畜为 150 头左右，中等牲畜为 300 只左右；年交易量，大牲畜 3.6 万头左右，小牲畜 2.7 万只左右。这样的交易规模相当于 1990 年代市场鼎盛时期的三分之一，交易量的下滑事实上表明 L 镇活畜交易市场已步入难以挽回的衰退境地。

毋庸置疑，导致 L 镇活畜交易市场衰败的一个关键性因素是全国统一市场的稳步成熟。具体而言，各类交通线路的畅通使得国内大宗贸易得以跨区域流动，特别是临近牧区开设的诸多活畜交易市场逐渐兴盛起来，冲击着内地活畜交易市场。与此同时，域内家户养殖牲畜的规模在缩小，用以在地方性市场上交易的牲畜量自然也在减少，这在很大程度上直接加速了 L 镇活畜交易市场的衰落。

（二）生计模式的转变

汪和建在论及当代中国人的市场实践时，归纳出了三个方面的特性，即自主经营、网络生产和派系竞争。[①] 事实上，改革开放初，基层市场的快速

[①] 汪和建. 自我行动的逻辑——当代中国人的市场实践 [M]. 北京：北京大学出版社，2013：4.

复兴，其主要缘由在于解决民众的生计需求，凸显为自主经营和网络生产。然而之后的"派系竞争"在很大程度上表明生计困境缓解后，人们面临市场激烈竞争的无助，正所谓"今天的村庄，依然唱着昨天的歌谣。"

　　如前文提到的，L镇活畜交易市场生发的主要原因在于解决域内民众的生计困境。在传统社会，清水河流域以农业种植为主，下游流域地势开阔，耕种收成较好，维持生计问题不大。而L镇所处的上游流域，地势较高，山大沟深，农业收成往往难以维持生计，于是许多家户在农闲时节通常要兼营一些副业，受地理环境和经营惯习的影响，牛羊养殖成为域内副业中的主要形态。既然当地人养殖的牛羊多，这势必会拓展出一个专门的牛羊交易市场，即L镇牛羊交易市场。这一市场的繁荣发展为"物资匮乏"时期人们的生计困境提供了一条重要的解决途径，因此它的生发历史久远，在域内民众心目中的地位举足轻重。改革开放之初的迅速复兴，更是彰显着地方特色市场的魅力，在人们对获取更多物资的渴望中，活畜交易市场解决了域内家户变卖"剩余家产"的需求，为实现"交换"所需物品提供了必要条件。基于这样的现实，20世纪八九十年代的L镇牛羊交易市场逢集当日，真可谓车水马龙，各地客商纷至沓来，俨然一副"陇东南第一牛羊市场"的气派。

　　然而，L镇活畜交易市场在经过二十多年的发展之后，在2000年左右却步入衰落，其中一个主要的原因是域内民众生计模式的转变。在传统社会，大伙依靠耕种土地为生，如果土地较为肥沃，收成能够满足"糊口"，人们断不会考虑其他的谋生手段。只有土地贫瘠地区的人们才会考虑兼营一些其他副业，以便补充农业收成不足导致的生计不足。进入2000年，随着打工经济的全面兴盛，西部内陆地区的人们纷纷选择外出务工谋生，在大家看来，一个青壮年劳动力外出一个月挣的工资，赶得上在乡村务农一家一整年的收成。在打工经济的冲击下，L镇域内民众的生计模式悄然发生着改变，人们再也不像以前那样把全部的精力投入农业上，而是力所能及地选择外出务工。生计模式转变的直接结果是，域内部分土地开始撂荒，家户饲养牲畜逐渐减少，最终影响活畜交易市场上的交易量。

　　L镇活畜交易市场搬迁的一个美好愿景是，借此获得长足发展，重振

"陇东南第一牛羊市场"的雄风。然而几年下来，现实状况却不尽如人愿，交易量大不如从前。究其缘由，这与农业生产机械化的深入推进密切相关，以往每个家户必须饲养用以农耕的牲口逐渐退出了历史舞台，市场上交易的活畜基本上是由专门养殖户提供的"繁殖"和"育肥"畜种。近年来，在打工经济的持续影响下，邻近村庄从事专门"繁殖"和"育肥"的养殖户也在逐渐减少，总体水平仅占域内家户数的10%左右。鉴于此，在多重因素的叠加作用下，域内民众的生计模式发生着较大变化，这在很大程度上消解着L镇活畜交易市场的拓展潜力。

（三）发展模式的固化

时至今日，发展已然成为世界的主题，人们或许对某个既有的发展模式提出了修正或完善，然而对于发展本身以及发展的需求似乎没有质疑过。在发展社会学的视域里，发展指的是一个国家（或地区）由落后的不发达状态向先进的发达状态转化的过程。[①] 有鉴于此，解决地区"欠发展"的现状，成为L镇所处陇东南一带深度贫困区的基本目标。反观当地的现实，发展模式的"路径依赖"特性明显，市场行动者沉浸于"有小利可图"的粗放式经营模式中，即便是报酬递减，也难以摆脱被"锁定"在效率低下场域。[②]

具体到L镇活畜交易市场，虽面临时代的巨变，但其运作模式似乎并未发生多大改变。搬迁前，市场的参与者主要有四大类：卖方、买方、牙子（中介）和工商管理者；搬迁后，市场的参与者也主要有四大类，即卖方、买方、牙子（中介）和承包管理者。通过对比发现，搬迁前后变化的仅是市场管理者，由地方政府部门变为了个体承包经营人，再者就是牲畜的运输由人力"驱赶"变为卡车运输，其他运作方式几无变化。究其缘由，主要是随着国家对农副产品减免税负的深入推进，地方相关部门索性直接将"包袱"甩给社会层面，由经营承包人全权负责运营管理，政府则定期进行督察。

2010年10月，新的L镇活畜交易市场筹建方案商定后，由南街村委会

---

① 景天魁等. 发展社会学概论［M］. 北京：中国社会科学出版社，2011：3.
② 〔美〕马克·格兰诺维特. 社会与经济——信任、权力与制度［M］. 王水雄，罗家德译. 北京：中信出版集团，2019：14-15.

出面，承包商与村民达成协议，土地转让的租金每亩是 600 元/年，一期合同约定为 10 年，20 亩地 10 年的总租金是 12 万元。截至目前，10 年的一期承包合同期已过期，关于租金问题有较大争执，一方面村民们要求增加土地转让租金，说是根据十年前的约定数额执行，数额太低；另一方面，市场经营的承包者对后续的发展逐渐失去信心，一直寻求取得相关财政扶持。不久前的访谈中，李忠讲道：

> 我们的经营确实是进入困境了，感觉到真是难以维持下去了。各种筹资渠道不畅通，现在只能每集按进入市场的牲畜数量收取费用，大牲畜（牛、骡、驴）每头 1 元，羊等小牲畜每只 5 毛。一集下来，收个三五百元，几位出资人平均分一二百元。在别人眼中，我们就像个要饭的，既要打扫市场卫生，还要应付各种检查，再者遇到一些难缠的客商，争执起来还得想办法平息。一个月 15 个集，每集早上 4 点左右就得打开市场大门，守到门口收费。现在总体的交易量小了，一个月下来，每个人分到手也就 3000 块钱，你说有啥意思，还不如人家一个打小工的。

毋庸置疑，市场中的习俗、行为惯例和认知理念等因素影响并形塑着行动者的经济实践，对市场运行的作用至关重要。[1] 鉴于此，L 镇活畜交易市场的衰败不仅受到宏观经济环境的影响，自身运转模式的固化显然也起到了重要作用。

五　结论与讨论

弗兰克·道宾在其《经济社会学》一书中归纳了塑造市场的四个主要因素，即政治制度、经济模式、社会网络和经济理念。[2] 这一研究无疑为理

---

[1] 符平. 市场的社会逻辑 [M]. 上海：上海三联书店，2013：255.

[2] Frank Dobbin. The Sociology of the Economy [M]. New York：Russell Sage Foundation，2004：22.

解当代市场社会提供了一个好的视角。事实上，市场的兴衰是社会经济整体兴衰的表征，探析当代中国市场的复兴及运作机制，对于洞悉"中国奇迹"的生发有着重要的启迪意义。改革开放以来，国内各种市场呈井喷式发展，且专业市场发展趋向明显。通常情况下，专业市场的辐射力度要比普通集市大，专业市场上的物品或许多数来自本地，但其交易面向的却是外部市场。① 正是基于此，基层社会通过这一"微观世界"与更大的外部世界联系在了一起。② 本研究所关涉的L镇活畜交易市场恰恰是一种典型的专业市场，追本溯源，具备传统农贸市场的特质；立足当下，有着从"交易行为"迈向"市场行动"的转型发展特征；观照未来，为中国市场化改革的光明前景提供了参考佐证。

经济学通常采用寻求各种最优交易条件来解释市场的生发，这对理解L镇牛羊交易市场的复兴有着强的解释力，然而对于市场的转型及当前的发展困境却给不出令人信服的阐释。这一现实召唤着社会学的分析视角，即市场是一种建构性的社会结构，其中文化传统、社会力量、权力运作等"非经济因素"共同形塑着市场的运作。③ 事实上，L镇活畜交易市场在"市场化"的过程中无疑受到了上述诸多"非经济因素"的塑造。时至今日，对于当前L镇活畜交易市场的衰败，不应该一味地去"追责"，而是在洞察市场日常运行的基础上，理解其背后的运作逻辑，进而为全面深化改革期"市场决定性"作用的充分发挥增补元理论。

改革开放四十多年，中国的发展成就举世瞩目，"中国模式"吸引了全世界的目光。学界将中国所取得的巨大进步概括为"转型发展"，即面向市场取向的改革。中国的市场化改革发轫于农村，因此总结农村的市场化模式意义重大。在农村的市场化进程中，地方性农贸市场的演进逻辑无疑有着更为本真的意义。

---

① 陈争平. 中国市场通史（第3卷）［M］. 北京：中国出版集团，2021：340.

② 石忆邵. 中国集市的理论与实践［M］. 西安：陕西人民出版社，1995：57.

③ 沈原. 市场、阶级与社会——转型社会学的关键议题［M］. 北京：社会科学文献出版社，2007：95.

事实上，当前人们的日常生活处于各种市场的包围之中，然而当问及市场到底是什么时，大家却比较茫然。如果非要给出个说辞，西方经济学的自由市场观通常成为"教科书"式的答案。在西方自由市场理论那里，中国转型发展进程中生发的大量市场似乎成了"怪胎"。然而当追及市场诞生的历史时，市场并非只有"单一自由"一种形态，而是有着多元化的发展趋向。

活畜交易市场是传统社会最基本的集市形态，因交易畜种的不同，不同地区的称谓也不尽相同，有骡马市场、牛羊市场等分野。活畜交易市场在传统社会中的作用举足轻重，一则实现了生产资料的更替，缓解域内民众因农业生产不足而产生的生计困境；二则是基层社会价值衡量的基本方式，通常情况下，民间社会对某件物品把不准价值时，总是会说，"是骡子是马，拉出来遛遛"。如果市场意味着买卖双方的平等交易与物品价格跨区域的共同走势，① 那么活畜交易市场无疑是一个标准的市场。然而需要指出的是，由于活畜交易发育的特殊制度背景，中国基层活畜交易市场的实际运作远远偏离了西方式"完美市场"运行的轨道。不仅如此，在许多人眼中，它似乎代表着前现代社会的简单交易形式，等同于"以物易物"。事实上，中国活畜交易市场的生发有着深厚的社会文化基础，其在社会转型过程中所具有的复杂性，超出了经济学市场理论所能涵盖的范围，亟待其他学科的有益补充，其中社会学的市场建构论无疑能提供较好的解释图景。

（发表于《兰州学刊》2023 年第 4 期）

---

① 李林艳．关系、权力与市场——中国房地产业的社会学研究［M］．北京：社会科学文献出版社，2008：1.

参考文献

著　作

［1］〔印度〕阿比吉特·班纳吉，〔法〕埃斯特·迪弗洛.贫穷的本质：我们为什么摆脱不了贫穷（修订版）［M］.景芳译.北京：中信出版社，2018.

［2］〔法〕阿兰·图海纳.行动者的归来［M］.舒诗伟等译.北京：商务印书馆，2008.

［3］〔美〕艾尔·巴比.社会研究方法（第十一版）［M］.邱泽奇译.北京：华夏出版社，2018.

［4］〔美〕爱丽丝·戈夫曼.在逃：一个美国城市中的逃亡生活［M］.赵旭东等译.北京：中国人民大学出版社，2019.

［5］〔美〕安东尼·M.奥勒姆、约翰·C.戴尔.政治社会学（第五版）［M］.王军译.北京：中国人民大学出版社，2018.

［6］〔英〕安东尼·吉登斯.社会的构成：结构化理论纲要［M］.李康、李猛译.北京：中国人民大学出版社，2016.

［7］安翔.当代回族生计［M］.银川：宁夏人民出版社，2013.

［8］宝鸡市社会科学界联合会等.陇山文化发展论集［C］.武汉：武汉大学出版社，2016.

［9］〔美〕彼得·L.伯格、托马斯·卢克曼.现实的社会建构：知识社会

学论纲〔M〕.吴肃然译.北京：北京大学出版社，2019.

[10]〔美〕彼得·布劳.社会生活的交换与权力〔M〕.孙非，张黎勤译.北京：华夏出版社，1988.

[11] 边燕杰.市场转型与社会分层——美国社会学者分析中国〔M〕.北京：生活·读书·新知三联书店，2002.

[12] 边燕杰等.社会网络与劳动力市场〔M〕.北京：社会科学文献出版社，2017.

[13]〔美〕波多尼.地位的信号——对市场竞争的社会学研究〔M〕.张翔等译.上海：上海人民出版社，2011.

[14] 曹锦清.黄河边的中国——一个学者对乡村社会的观察与思考〔M〕.上海：上海文艺出版社，2000.

[15] 常向群.马克思主义社会学论稿〔M〕.长春：东北师范大学出版社，2018.

[16] 陈宝良.中国的社与会（修订本）〔M〕.北京：中国人民大学出版社，2011.

[17] 陈国林.西部民族地区特色产业发展研究〔M〕.昆明：云南科技出版社，2009.

[18] 陈吉元，胡必亮.当代中国的村庄经济与村落文化〔M〕.太原：山西经济出版社，1996.

[19] 陈林生.市场的社会结构——市场社会学的当代理论与中国经验〔M〕.北京：中国社会科学出版社，2015.

[20] 陈庆德，杜星梅.经济民族学〔M〕.北京：社会科学文献出版社，2019.

[21] 陈庆德.经济人类学〔M〕.北京：人民出版社，2001.

[22] 陈涛.产业转型的社会逻辑——大公圩河蟹产业发展的社会学研究〔M〕.北京：社会科学文献出版社，2014.

[23] 程澍.草莽英雄——个体户阶层透视〔M〕.北京：中国社会科学出版社，1992.

[24] 〔法〕丹尼斯·库什. 社会科学中的文化 [M]. 张金岭译. 北京: 商务印书馆, 2016.

[25] 〔美〕道宾. 经济社会学 [M]. 冯秋实等译. 上海: 上海人民出版社, 2008.

[26] 〔美〕杜赞奇. 文化、权力与国家: 1900—1942 年的华北农村 [M]. 王福明译. 南京: 江苏人民出版社, 2018.

[27] 〔德〕多明尼克·萨赫森迈尔等. 多元现代性的反思: 欧洲、中国及其他的阐释 [M]. 郭少棠等译. 北京: 商务印书馆, 2017.

[28] 范小占、阎恒. 黄河中上游地区经济开发研究 [M]. 郑州: 河南人民出版社, 1990.

[29] 〔法〕费尔南·布罗代尔. 十五至十八世纪的物质文明、经济和资本主义 [M]. 顾良等译. 北京: 商务印书馆, 2017.

[30] 费孝通. 费孝通自选集 [M]. 北京: 首都师范大学出版社, 2008.

[31] 费孝通. 江村经济 [M]. 上海: 华东师范大学出版社, 2018.

[32] 费孝通. 乡土中国·生育制度 [M]. 北京: 北京大学出版社, 1998.

[33] 风笑天. 社会学研究方法 (第三版) [M]. 北京: 中国人民大学出版社, 2009.

[34] 〔美〕弗雷格斯坦. 市场的结构——21 世纪资本主义社会的经济社会学 [M]. 甄永宏译. 上海: 上海人民出版社, 2008.

[35] 〔英〕弗里德曼. 中国东南的宗族组织 [M]. 刘晓春译. 上海: 上海人民出版社, 2000.

[36] 符平. 市场的社会逻辑 [M]. 上海: 上海三联书店, 2013.

[37] 符平. 市场优势与制度环境 [M]. 北京: 中国社会科学出版社, 2018.

[38] 傅琦. 华中药市的崛起——一个发展人类学的个案研究 [M]. 北京: 知识产权出版社, 2017.

[39] 高和荣. 经济社会学 [M]. 北京: 高等教育出版社, 2008.

[40] 〔日〕顾琳. 中国的经济革命: 20 世纪的乡村工业 [M]. 王玉茹等

译．南京：江苏人民出版社，2009.

[41] 郭京福．民族地区特色产业论［M］．北京：民族出版社，2006.

[42] 何炳棣．明初以降人口及其相关问题 1368—1953［M］．北京：中华书局，2017.

[43] 贺雪峰．南北中国：中国农村区域差异研究［M］．北京：社会科学文献出版社，2017.

[44] 侯婧．生计过程中的农民行动逻辑［M］．北京：社会科学文献出版社，2019.

[45] 胡英泽等．区域社会史研究读本［M］．北京：中国社会科学出版社，2018.

[46] 虎有泽．张家川回族研究（1）［M］．兰州：兰州大学出版社，2007.

[47] 虎有泽．张家川回族研究（2）［M］．北京：民族出版社，2016.

[48] 黄国光等．人情与面子——中国人的权力游戏［M］．北京：中国人民大学出版社，2010.

[49] 黄平．寻求生存——当代中国农村外出人口的社会学研究［M］．昆明：云南人民出版社，1997.

[50] 黄正林．农村经济史研究——以近代黄河上游区域为中心［M］．北京：商务印书馆，2015.

[51] 黄正林．社会变迁与区域经济史研究：以近代黄河流域为中心［M］．天津：天津古籍出版社，2012.

[52] 黄宗智．长江三角洲的小农家庭与乡村发展［M］．北京：法律出版社，2014.

[53] 黄宗智．超越左右：从实践历史探寻中国农村发展出路［M］．北京：法律出版社，2014.

[54] 黄宗智．华北的小农经济与社会变迁［M］．北京：法律出版社，2014.

[55] 黄宗智．实践与理论：中国社会、经济与法律的历史与现实研究［M］．北京：法律出版社，2015.

[56] 〔瑞士〕吉尔贝·李斯特.发展史——从西方的起源到全球的信仰 [M].陆象淦译.北京:社会科学文献出版社,2017.

[57] 〔美〕杰里米·里夫金.工作的终结——后市场时代的来临 [M].王寅通等译.上海:上海译文出版社,1998.

[58] 〔英〕杰西·洛佩兹、约翰·斯科特.社会结构 [M].允春喜译.长春:吉林人民出版社,2007.

[59] 金观涛,刘青峰.开放中的变迁:再论中国社会超稳定结构 [M].北京:法律出版社,2011.

[60] 景天魁.发展社会学概论 [M].北京:中国社会科学出版社,2011.

[61] 〔英〕卡尔·波兰尼.巨变——当代政治与经济的起源 [M].黄树民译.北京:社会科学文献出版社,2017.

[62] 〔奥〕卡瑞恩·克洛尔·塞蒂娜,〔英〕亚历克斯·普瑞达.牛津金融社会学手册 [M].艾云等译.北京:社会科学文献出版社,2008.

[63] 〔美〕李丹.理解农民中国:社会科学哲学的案例研究 [M].张天虹等译.南京:江苏人民出版社,2008.

[64] 李林艳.关系、权力与市场——中国房地产业的社会学研究 [M].北京:社会科学文献出版社,2008.

[65] 李培林.另一只看不见的手:社会结构转型 [M].北京:社会科学文献出版社,2005.

[66] 李强.当代中国社会分层 [M].北京:生活·读书·新知三联书店,2019.

[67] 李清凌.西北经济史 [M].北京:人民出版社,1997.

[68] 李伟.国人生计问题——源于中国人社会经济发展史的另类思考 [M].北京:中国经济出版社,2010.

[69] 李友梅等.转型社会的研究立场和方法 [M].北京:社会科学文献出版社,2009.

[70] 〔瑞典〕理查德·斯威德伯格.经济社会学原理 [M].周长城等译.北京:中国人民大学出版社,2005.

[71] 梁漱溟. 乡村建设理论 ［M］. 上海：上海人民出版社，2011.

[72] 林竞君. 网络、社会资本与集群生命周期研究：一个新经济社会学的视角 ［M］. 上海：上海人民出版社，2005.

[73] 林美容. 祭祀圈与地方社会 ［M］. 台北：博扬文化事业有限公司，2008.

[74] 〔美〕林南. 社会资本——关于社会结构与行动的理论 ［M］. 张磊译. 北京：社会科学文献出版社，2020.

[75] 林耀华. 民族学通论（修订本）［M］. 北京：中央民族大学出版社，1997.

[76] 林毅夫. 新结构经济学（典藏版）［M］. 北京：北京大学出版社，2019.

[77] 刘豪兴. 农村社会学 ［M］. 北京：中国人民大学出版社，2015.

[78] 刘敏. 山村社会——西北黄土高原山村社会发展动力研究 ［M］. 兰州：甘肃人民出版社，2000.

[79] 刘敏. 社会发展论 ［M］. 北京：中国社会科学出版社，2012.

[80] 刘奇. 贫困不是穷人的错 ［M］. 北京：生活·读书·新知三联书店，2015.

[81] 刘少杰. 西方经济社会学史 ［M］. 北京：中国人民大学出版社，2013.

[82] 刘少杰等. 陌生关系熟悉化——优化市场交易秩序的探索 ［M］. 北京：中国人民大学出版社，2018.

[83] 龙登高. 中国传统市场发展史 ［M］. 北京：人民出版社，1997.

[84] 陆春鸣. 金城面道——兰州牛肉面 ［M］. 北京：光明日报出版社，2016.

[85] 〔美〕罗伯特·芮德菲尔德. 农民社会与文化：人类学对文明的一种诠释 ［M］. 王莹译. 北京：中国社会科学出版社，2013.

[86] 罗家德. 社会网分析讲义（第二版）［M］. 北京：社会科学文献出版社，2010.

[87] 〔美〕罗纳德·S.伯特.结构洞：竞争的社会结构［M］.任敏等译.上海：格致出版社，2017.

[88] 〔澳〕马尔科姆·沃斯特.现代社会学理论［M］.杨善华等译.北京：华夏出版社，2000.

[89] 〔美〕马克·格兰诺维特.社会与经济——信任、权力与制度［M］.王水雄，罗家德译.北京：中信出版集团，2019.

[90] 〔德〕马克斯·韦伯.经济与社会［M］.林荣远译.北京：商务印书馆，2006.

[91] 〔美〕马克·格兰诺维特、〔瑞典〕理查德·斯威德伯格.经济生活中的社会学［M］.瞿铁鹏等译.上海：上海人民出版社，2014.

[92] 〔美〕马克·格兰诺维特.镶嵌：社会网与经济行动［M］.罗家德译.北京：社会科学文献出版社，2007.

[93] 〔美〕马克·格兰诺维特.找工作：关系人与职业生涯的研究［M］.张文宏译.上海：华东师范大学出版社，2020.

[94] 马克思恩格斯选集［M］.北京：人民出版社，2012.

[95] 马良灿.从形式主义到实质主义——经济社会关系视域中的范式论战与反思［M］.北京：社会科学文献出版社，2013.

[96] 〔美〕马若孟.中国农民经济：河北和山东的农民发展，1890—1949［M］.史建云译.南京：江苏人民出版社，2013.

[97] 〔美〕马歇尔·沃萨林斯.石器时代的经济学（修订译本）［M］.张经纬等译.北京：生活·读书·新知三联书店，2019.

[98] 〔美〕麦克米兰.重新发现市场［M］.余江译.北京：中信出版社，2014.

[99] 〔美〕曼瑟尔·奥尔森.集体行动的逻辑［M］.陈郁等译.上海：上海人民出版社，2014.

[100] 〔德〕米歇尔·鲍曼.道德的市场［M］.肖君等译.北京：中国社会科学出版社，2003.

[101] 〔美〕明恩溥.中国的乡村生活：社会学的研究［M］.陈午晴，唐

军译．北京：电子工业出版社，2016.

[102]〔美〕莫洛·F. 纪廉等．经济与社会［M］．姚伟译．北京：社会科学文献出版社，2006.

[103]牟本理．民族学与西北民族社会［M］．兰州：甘肃民族出版社，1997.

[104]〔美〕尼尔·斯梅尔塞，［瑞典］理查德·斯威德伯格．经济社会学手册（第二版）［M］．罗教讲等译．北京：华夏出版社，2014.

[105]倪祖彬，李福波．黄河上游沿岸多民族地区经济发展战略研究［M］．北京：中国科学技术出版社，1994.

[106]牛贯杰．17～19世纪中国的市场与经济发展［M］．合肥：黄山书社，2008.

[107]潘天舒．发展人类学十二讲［M］．上海：上海教育出版社，2020.

[108]潘维．农民与市场：中国基层政权与乡镇企业［M］．北京：商务印书馆，2003.

[109]〔法〕皮埃尔·布迪厄．实践感［M］．蒋梓骅译．南京：译林出版社，2012.

[110]〔美〕乔治·瑞泽尔．当代社会学理论及其古典根源［M］．杨淑娇译．北京：北京大学出版社，2005.

[111]秦晖，金雁．田园诗与狂想曲：关中模式与前近代社会的再认识［M］．南京：江苏凤凰文艺出版社，2017.

[112]秦晖．市场的昨天与今天：商品经济·市场理性·社会公正［M］．北京：东方出版社，2012.

[113]〔日〕青木昌彦．市场的作用，国家的作用［M］．林家彬等译．北京：中国发展出版社，2002.

[114]〔法〕让·鲍德里亚．消费社会［M］．刘成富，全志钢译．南京：南京大学出版社，2014.

[115]赛炳文．大碗传奇：牛肉面传［M］．西宁：青海人民出版社，2020.

[116]〔日〕森正夫．"地域社会"视野下的明清史研究：以江南和福建为

中心［M］．南京：江苏人民出版社，2017.

［117］〔日〕山口重克．市场经济：历史·思想·现在［M］．张季风等译．北京：社会科学文献出版社，2007.

［118］尚会鹏．中国人的婚姻、婚俗与性爱［M］．北京：社会科学文献出版社，2018.

［119］沈原．市场、阶级与社会：转型社会学的关键议题［M］．北京：社会科学文献出版社，2007.

［120］〔美〕施坚雅．中国农村的市场和社会结构［M］．史建云等译．北京：中国社会科学出版社，1998.

［121］〔美〕施坚雅．中华帝国晚期的城市［M］．叶光庭等译．北京：中华书局，2000.

［122］施琳．经济人类学［M］．北京：中央民族大学出版社，2002.

［123］施正一．民族经济学教程（第二次修订本）［M］．北京：中央民族大学出版社，2016.

［124］石忆邵．中国农村集市的理论与实践［M］．西安：陕西人民出版社，1995.

［125］司马云杰．文化社会学（第五版）［M］．北京：华夏出版社，2011.

［126］〔美〕斯蒂文·K.沃格尔．市场治理术：政府如何让市场运作［M］．毛海栋译．北京：北京大学出版社，2020.

［127］苏东水．产业经济学［M］．北京：高等教育出版社，2015.

［128］孙淑敏．农民的择偶形态——对西北赵村的实证研究［M］．北京：社会科学文献出版社，2005.

［129］孙振玉．回族社会经济文化研究［M］．兰州：兰州大学出版社，2004.

［130］〔英〕汤普森．共有的习惯［M］．沈汉等译．上海：上海人民出版社，2002.

［131］腾堂伟．双重视角下的西北民族地区经济发展问题研究［M］．北京：人民出版社，2008.

［132］田广．经济人类学理论与实践［M］．北京：中国财政经济出版社，2020.

［133］〔日〕万成博，杉政孝．产业社会学［M］．杨杜，包政译．杭州：浙江人民出版社，1986.

［134］汪和建．自我行动的逻辑——当代中国人的市场实践［M］．北京：北京大学出版社，2013.

［135］王天伟．中国产业发展史纲［M］．北京：社会科学文献出版社，2012.

［136］王逍．走向市场：一个浙南畲族村落的经济变迁图像［M］．北京：中国社会科学出版社，2010.

［137］〔美〕薇薇安娜·A.泽利泽．亲密关系的购买［M］．姚伟，刘永强译．上海：上海人民出版社，2009.

［138］闻祥．劳工神圣——中国早期社会学的视野［M］．北京：商务印书馆，2018.

［139］吴承明，陈争平．中国市场通史［M］．北京：中国出版集团，2021.

［140］项飚．跨越边界的社区：北京"浙江村"的生活史［M］．北京：生活·读书·新知三联书店，2018.

［141］萧公权．中国乡村：19世纪的帝国控制［M］．张皓等译．北京：九州出版社，2018.

［142］谢立中．结构—制度分析，还是过程—事件分析［M］．北京：社会科学文献出版社，2010.

［143］徐杰尧，刘冰清．乡村人类学［M］．银川：宁夏人民出版社，2012.

［144］徐勇．国家化、农民性与乡村整合［M］．南京：江苏人民出版社，2019.

［145］〔美〕许烺光．祖荫下：中国乡村的亲属、人格与社会流动［M］．王芃，徐隆德译．台北：南天书局有限公司，2001.

[146] 阎海军. 崖边报告: 乡土中国的裂变记录 [M]. 北京: 北京大学出版社, 2015.

[147] 阎明. 中国社会学史: 一门学科与一个时代 [M]. 北京: 清华大学出版社, 2010.

[148] 阎云翔. 礼物的流动: 一个中国村庄中的互惠原则与社会网络 [M]. 上海: 上海人民出版社, 2017.

[149] 阎云翔. 私人生活的变革: 一个中国村庄里的爱情、家庭与亲密关系 (1949—1999) [M]. 上海: 上海人民出版社, 2017.

[150] 阎云翔. 中国社会的个体化 [M]. 上海: 上海译文出版社, 2016.

[151] 晏辉. 经济行为的人文向度——经济分析的人类学范式 [M]. 南昌: 江西教育出版社, 2005.

[152] 杨建新. 中国少数民族通论 [M]. 北京: 民族出版社, 2009.

[153] 杨庆堃. 中国社会中的宗教 [M]. 成都: 四川人民出版社, 2016.

[154] 〔美〕伊曼纽尔·沃勒斯坦. 现代世界体系 [M]. 郭方等译. 北京: 社会科学文献出版社, 2013.

[155] 〔美〕易劳逸. 家族、土地与祖先: 近世中国四百年社会经济的常与变 [M]. 苑杰译. 重庆: 重庆出版社, 2019.

[156] 应星. 中国社会 [M]. 北京: 中国人民大学出版社, 2015.

[157] 袁方. 社会研究方法教程(重排本)[M]. 北京: 北京大学出版社, 2013.

[158] 岳天明. 中国西北民族地区经济与社会协调发展研究 [M]. 北京: 中国社会科学出版社, 2009.

[159] 翟学伟. 中国人行动的逻辑 [M]. 北京: 生活·读书·新知三联书店, 2017.

[160] 〔美〕詹姆斯·C. 斯科特. 农民的道义经济学: 东南亚的反叛与生存 [M]. 程立显等译. 南京: 译林出版社, 2013.

[161] 张福明. 制度变迁视角下的城乡劳动力市场一体化研究 [M]. 北京: 中国社会科学出版社, 2012.

［162］张继焦. 企业人类学：从社会结构视角分析经济行为［M］. 北京：中国社会科学出版社，2017.

［163］张静. 社会治理——组织、观念与方法［M］. 北京：商务印书馆，2019.

［164］张维迎. 市场的逻辑（修订本）［M］. 上海：上海人民出版社，2012.

［165］张文宏. 社会网络、职业流动与劳动力市场［M］. 北京：中国社会科学出版社，2012.

［166］张友. 民族地区产业经济发展研究［M］. 北京：民族出版社，2012.

［167］赵利生. 民族社会学［M］. 北京：民族出版社，2009.

［168］赵旭东. 城乡中国［M］. 北京：清华大学出版社，2018.

［169］中国民主同盟甘肃省委员会. 费孝通与甘肃［M］. 北京：群言出版社，2014.

［170］周鸿. 迈入生意场——当代农村商人阶层形成的资本与惯习［M］. 南宁：广西人民出版社，2005.

［171］周雪光. 中国国家治理的制度逻辑：一个组织学研究［M］. 北京：生活·读书·新知三联书店，2017.

［172］周亚平. 东部主义与西部映射：西部社会学初探［M］. 北京：中国社会科学出版社，2017.

［173］周怡. 解读社会——文化与结构的路径［M］. 北京：社会科学文献出版社，2004.

［174］周永康. 流动的莲花——中国乡村社会的伦理、精神与情感［M］. 济南：山东人民出版社，2020.

［175］朱炳祥. 地域社会的构成［M］. 北京：中国社会科学出版社，2018.

［176］朱国宏，桂勇. 经济社会学导论［M］. 上海：复旦大学出版社，2011.

[177] 朱国宏．经济社会学（第二版）　[M]．上海：复旦大学出版社，2003.

[178] 邹东涛．什么粘住了西部腾飞的翅膀 [M]．北京：中国经济出版社，2001.

论　文

[179] 艾云，周雪光．资本缺失条件下中国农产品市场的兴起——以一个乡镇农业市场为例 [J]．中国社会科学，2013（08）：85-101.

[180] 边燕杰，丘海雄．企业的社会资本及其功效 [J]．中国社会科学，2000（02）：87-99.

[181] 陈氚．"操演性"视角下的理论、行动者集合和市场实践——以重构中关村电子产品市场的失败为例 [J]．社会学研究，2013（02）：152-172.

[182] 陈光良．岭南疍民的经济文化类型探析 [J]．广西民族研究，2011（02）：164-169.

[183] 陈林生．作为社会结构的市场——市场场域的应用及其方法论问题 [J]．学术论坛，2013（10）：66-72.

[184] 陈文江，王雄刚．"学术软肋"抑或"边缘价值"——文化社会学视域下的本土化之辩 [J]．探索与争鸣，2020（01）：90-97.

[185] 陈文江，王雄刚．从"礼俗"到"市场"：高价彩礼的生成机制研究——基于陇东南 X 村的考察 [J]．甘肃社会科学，2021（05）：16-24.

[186] 段岩娜，陈小鹏．重回"利益"分析的市场社会学研究——读韦伯的《经济与社会》[J]．云南社会科学，2020（06）：175-182.

[187] 冯猛．基层政府与地方产业选择——基于四东县的调查 [J]．社会学研究，2014，29（02）：145-169.

[188] 符平，杨典．中国经济社会学 40 年：传统、当下与未来 [J]．江海学刊，2019（06）：96-103.

[189] 符平. 迈向市场社会学的综合范式——评弗雷格斯坦《市场的结构》兼议其范式修正 [J]. 社会学研究, 2010 (02): 211-225.

[190] 符平. 市场社会学的逻辑起点与研究路径 [J]. 浙江社会科学, 2013 (08): 97-105.

[191] 符平. 市场体制与产业优势——农业产业化地区差异形成的社会学研究 [J]. 社会学研究, 2018 (01): 169-193.

[192] 洪大用. 加快发展中国特色社会主义社会学 [J]. 社会治理, 2020 (10): 14-18.

[193] 胡鞍钢, 赵黎. 我国转型期城镇非正规就业与非正规经济 (1990—2004) [J]. 清华大学学报 (哲学社会科学版), 2006 (03): 111-119.

[194] 胡翼鹏. 关系社会学: 迈向国际化的中国话语 [J]. 武汉大学学报 (哲学社会科学版), 2020 (06): 27-3.

[195] 黄宗智. 小农经济理论与"内卷化"及"去内卷化" [J]. 开放时代, 2020 (04): 126-139.

[196] 黄宗智. 中国被忽视的非正规经济: 现实与理论 [J]. 开放时代, 2009 (02): 51-73.

[197] 靳晓芳. 回族经济发展的模式固化与困境转型——基于甘肃张家川"龙山模式"的研究 [J]. 北方民族大学学报 (哲学社会科学版), 2015 (02): 112-116.

[198] 李培林. 理性选择理论面临的挑战及其出路 [J]. 社会学研究, 2001 (06): 43-55.

[199] 理查德·斯维德伯格, 吴苡婷. 作为一种社会结构的市场 [J]. 社会, 2003 (02): 42-49.

[200] 刘纯彬, 张晨. 天津市回族外来人口就业与生活状况调查报告 [J]. 广西民族研究, 2008 (02): 154-160.

[201] 刘米娜, 丘海雄. 市场是什么?——新经济社会学视野下的市场研究: 派别理论比较研究及启示 [J]. 河南社会科学, 2013 (02):

66-70.

[202] 刘少杰.中国经济转型中的理性选择与感性选择 [J].天津社会科学，2004（06）：45-50.

[203] 刘生琰，李元元.单一与多元——"市场"理念及其人类学拓展 [J].兰州大学学报（社会科学版），2012（05）：40-45.

[204] 刘世定.嵌入性与关系合同 [J].社会学研究，1999（04）：77-90.

[205] 刘玉照.家庭经营的成本核算与经营决策——以白洋淀塑料加工户为例 [J].社会，2009（02）：53-78.

[206] 吕鹏.分析市场政体演化的"场域 实践"路径 [J].学海，2015（06）：83-87.

[207] 马智雄，虎有泽.民族学视角下的乡镇集市"牙人"考察——以张家川回族自治县龙山镇集市为例 [J].西北民族大学学报（哲学社会科学版），2018（02）：29-34.

[208] 丘海雄，徐建牛.市场转型过程中地方政府角色研究述评 [J].社会学研究，2004（04）：24-30.

[209] 任荣伟.多重视角下的非正规经济组织：前沿理论与趋势 [J].中山大学学报（社会科学版），2013（06）：182-191.

[210] 苏剑，邵宇佳，陈丽娜.中国市场一体化进程：趋势、成效与建议 [J].社会科学辑刊，2021（03）：157-170.

[211] 孙立平.实践社会学与市场转型过程分析 [J].中国社会科学，2002（05）：83-96.

[212] 汪和建.通向市场的社会实践理论：一种再转向 [J].社会，2009，29（05）：64-87.

[213] 汪和建.再思"经济与社会"——经济社会学转向发展的问题与抉择 [J].江海学刊，2021（01）：112-123.

[214] 王必达，赵伟.临夏模式：形成、发展与转型 [J].经济地理，2005（05）：698-701.

[215] 巫达，王广瑞．经济文化类型理论的学术图谱与当代际遇 [J]．西北民族研究，2019（03）：35-44.

[216] 杨典．国家、资本市场与多元化战略在中国的兴衰——一个新制度主义的公司战略解释框架 [J]．社会学研究，2011，26（06）：102-131.

[217] 杨菊华．贫困概念"元内核"的演进逻辑、认识误区与未来反思 [J]．江苏行政学院学报，2021（03）：64-74.

[218] 杨玲丽．欧洲经济社会学研究新流派——述行学派——评介 [J]．外国经济与管理，2009（12）：8-15.

[219] 杨玲丽．新经济社会学应该忽视非人类行动者吗？[J]．求索，2014（11）：45-49.

[220] 叶凯，肖唐镖．厂民关系的历史变迁：一种影响农村稳定因素的分析——侧重于制度分析与行动者分析相结合的解释 [J]．中国农村观察，2005（03）：51-62.

[221] 尹广文．国家、市场与社会：新中国 70 年乡村社会变革中的秩序形塑——基于一个西北乡镇的实地考察 [J]．甘肃社会科学，2020（05）：37-45.

[222] 曾东霞，董海军．个案研究的代表性类型评析 [J]．公共行政评论，2018（05）：158-170.

[223] 张继焦，宋丹．"传统型"向"现代型"的转变：返乡创业就业对民族地区经济文化类型的影响 [J]．北方民族大学学报（哲学社会科学版），2018（06）：131-136.

[224] 张娜，朱玉红．甘肃省少数民族地区富民产业现状及对策研究——以张家川回族自治县为例 [J]．社科纵横，2018，33（12）：70-72.

[225] 张雄．习俗与市场 [J]．中国社会科学，1996（05）：33-43.

[226] 赵伟．工业化——产业集聚与制度演化：浙江模式再思考 [J]．社会科学战线，2011（01）：46-53.

[227] 折晓叶，陈婴婴. 产权怎样界定——一份集体产权私化的社会文本 [J]. 社会学研究，2005（04）：1-43.

[228] 周飞舟. 分税制十年：制度及其影响 [J]. 中国社会科学，2006 （06）：100-115.

[229] 周歆红. 解构"市场"的神话——人类学检视资本主义的一个视角 [J]. 浙江社会科学，2009（07）：60-65.

[230] 周雪光. "关系产权"：产权制度的一个社会学解释 [J]. 社会学研究，2005（02）：1-31.

[231] 周雪光. 市场治理的"道"与"术" [N]. 北京日报，2020-08-31 （16）.

英文著作

[232] Amartya sen. Development as Freed [M]. New York：Knopf, 1999.

[233] Anthony Giddens. The Consequences of Modernity [M]. London：Polity Press, 1990.

[234] Anthony Giddens. The Constitution of Society：Outline of the Theory of Structuration [M]. London：Polity Press, 1986.

[235] Bruce Mitchell. Sustainable Development at the Village Level in Bali, Indonesia [J]. Human Ecology, 1994（03）：189-211.

[236] Clifford Geertz. The Interpretation of Cultures [M]. New York：Basic Books, Inc, 1973.

[237] Conrad Kottak. Culture and Economic Development [J]. American Anthropologist, 1990（03）：723-731.

[238] C. Wright Mills. The Sociological Imagination [M]. New York：Oxford University, 1961.

[239] James C. Scott. Seeing Like a State：How Certain Schemes to Improve the Human Condition Have Failed [M]. New Haven：Yale University Press, 1998.

[240] James C. Scott. The Moral Economy of the Peasant: Rebellion and Subsistence in Southeast Asia [M]. New Haven: Yale University Press, 1976.

[241] James C. Scott. Weapons of the Weak: Everyday Forms of Peasant Resistance [M]. New Haven: Yale University Press, 1985.

[242] James G. Carrier. A Handbook of Economic Anthropology [M]. Northampton, MA: Edward Elgar, 2005.

[243] Karl Polanyi. The Great Transformation: The Political and Economic Origins of Our Time [M]. Boston: Beacon Press, 2001.

[244] Marshall Sahlins. Stone Age Economics [M]. Chicago: Aldine - Atherton, Inc., 1972.

[245] Martin King Whyte. Myth of the Social Volcano: Perceptions of Inequality and Distributive Injustice in Contemporary China [M]. Stanford: Stanford University Press, 2010.

[246] Neil Fligstein. The Architecture of Markets: An Economic Sociology of Twenty-First-Century Capitalist Societies [M]. Princeton: Princeton University Press, 2002.

[247] Palmer NA, Perkins DD, Xu Q. Social Capital and Community Participation Among Migrant Workers in China [J]. Journal of Community Psychology, 2011 (01): 89-105.

[248] Paul A. Cohen. Discovering History in China: American Historical Writing on the Recent Chinese Past [M]. New York: Columbia University Press, 1984.

[249] Prasenjit Dura. Culture, Power, and the State: Rural North China, 1900—1942 [M]. California: Standford University Press, 1988.

[250] Richard Swedberg. Principles of Economic Sociology [M]. Princeton: Princeton University Press, 2003.

[251] Robert L. Heilbroner and William Milberg. The Making of Economic

Society（13th Edition）［M］. Upper Saddle River, N. J. : Prentice Hall, 2012.

［252］ Spiro M E. Marriage Payments: A Paradigm Form the Burmese Perspective ［J］. Journal of Anthropological Research, 1975（02）: 89-114.

［253］ Willliam A. Haviland. Cultural Anthropology（Tenth edition） ［M］. Singapore: A Division of Thomson Asia Pte Ltd. , 2002.

［254］ Wong DFK, Li CY, Song HX. Rural Migrant Workers in Urban China: Living a Marginalised Life ［J］. International Journal of Social Welfare. 2007（01）: 32-40.

后　记

本书是在本人博士学位论文的基础上，对问题重新梳理修改而成的。作为一项研究而言，这本书并不意味着探究的完结，而是一个新的开始。本书所研究的内容源于 2016 年所参与的国家社科基金重点项目"西部社会学的理论、方法和议题研究"的启发，通过 5 年的田野工作取得了一些成果，并形成了自己的研究问题和研究思路。2021 年，我的博士学位论文顺利通过了答辩，但所思索的问题并没有终结，推动着我不断深入思考。2024 年春天，我再次回到王村，凝望着这座不断变迁的村庄，深感自身渺小。也正因为此，我加快了学术探究的步伐。

一路走来，感慨良多，想要和需要感谢的人太多太多。恩师、同窗、亲友，是他们各方面的帮助和关怀才使我能够一路坚持下来，也正因为有他们的陪伴，我的学术旅途才充满着绚丽的色彩。

首先要感谢我的导师陈文江教授，能够成为陈门的一员是我一生的荣幸。陈老师对学术的认真执着、广博的专业学识、敏锐的学术洞察力、严谨的治学态度、忘我的工作精神、干练的处事风范为我树立了学习的典范。俗话讲得好，"一日为师，终身为父"。真诚感谢赵利生、焦若水、杨文炯、周传斌、李静、徐黎丽、王海飞等老师，各位老师的谆谆教诲时常萦绕在我心间，激励着我前行。

感谢远在北美的"李老头"，真是忘年交呀！在他的眉宇间，我看到了一个"大写的慈祥"，他用"父亲般"的目光一直注视着我的成长，并且用"君子之交淡如水"的"博爱"胸怀一次次包容着我内心的"小九九"。还有刘开会老师，看似在静心地当"教授级保姆"，然而却一直在关注我们这些弟子的修为。

感谢同门师兄（姐）弟（妹），是他们给了我"家"的归属感，安顿着我这颗浮躁不安的灵魂。能在"经济社会学"的大海里畅游，要感谢"引路人"谭玮，也感谢硕士期间的同门胡永涛赠送我十几本《韦伯作品集》，夯实着我的社会学"元"理论，让我的思考更具"穿透力"。

最后要感谢的是家人，我的父亲母亲、岳父岳母，他们把所有的爱给了我，并且付出了"生命的代价"，当然"泪光"不足以表达我的感恩，只祈求来生再做他们的儿子。还有我的姐姐、哥哥，的确是"长姐如母""长兄如父"。妻子和两个小孩，她们是我生命的全部，当老二唱起"你笑起来真好看"时，我真切地感受到满满的、暖暖的爱。

需要感谢的人还有王村的父老乡亲，他们用淳朴和包容"接纳"着我的"冒犯"和"窥视"，原本答应要写一部类似于《白鹿原》的荡气回肠的作品，但这次真的是要食言了。请容许我在适当的时候，有较为充足的人生阅历之后，再续写《万马关》。乡亲们的笑容永驻我心，时常感念，衷心祝福！

最后，还是要感恩"生活"，是生活锤炼了我意志的坚忍和内心的强大，请允许补给我一个小名吧——"打不死的小强"。每一个社会"上升"的通道都是布满荆棘的路，相信对于农家出身的我或者你，我们"分享"着设身处地的"共同感"。感谢那些偏僻的"角落"，曾无数次"收留"过我的"脆弱"。感谢2020年寒冬的那个晚上，一次偶然的机会我听到了《不愁》这首歌，其中的一句词是"生活虐我千遍万遍，我待它如同初恋"。这引发了我对"底层社会"所具有的真实"角色冲突"的深思，不经意间回想起了英国作家萨克雷的那句名言，"生活就是一面镜子，你笑它也笑，你哭它也哭。"这些人生哲理启迪着我，让我真正学会"像弱者一样感受世界！"我坚信，只要感恩生活，生活将赐予我们无与伦比的阳光和无限的坚强！谨以此献给所有关爱我的人！

王雄刚

2024 年 5 月

图书在版编目（CIP）数据

市场进程中的生计逻辑：经济社会学的阐释／王雄
刚著 . --北京：社会科学文献出版社，2024.8.
ISBN 978-7-5228-4144-1

Ⅰ . D422.7

中国国家版本馆 CIP 数据核字第 2024J6Q856 号

市场进程中的生计逻辑
——经济社会学的阐释

著　　者／王雄刚

出 版 人／冀祥德
组稿编辑／任文武
责任编辑／丁　凡
责任印制／王京美

出　　版／社会科学文献出版社·生态文明分社（010）59367143
　　　　　地址：北京市北三环中路甲 29 号院华龙大厦　邮编：100029
　　　　　网址：www.ssap.com.cn
发　　行／社会科学文献出版社（010）59367028
印　　装／三河市尚艺印装有限公司

规　　格／开 本：787mm×1092mm　1/16
　　　　　印 张：19.75　字 数：303 千字
版　　次／2024 年 8 月第 1 版　2024 年 8 月第 1 次印刷
书　　号／ISBN 978-7-5228-4144-1
定　　价／98.00 元

读者服务电话：4008918866